古典文獻研究輯刊

二九編

潘美月・杜潔祥 主編

第 25 冊

中俄文學交流論稿（下）

李逸津 著

國家圖書館出版品預行編目資料

中俄文學交流論稿（下）／李逸津 著 — 初版 — 新北市：花
木蘭文化事業有限公司，2019〔民 108〕

目 2+190 面；19×26 公分

（古典文獻研究輯刊 二九編；第 25 冊）

ISBN 978-986-485-964-1（精裝）

1. 中國文學 2. 俄國文學 3. 學術交流

011.08   108012008

ISBN-978-986-485-964-1

9 789864 859641

古典文獻研究輯刊
二九編　第二五冊　　　　　　　　ISBN：978-986-485-964-1

中俄文學交流論稿（下）

作　　者　李逸津
主　　編　潘美月　杜潔祥
總 編 輯　杜潔祥
副總編輯　楊嘉樂
編　　輯　許郁翎、王筑、張雅淋　美術編輯　陳逸婷
出　　版　花木蘭文化事業有限公司
發 行 人　高小娟
聯絡地址　235 新北市中和區中安街七二號十三樓
　　　　　電話：02-2923-1455／傳眞：02-2923-1452
網　　址　http://www.huamulan.tw 信箱 hml810518@gmail.com
印　　刷　普羅文化出版廣告事業
初　　版　2019 年 9 月
全書字數　339224 字
定　　價　二九編 29 冊（精裝）新台幣 58,000 元　　版權所有・請勿翻印

中俄文學交流論稿（下）

李逸津 著

目次

第二編　文論吸納

第一章　20世紀俄蘇文論在中國的傳播、影響與本土化

　　20世紀中國無產階級文學運動深受「俄蘇模式」文學理論的影響，這是公認的事實。但長期以來我們有一種思維定勢，似乎「俄蘇模式」文學理論就是馬克思主義文論，20世紀早期中國革命文學家和理論家們也正是這樣來引進和介紹俄蘇文論的，這實在是一個很大的認識誤區。須知，毛澤東當年那句名言：「十月革命一聲炮響，給我們送來了馬克思列寧主義」〔註1〕，講的是「馬克思列寧主義」，而非「馬克思主義」。換句話說，這是經過了「俄蘇化」的馬克思主義，其真正源於馬克思、恩格斯原著的並不多，而更多的是經由普列漢諾夫、列寧、盧那察爾斯基等人闡發，結合俄蘇新的歷史情況加以發展了的文學理論，甚至包括後來在蘇聯本國遭到批判的托洛茨基、波格丹諾夫、弗里契等人打著馬克思主義旗號的非馬克思主義著作。因此，把俄蘇文論等同於馬克思主義文論是不恰當的，故筆者在這裡特意使用「俄蘇文論」這一術語。

　　事實上，許多來自俄蘇文學理論，以往曾被我們認定為是馬克思主義的基本概念和命題，並非馬克思主義創始人的觀點。比如在我們的美學、文藝學著作中長期被認為是馬克思主義基本觀點的「文藝起源於勞動」、「勞動創造了美」的命題，就已有國內學者指出這只是普列漢諾夫提出的學說，並非

〔註1〕毛澤東：《論人民民主專政》，《毛澤東選集》第4卷，北京：人民出版社，1990
　　年版，第1408頁。

馬克思、恩格斯的觀點。〔註2〕該作者還對收錄在《馬克思恩格斯全集》第42卷《1844 年經濟學——哲學手稿》中的那段被人們經常引用的有關勞動的論述的文字做了重新翻譯〔註3〕。這種追根溯源的研究，就基本推翻了我們以往認爲是馬克思主義美學原理的理論基石。

還有在俄蘇文論中佔據重要位置的現實主義問題，筆者當年曾撰有《社會主義現實主義：背景探秘與主旨辨析》〔註4〕一文，比較了恩格斯所說的「充分的現實主義」和蘇聯斯大林提出的「社會主義現實主義」，指出：「一種可以突破作家個人的政治偏見、寫出『卓越的現實主義歷史』的現實主義，在斯大林的理論中就被改造成了爲他的『社會主義』服務的現實主義；一種本來包含著表現『工人階級對他們四周的壓迫環境所進行的叛逆的反抗』的富有批判精神的現實主義，就變成了只能正面歌頌『社會主義偉大成就』的肯定性的現實主義。」〔註5〕在筆者 2016 年帶到俄羅斯聖彼得堡國立大學東方系「遠東文學研究」國際學術研討會上發表的論文《蘇聯模式文學理論核心觀點辨析》中，通過引證列寧《哲學筆記》中對本質與想像關係的論述，指出：「本質不是先驗的抽象存在，而是不可分割地存在於鮮活的生活現象之中……『反映歷史的本質規律』雖然是每一個有社會責任感、有宏大抱負的作家追求的目標，但能否做到這一點，全在於對生活現象觀察、體驗、研究、

〔註 2〕 見轟珍釗文：《「文藝起源於勞動」是對馬克思恩格斯觀點的誤讀》，載《文學評論》，2015 年第 2 期。

〔註 3〕 原文：「Political economy conceals the estrangement inherent in the nature of labor by not considering the direct relationship between the worker (labor) and production. It is true that labor produces for the rich wonderful things, but for the worker it produces privation. It produces palaces, but for the worker, hovels. It produces beauty, but for the worker, deformity. It replaces labor by machines, but it throws one section of the workers back into barbarous types of labor and it turns the other section into a machine. It produces intelligence, but for the worker, stupidity, cretinism.」

轟珍釗譯文：「政治經濟學不考察工人（即勞動）同產品之間的直接關係，從而掩蓋了勞動本質中固有的異化。不錯，勞動爲富人生產奇蹟般的東西，但是爲工人生產貧窮。勞動建造宮殿，但是給工人留下破屋。勞動生產漂亮的產品，但是爲工人製造殘疾。勞動用機器代替手工勞動，但是卻讓一部分工人回到野蠻的勞動，又把另一部分工人變成機器。勞動產生智慧，但是卻讓工人愚蠢、癡呆。」見《文學評論》，2015 年第 2 期，第 30 頁，注 19。

〔註 4〕 載《徐州工程學院學報》，2014 年第 2 期。

〔註 5〕 拙文《社會主義現實主義：背景探秘與主旨辨析》，《徐州工程學院學報》，2014 年第 2 期，第 70～71 頁。

分析的深刻、熟稔、透徹和精闢，而不在於某些理論家、政治家所預言或授意表現的『生活本質』。」〔註6〕從而可見，所謂「俄蘇文論」甚至也不一定是列寧主義，還包括了許多斯大林的見解。因此，釐清「俄蘇文論」的來龍去脈，肯定其對馬克思主義的正確發展，剔除其中摻雜的非馬克思主義私貨，還馬克思主義科學真理的本來面目，實在是一項極有現實意義的工作。

第一節　馬克思主義文論原著及俄蘇文論在20世紀初中國的譯介與傳播

　　根據現有資料，在中國最早出現的馬克思恩格斯文論原著中譯文是馮雪峰根據馬克思《〈政治經濟學批判〉導言》中論藝術生產與物質生產發展不平衡的一段話節譯的《藝術形成之社會的前提條件》（譯者署名洛楊），刊於《萌芽月刊》1930年1月1日第一卷第一期。此後，瞿秋白在1932年編譯《現實——馬克思主義文藝論文集》，從俄文翻譯了恩格斯、普列漢諾夫、拉法格的部分文藝論著，其中有當時新發現的恩格斯致瑪·哈克奈斯和致保·恩斯特的兩封信。這些譯文後來被魯迅編入《海上述林》〔註7〕，於1936年以「諸夏懷霜社」的名義出版。1933年6月10日《讀書雜志》發表了陸侃如從法文翻譯的恩格斯《致哈克奈斯女士書》；1933年9月《現代》第三卷第6期發表了魯迅《關於翻譯》一文，其中有從日文節譯的恩格斯《致敏·考茨基的信》中關於文藝在資本主義制度下的歷史使命的一段話，該信全文後來由胡風從日文轉譯，發表於1934年12月16日《譯文》第1卷第4期，標題改為《與敏娜·考茨基論傾向文學》；1935年11月《文藝群眾》第3期上發表了易卓〔註8〕譯的馬克思恩格斯就劇本《濟金根》分別寫給拉薩爾的信，以

〔註6〕 拙文《蘇聯模式文學理論核心觀點辨析》，載《遠東文學研究》第7屆國際學術研討會論文集，第2卷，聖彼得堡：НП-Принт出版工作室，2016年出版，第78～79頁。

〔註7〕 上卷目錄為：Ⅰ馬克斯恩格斯和文學上的現實主義：恩格斯：論巴勒札克，社會主義的早期『同路人』——女作家哈克納斯；Ⅱ恩格斯和文學上的機械論：恩格斯：論易卜生的信；Ⅲ文藝理論家的普列哈諾夫：普列哈諾夫：易卜生的成功，普列哈諾夫：別林斯基的百年紀念，普列哈諾夫：法國的戲劇文學和法國的繪畫，普列哈諾夫：唯物史觀的藝術論；Ⅳ拉法格和他的文藝批評：拉法格：左拉的「金錢」，關於左拉。

〔註8〕 易卓，本名楊潮，又名楊廉政，號九寰，筆名羊棗、潮水、易卓，潮聲、楊丹蓀等，1900年5月8日生於湖北省沔陽州城（今仙桃市沔城鎮）。1933年

及恩格斯致保・恩斯特的信。

　　上世紀 20 年代中期至 30 年代初我國譯介出版，當時全被看作是馬克思主義文藝理論的著作，主要還是來自蘇俄和日本。據現有資料，列寧文藝論著最早被譯成中文的是《托爾斯泰和當代工人運動》（現譯名爲《列・尼・托爾斯泰和現代工人運動》），譯者署名超麟（即鄭超麟），發表在 1925 年 2 月 13 日上海《民國日報》副刊《覺悟》上。稍後發表的列寧文藝論著是《黨的組織和黨的出版物》中譯文，最初是一聲（劉一聲）的節譯本，譯名爲《論黨的出版物和文學》，載 1926 年 12 月《中國青年》第 144 期；以後有成文英（即馮雪峰）的全譯，譯名爲《論新興文學》，載《拓荒者》第 1 卷第 2 期（1930年）。嘉生（彭嘉生）譯《托爾斯泰是俄國革命的鏡子》（舊譯名《托爾斯泰——俄國革命的明鏡》）、《列・尼・托爾斯泰》（舊譯名《托爾斯泰》），以總標題《托爾斯泰論》發表於《創造月刊》第 2 卷第 3 期（1928 年）。還有聯共（布）關於文藝政策的文件，如署名畫室（即馮雪峰）譯自藏原惟人、外村史郎日文輯譯本的《新俄的文藝政策（聯共〈布〉中央 1924 年文藝政策討論會記錄）》（光華書局，1928 年出版），魯迅據藏原惟人、外村史郎日譯本重譯的《蘇俄的文藝政策》（最初連載於《奔流》第 1 卷第 1 期至第 2 卷第 5 期，後由水沫書店改名爲《文藝政策》，於 1930 年作單行本出版）等。此外諸如俄國托洛茨基的《文學與革命》（韋素園、李霽野合譯，未名出版社，1928 年版）、普列漢諾夫的《藝術論》、《藝術與社會生活》（沈瑞先即茅盾譯，載《文藝講座》第 1 期）；弗里契的《藝術社會學之任務及諸問題》（馮雪峰譯，載《萌芽月刊》第 1 卷第 1、2 期）、盧那卡爾斯基的《藝術之社會的基礎》（林柏修譯，載《海風週報》第 14、17 期）、法捷耶夫的《創作方法論》（何丹仁譯，載《北斗》第 1 卷第 3 期）、波格唐諾夫（今通譯波格丹諾夫）的《新藝術論》（蘇漢譯，水沫書店，1929 年版）、日本藏原惟人的《到新寫實主義之路》（林柏修譯，載《太陽月刊》停刊號）、《再論新寫實主義》（之木譯，載《拓荒者》第 1 卷第 1 期）等人的著作，當時都被看作是馬克思主義文論而介紹到中國來。

　　上述這些著作的實際情況則是很複雜的。比如普列漢諾夫（格奧爾基・

由周揚介紹加入中國共產黨，1934 年春任左聯宣傳幹事，參加文藝理論研究會。抗戰期間任多家報紙主筆，撰寫大量軍事政治論文。1945 年被國民黨特務逮捕，1946 年 1 月 11 日病逝於獄中。

瓦連京諾維奇・普列漢諾夫，Георгий Валентинович Плеханов，1856～1918），
他是在文藝理論史上反對把藝術起源、審美意識歸於生物本性的第一人，從
而在美學和藝術學領域堅持了徹底的唯物主義。魯迅先生曾經高度評價他
說：「蒲力汗諾夫（筆者按：普列漢諾夫當時的譯名）也給馬克斯主義藝術理
論放下了基礎。他的藝術論雖然還未能儼然成一個體系，但他所遺留的含有
方法和成果的著作，卻不只作為後人研究的對象，也不愧稱為建立馬克斯主
義藝術理論，社會學底美學的古典底文獻的了。」〔註9〕

　　普列漢諾夫注意到在經濟基礎與上層建築關係問題上，二者之間不是直
線的聯繫，而存在著一系列中間環節，在他 1907 年寫的《馬克思主義的基
本問題》一書中，提出了著名的「五個環節」公式：「（一）生產力的狀況。
（二）被生產力所制約的經濟關係。（三）在一定基礎上生長起來的社會政治
制度。（四）部分由經濟、部分由政治制度所決定的社會中人的心理。（五）
反映這種心理特性的各種思想體系。」〔註 10〕可見他的思路具有擊破庸俗社
會學的積極意義，尤其他所說的「社會中的人的心理」，是對馬克思觀點的獨
特發揮。

　　但是，在與唯心史觀和唯藝術論鬥爭的大背景下，普列漢諾夫的文藝觀
也有絕對化和形而上學之嫌。比如他批評列・托爾斯泰《藝術論》中給「藝
術」下的定義——「藝術表現感情」說：「不，藝術既表現人們的感情，也表
現人們的思想，但是並非抽象地表現，而是用生動的形象來表現。」〔註 11〕
並就此提出了他對藝術本質的定義：「藝術開始於一個人在自己心裏重新喚起
他在周圍現實的影響下所體驗過的感情和思想，但是並非抽象地表現，而
是用生動的形象來表現。」這一表述其實是有缺陷的：他沒有說明藝術形象
與現實的關係；用形象來「表現」感情和思想這一提法也嫌片面。因為藝術
創作並不是簡單地給感情和思想穿件形象的外衣，並不是簡單地從邏輯的語
言「翻譯」成形象的語言。雖然，普列漢諾夫本人對他的這一說法做過補
充，他在《沒有地址的信》的另一處原稿中，曾指出：「然而由於不是任何思

〔註 9〕 《藝術論・序言》，《魯迅全集》第十七卷，北京：人民文學出版社，1973 年
　　　　 12 月第 1 版，第 17 頁。
〔註 10〕 《馬克思主義基本問題》，《普列漢諾夫哲學著作選集》，北京：三聯書店，1962
　　　　 年版，第 195 頁。
〔註 11〕 《普列漢諾夫美學論文集》第一冊，北京：人民文學出版社，1983 年版，第
　　　　 308 頁。

想都可以用生動的形象表現出來（比方說，您試試表現一下這個思想：直角兩邊平方之和等於斜邊的平方），所以黑格爾（我們的別林斯基也和他一起）說藝術的對象是同哲學的對象一樣……時，並不完全對。」〔註12〕但在中國早期譯介普列漢諾夫文論的著作中，不可能研究得這麼全面，故藝術可以直接表現思想，特別是一些抽象的哲學、政治理念的觀點，就可能趁機大行其道了。

　　普列漢諾夫宣稱：「我對於藝術，就像對於一切社會現象一樣，是從唯物史觀的觀點來觀察的。」「希臘人的科學世界觀在自己的歷史發展中本身是受古希臘各個民族所擁有的生產力的發展制約的。」〔註13〕又說：「在人們的道德概念中絲毫沒有什麼絕對的東西，這些道德概念是隨著人們生活條件的變化而變化的。」〔註14〕基於這樣一種高度功利主義的美學觀，普列漢諾夫特別強調文學作爲階級鬥爭工具的作用，強調用階級和階級鬥爭觀點來看待文學藝術。他在《從社會學觀點論十八世紀法國戲劇文學和法國繪畫》一文中說：「爲了理解藝術是怎樣地反映生活的，就必須瞭解生活的機制。在文明民族那裡，階級鬥爭是這種機制中的最重要的推動力之一。只有考察了這個推動力，只有注意了階級鬥爭和研究了它的多種多樣的變化，我們才能夠稍微滿意地弄清楚文明社會的『精神的』歷史：『社會思想的進程』本身反映著社會各個階級和它們相互鬥爭的歷史。」（著重號爲原文所加）〔註15〕這些話在當年固然有摧陷廓清、掃蕩文藝學領域千百年來沉積的唯心主義陰霾的積極作用，但如果過分強調、走向僵化，則也會給庸俗社會學提供可乘之機。

　　再比如托洛茨基。列夫·達維多維奇·托洛茨基（Лев Давидович Троцкий，眞姓 Бронштейн 勃隆施傑因，1879～1940）是一個極爲複雜的歷史人物，不僅其政治命運跌宕起伏：由傾向民粹派的激進革命青年到接受馬克思主義，再由十月革命的重要領導人淪爲反蘇維埃的政治流亡者，直至蛻變爲分裂國

〔註12〕《普列漢諾夫美學論文集》第二冊，北京：人民文學出版社，1983 年版，第927 頁，注 261。

〔註13〕《普列漢諾夫美學論文集》第一冊，北京：人民文學出版社，1983 年版，第309、311 頁。

〔註14〕《普列漢諾夫美學論文集》第一冊，北京：人民文學出版社，1983 年版，第318 頁。

〔註15〕《普列漢諾夫美學論文集》第一冊，北京：人民文學出版社，1983 年版，第496 頁。

際共產主義運動的旗手；而且其思想觀點、理論學說也是涇渭混雜，有合理卓見，也有片面偏激之辭。比如他斷然否定「無產階級文化」的提法，因爲他認爲：無產階級專政是一個「短暫的過渡時代」，在這個時代「破壞所佔的地位要超過新的建設。」「無產階級將以主要精力去奪取政權，並爲了生存和繼續鬥爭的迫切需要而保持、鞏固和使用政權。」而「新制度防止政治和軍事動亂的把握愈充分，進行文化創造的條件愈便利，無產階級就愈會消溶在社會主義的共同生活中，擺脫自己的階級特點，也就是說，無產階級將不再是無產階級。」因此「無產階級文化不僅現在沒有，而且將來也不會有。」〔註16〕這就實際上取消了「無產階級文化」，否認了意識形態和文化建設在無產階級社會革命中的重要意義，暴露出他對馬克思主義經濟基礎與上層建築、尤其是意識形態上層建築複雜性理論的庸俗社會學理解。

托洛茨基的文學思想主要反映在他1923年出版的《文學與革命》一書中。其中第一部《當代文學》中的各篇文章，寫於1922～1923年間，論述了十月革命後數年間的俄羅斯——蘇聯文學。托洛茨基對當時俄國的文學思潮、流派和作家作品的看法，基於這樣一個基本觀點：即十月革命所推翻的既然是一種舊的社會制度，那麼，這一制度的崩潰也就成了「十月革命前的文學的崩潰」；十月革命「同時也順帶標出了知識分子無可挽回的失敗」。〔註17〕托洛茨基以對十月革命的態度作爲他評價一切文學現象的標尺和準繩。由此出發，他把當時的俄羅斯文學劃分爲五大塊，即：1）「非十月革命文學」，包括「流亡文學」（僑居國外的作家們的創作）和「國內流亡者」（如索洛古勃、羅贊諾夫、庫茲明、札米亞京、別雷等）的文學；2）「同路人」文學，包括「農夫化」文學、意象主義、「謝拉皮翁兄弟」、「路標轉換派」、「新古典派」（阿赫瑪托娃等）以及皮里尼亞克、莎吉娘等作家；3）未來主義；4）形式主義；5）「無產階級文化派」的文學。他的這種劃分方法，對後來蘇聯文藝學產生了重大影響，即使在他本人在政治上被廢黜後，仍在蘇共的文藝路線上被長期沿用。

托洛茨基思想偏激並善於雄辯，他的辯才早在青年時期就在街頭宣傳演說中表現出來。在他成爲蘇聯黨和國家領導人之後，他把激辯的劍鋒指向許

〔註16〕托洛茨基：《文學與革命》，劉文飛、王景生、季耶譯，北京：外國文學出版社，1992年版，第172～173頁。

〔註17〕托洛茨基：《文學與革命》，劉文飛、王景生、季耶譯，北京：外國文學出版社，1992年版，第3、6頁。

多被他稱為「同路人」的作家和知識分子。雖然托洛茨基基於其在無產階級激烈革命時期不可能有獨立的「無產階級文化」的思想，認為必須吸引和容納「同路人」作家，這比「拉普」派排斥「同路人」的做法要溫和許多。但他對進入蘇維埃文化事業的「同路人」作家的刻薄評語，卻給蘇共的文藝知識分子政策造成了極惡劣的影響。比如他說農民詩人克留耶夫（Николай Алексеевич Клюев，1884～1937）是「一個經過資產階級教育仍保持其農民靈魂的農夫」，其「個性是在一個獨立的、飽食的、富裕的、個人主義的、喜好自由的農夫的藝術中得到反映的」〔註 18〕；「葉賽寧（Сергей Александрович Есенин，1895～1925）在自己身上反映出了農村青年在革命前和革命時的精神狀態，這些人因農村生活被動搖而走向淘氣和放縱」，「他身上仍然散發著中世紀的氣息」；〔註 19〕論「謝拉皮翁兄弟（Серапионовы братья）」〔註 20〕派作家：「他們總的說來標誌著一場悲劇性的崩陷後文學在新的歷史基礎上的復興。我們為何將他們歸為同路人？因為他們與革命有聯繫；因為這種聯繫還很模糊；因為他們還很年輕，關於他們的明天還說不准」〔註 21〕；評阿赫瑪托娃（Анна Андреевна Ахматова，1889～1966）：「阿赫馬托娃有過幾行有力的詩句，談及她為何不到那些人那裡去的問題。她沒有走，這很好。但阿赫馬托娃自己也未必認為她的歌來自革命，新古典主義宣言的作者過於性急了。……借用《路標轉換》的話，這可稱之為……『革命的保守主義』」；〔註 22〕評莎吉娘（Мариэтта Сергеевна Шагинян，1888～1982）說：「就其本質而言，莎吉娘是反革命的。她那宿命論的基督教義，她對一切非閨房的東西的閨房式的淡漠，——這便是使她與革命和解的東西。她不過是手裏提著

〔註 18〕 托洛茨基：《文學與革命》，劉文飛、王景生、季耶譯，北京：外國文學出版社，1992 年版，第 45 頁。

〔註 19〕 托洛茨基：《文學與革命》，劉文飛、王景生、季耶譯，北京：外國文學出版社，1992 年版，第 52 頁。

〔註 20〕 蘇聯文學團體，1921 年初成立於彼得格勒。名稱取自德國浪漫主義作家霍夫曼的同名小說集。參加者大多是當時世界文學出版社翻譯訓練班的成員，主要成員有符·伊凡諾夫、左琴科、斯洛尼姆斯基、隆茨、卡維林、尼基欽、吉洪諾夫、費定等。他們公開宣揚「為藝術而藝術」，反對任何傾向性，否定一切功利主義。

〔註 21〕 托洛茨基：《文學與革命》，劉文飛、王景生、季耶譯，北京：外國文學出版社，1992 年版，第 54 頁。

〔註 22〕 托洛茨基：《文學與革命》，劉文飛、王景生、季耶譯，北京：外國文學出版社，1992 年版，第 98 頁。

行李、帶著哲學的和藝術的手工活，從一個車廂換到了另一個車廂而已。也許，她甚至覺得，以這一方式可以最真實地保存個性。不過從這一個性沒有向前拉出任何一條線索。」〔註23〕用如此尖酸刻薄的語言來評論作家，特別是出自一個黨和國家領導人之口，其對知識階層造成的精神陰影，是可想而知的。

　　再看弗里契。弗拉基米爾·馬克西莫維奇·弗里契（Владимир Максимович Фриче，1870～1929）是蘇聯庸俗社會學文藝學的重要代表，也是一位學者兼革命活動家。他一方面堅持了歷史唯物主義關於社會存在決定社會意識、物質生產決定精神生產、經濟基礎決定上層建築的正確立場；但另一方面，又忽視了意識對存在、精神對物質的巨大能動作用，抹煞了藝術區別於其他意識形態的審美特殊性。如其《藝術社會學》宣稱：「馬克斯主義告訴我們，無論何時何地一個社會形態與一定的經濟組織不可避免地合理地一致；而藝術亦包含在內的意識形態底上層構造之一定的典型和形式，對於那社會形態也是不可避免地合理地一致的。」〔註24〕「對於一切觀念形態，以及對於藝術」，「就是隔離著經濟基礎的領域，在其存在及發展上亦完全受社會經濟底規律之如鐵的必然性之限制。」〔註25〕在談到藝術的社會機能時，他說：「造型美術——一切藝術也都同樣——是履行一定社會機能的。造型美術藉形象之媒介，作用於感情和想像，又通過這作用於個人之思想；同時造型美術是將社會集團或其一部⋯⋯的這些感情、想像、思想、組織、統一起來而決定其方向的。」〔註26〕他論藝術生產的法則說：「藝術作品之生產，隸屬於那和物質價值之生產同樣的法則。所以社會發展之各階段上的支配底經濟制度，也必然地規定藝術家之生產勞動（同樣也規定藝術家之社會地位）。」〔註27〕這就把藝術的本質、藝術在社會結構中的作用以及藝術生產的法則

〔註23〕托洛茨基：《文學與革命》，劉文飛、王景生、季耶譯，北京：外國文學出版社，1992年版，第100頁。

〔註24〕佛理采（即弗里契）：《藝術社會學》，胡秋原譯，上海：神州國光社，1931年版，第95頁。

〔註25〕佛理采（即弗里契）：《藝術社會學》，胡秋原譯，上海：神州國光社，1931年版，第96頁。

〔註26〕佛理采（即弗里契）：《藝術社會學》，胡秋原譯，上海：神州國光社，1931年版，第115頁。

〔註27〕佛理采（即弗里契）：《藝術社會學》，胡秋原譯，上海：神州國光社，1931年版，第143頁。

等與社會經濟基礎、物質生產機械僵化地捆綁在一起,陷入了庸俗社會學的泥潭。

此外,上述譯著原作者中的 A. A. 波格丹諾夫(Александр Александрович Богданов,眞姓馬里諾夫斯基 Малиновский,1873～1928)是蘇聯早期「無產階級文化派」的主要理論家。他反對接受人類的一切文化遺產,主張由無產階級自身來創造一種特殊的「無產階級文化」。藏原惟人是 1928 年 3 月成立的「全日本無產者藝術聯盟」(納普)的主要理論家。他的文藝觀既受普列漢諾夫和盧那察爾斯基(Анатолий Васильевич Луначарский,1875～1933)的影響,又和弗里契的理論有密切關係,既有正確的成分,也有庸俗社會學的傾向。他對現實主義的階級分析以及關於「新寫實主義」——「無產階級寫實主義」的見解,便來自盧那察爾斯基。但他主張「藝術是組織生活的東西」,認爲藝術只有「單一的價值」,即「社會價值」,又表現出庸俗社會學的傾向。

所有這些混雜著精華與糟粕的外來思想資料,在 20 世紀二三十年代的中國譯者和研究者看來,卻都是馬克思主義文藝學的經典著作,都受到極虔誠的吸納和極崇高的評價。如魯迅在《〈藝術論〉譯本序》中說:「蒲力汗諾夫也給馬克斯主義藝術理論放下了基礎。他的藝術論雖然還未能儼然成一個體系,但所遺留的含有方法和成果的著作,卻不只作爲後人研究的對象,也不愧稱爲建立馬克斯主義藝術理論,社會學底美學的古典底文獻的了。」〔註28〕

魯迅對托洛茨基的評價也曾經很高,他在《〈十二個〉後記》一文中說:「在中國人的心目中,大概還以爲托羅茲基是一個喑嗚叱吒的革命家和武人,但看他這篇(筆者按:指托洛茨基《文學與革命》中的第三章《勃洛克論》),便知道他也是一個深解文藝的批評者。」〔註29〕在《我的態度氣量和年紀》一文中,魯迅說:「托羅茲基雖然已經『沒落』,但他曾說,不含利害關係的文章,當在將來另一制度的社會裏,我以爲他這話卻還是對的。」〔註30〕說明魯迅對托洛茨基的許多文學觀點是抱肯定態度的。

〔註28〕 魯迅:《〈藝術論〉譯本序》,《魯迅文集》第 11 卷(《二心集》),長春:吉林文史出版社,2006 年版,第 50 頁。

〔註29〕 魯迅:《〈十二個〉後記》,《魯迅文集》第 18 卷(《集外集》、《集外集拾遺》),長春:吉林文史出版社,2006 年版,第 166 頁。

〔註30〕 魯迅:《我的態度氣量和年紀》,《魯迅文集》第 12 卷(《三閒集》),長春:吉

不僅是左翼作家，就是當時號稱「第三種人」，在政治上、思想上反反覆覆的胡秋原（1910～2004）在翻譯了弗里契的《藝術社會學》之後也評論說：「無論在蘇俄，在世界，在藝術之社會學底研究上，樸列汗諾夫死後，當要以佛理釆爲第一人。革命後，更以唯一馬克思主義藝術學者，與其淵博之修養，精嚴之學風，卓然爲蘇聯學術界之泰斗。」〔註31〕

這樣，當馬克思主義文藝理論在我國開始引進和傳播的時候，由於當時一些文藝理論家的馬列主義水平不高，誤把一些含有極左思潮和庸俗社會學雜質的理論當作馬列主義原理來加以介紹，這就從源頭上造成了真理與謬誤混雜的情況，爲20世紀左翼革命文藝運動，埋下了導致錯誤後果的不良基因。

第二節　20世紀前半期俄蘇文論在中國的傳播和本土化

俄蘇文論在20世紀中國的影響和回應，大致可分成三個時段：第一時段從20年代至50年代中期，這一時期中國方面，尤其是左翼革命文藝運動，對俄蘇文論基本是順承、效法和呼應的，我們稱之爲「順應式接受」；第二時段從中共在大陸建政後的50年代到70年代中期中國文革結束，這時中國對蘇聯文論的態度，基本上是從游離選擇發展到逆反批判、引以爲戒的，我們稱之爲「游離式接受」和「逆反式接受」；第三時段則從中國實行改革，蘇聯開始戈爾巴喬夫「新思維」，直至蘇聯解體，中國對後期蘇聯文學和新俄羅斯文學重新轉爲關注，開始新一輪的吸納、引進和平等的研究，這是建立在正常國家關係上的對等的文學交流與接受，我們稱之爲「平行式接受」。這裡先考察20世紀前半期俄蘇文論在中國傳播與影響，即所謂「順應式接受」的情況。

1923年到1924年間，蘇聯文藝界曾就文藝政策等問題展開辯論，參加論爭的有《列夫》、《在崗位上》和《紅色處女地》等雜誌爲代表的文學團體。1925年7月1日聯共〔布〕中央爲此作了《關於在文藝領域內黨的政策》（1951年1月28日《人民日報》發表曹葆華譯文，題爲《關於黨在文學方面

林文史出版社，2006年版，第77頁。
〔註31〕胡秋原：《藝術社會學·譯者序言》，上海：神州國光社，1931年版，第1頁。

的政策》）的決議，算是為這場論爭做了總結。

　　中國翻譯家和文學家及時關注和介紹了蘇俄文藝界的這場爭論。1925 年 8 月由青年翻譯家任國楨（1898～1931）編譯，後由北平北新書局作為《未名叢刊》之一於 1927 年出版了《蘇俄的文藝論戰》。內收「列夫派」褚沙克的《文學與藝術》，「崗位派」阿衛巴赫等的《文學與藝術》，這兩篇文章的副標題都是「討論在文藝範圍內蘇俄左黨的政略」，還有時任「同路人」雜誌《紅色處女地》主編的瓦浪司基（又譯沃隆斯基，1884～1943）的《認識生活的藝術與今代》，並附錄瓦勒夫松的《蒲力汗諾夫與藝術問題》一文。魯迅為這本書寫了前言《〈蘇俄的文藝論戰〉前記》。文中重點介紹了左翼未來派「列夫」（魯迅譯作「烈夫」，俄文：Левый фронт искусств「左派藝術陣線」的縮寫）的主張：「那主張的要旨，在推倒舊來的傳統，毀棄那欺騙國民的耽美派和古典派的已死的資產階級藝術，而建設起現今的新的活藝術來。所以他們自稱為藝術即生活的創造者，誕生日就是十月，在這日宣言自由的藝術；名之曰無產階級的革命藝術。」魯迅寫道：「中國至今於蘇俄的新文化都不了然……任國楨君獨能就俄國的雜誌中選譯文論三篇，使我們藉此稍稍知道他們文壇上論辯的大概，實在是最為有益的事，——至少是對於留心世界文藝的人們。」〔註 32〕可見魯迅對這場爭論的態度是比較冷靜的，他只是客觀地介紹，供「留心世界文藝的人們」參考。

　　記錄蘇聯文藝界這場論戰的文獻，當時還有日本藏原惟人和外村史郎輯譯的《俄國 K. P.（筆者按：即共產黨）的文藝政策》一書，由馮雪峰（筆名畫室）譯成中文，於 1928 年 5 月上海光華書局以《新俄的文藝政策》書名出版。該書收有 1924 年 5 月 9 日俄共（布）中央召開的文藝政策討論會速記《關於在文藝上的黨的政策》、1925 年 1 月「崗位派」（「拉普」前身）通過的「第一屆全聯邦無產階級作家大會」決議《意識形態戰線與文學》（當時譯名為《ideology 戰線與文學》和 1925 年 6 月 18 日俄共（布）中央通過的決議《在文藝領域內的黨的政策》。馮雪峰在譯者序言中客觀介紹了托洛茨基（當時譯作特羅次基）、沃隆斯基（當時譯作伏浪司基）、布哈林、盧納察爾斯基（當時譯作路那卻爾司基）關於黨的文化方針政策的爭論，最後發表自己的看法說：「我以為，倘是站在無產階級文學的主張者的一面的，則這文學的理論的

〔註32〕魯迅：《〈蘇俄的文藝論戰〉前記》，《魯迅文集》第 18 卷（集外集拾遺），長春：吉林文史出版社，2006 年版，第 137～138 頁。

探求，是他們走得前面些了。」〔註33〕

馮雪峰翻譯的這本書，當時魯迅在不知情的情況下也作了翻譯。魯迅的譯本從 1928 年 6 月起陸續發表於《奔流》第一卷，1929 年全部譯成，1930 年 6 月由上海水沫書店作為魯迅、馮雪峰共同主編的《科學的藝術論叢書》之一、以《文藝政策》的書名出版。

魯迅在該書後記中說：「俄國的關於文藝的爭執，曾有《蘇俄的文藝論戰》介紹過，這裡的《蘇俄的文藝政策》，實在可以看作那一部書的續編。如果看過前一書，則看起這篇來便更為明瞭。序文上雖說立場有三派的不同，然而約減起來，也不過兩派。即對於階級文藝，一派偏重文藝，如瓦浪斯基等，一派偏重階級，是《那巴斯圖》（筆者按：俄文 На посту，「在崗位上」）的人們，布哈林們自然也主張支持無產階級作家的，但又以為最要緊的是要有創作。」〔註34〕

蘇聯 20 年代初關於文藝政策的這場爭論，對於中國最重大的影響就是直接激起了中國關於無產階級革命文學的論爭。從當時參加論爭的馮乃超、成仿吾、蔣光慈、李初梨、錢杏邨、彭康、魯迅、郭沫若、茅盾等人的言論看，屬於「創造社」的郭沫若、馮乃超、成仿吾、李初梨、彭康和「太陽社」的蔣光慈、錢杏邨等人較多吸收了蘇聯「崗位派」、「列夫派」的左傾思想。如郭沫若一改其前期熱烈的個性解放傾向，提出「當留聲機器」說，並指責當時作家們「小資產階級的根性太濃重了，所以一般的文學家大多數是反革命派。」〔註35〕馮乃超則斷言：「中國的藝術家多出自小資產階級的層中，……在此社會層中不會誕生偉大的藝術家。」〔註36〕成仿吾在《從文學革命到革命文學》一文中要求文學家：「努力獲得辯證法的唯物論，努力把握唯物的辯證法的方法，它將給你以正當的指導，示你以必勝的戰術。」〔註37〕蔣光慈在《關於革命文學》一文中說：「一個作家一定脫離不了社會的關係，在這一

〔註33〕《〈新俄的文藝政策〉序言》，《魯迅研究動態》，1987 年第 11 期，第 34 頁。

〔註34〕魯迅：《〈文藝政策〉後記》，《魯迅序跋集》（上卷），濟南：山東畫報出版社，2004 年版，第 258 頁。

〔註35〕麥克昂（郭沫若）：《桌子的跳舞》，《文學運動史料選》第二冊，上海：上海教育出版社，1979 年版，第 103 頁

〔註36〕馮乃超：《藝術與社會生活》，《文學運動史料選》第二冊，上海：上海教育出版社，1979 年版，第 9 頁。

〔註37〕成仿吾：《從文學革命到革命文學》，《文學運動史料選》第二冊，上海：上海教育出版社，1979 年版，第 21 頁。

種社會的關係之中，他一定有他的經濟的，階級的，政治的地位——在無形之中，他受這一種地位的關係之支配，而養成了一種階級的心理。」「革命文學應當是反個人主義的文學，它的主人翁應當是群眾，而不是個人；它的傾向應當是集體主義，而不是個人主義。」〔註38〕李初梨在《怎樣地建設革命文學》中斥責「文學是自我的表現」和「文學的任務在描寫社會生活」這兩種文學觀：「一個是觀念論的幽靈，個人主義者的囈語；一個是小有產者的把戲，機會主義者的念佛。」並提出：「一切的文學，都是宣傳。」他還直接攻擊魯迅：「對於布魯喬亞氾是一個最良的代言人，對於普羅列塔利亞是一個最惡的煽動家！」〔註39〕從中都可以看出蘇聯「無產階級文化派」、「拉普派」隔斷文學傳統、機械看待作家的階級性、鼓吹「辯證唯物論的創作方法」和排斥「同路人」作家等極左傾向影響的痕跡。

　　而當時魯迅和茅盾對無產階級文學的看法，則比較接近重視文藝自身特性、重視吸納「同路人」作家瓦浪斯基、托洛斯基、布哈林等人的觀點。如魯迅在《文藝與革命》一文中肯定了「一切文藝是宣傳」的提法，但隨即指出：「但我以爲當先求內容的充實和技巧的上達，不必忙於掛招牌。……革命之所以於口號，標語，布告，電報，教科書……之外，要用文藝者，就因爲它是文藝。」〔註40〕茅盾1928年在東京寫的《從牯嶺到東京》一文的第七節專門發表了對國內文壇「革命文藝」運動的意見，他批評了當時所謂「革命文藝」的「新作品」「終於自己暴露了不能擺脫『標語口號文學』的拘圄。」他指出：「一九一八年至二二年頃，俄國的未來派製造了大批的『標語口號文學』，然而無產階級不領這個情，農民是更不客氣的不睬他們……不但蘇俄的群眾，莫斯科的領袖們如布哈林，盧那卻夫斯基，特洛斯基，也覺得『標語口號文學』已經使人討厭到不能忍耐了。」他說，「標語口號文學」雖然不缺少「革命的熱情」，但「人家來看文學的時候所希望的，並非僅僅是『革命情緒』。」對於當時的「革命文藝」鼓吹者排斥小資產階級的極左傾向，茅盾指出：「中國革命是否竟可拋開小資產階級，也還是一個費人研究的問題。我就

〔註38〕 蔣光慈：《關於革命文學》，《文學運動史料選》第二冊，上海：上海教育出版社，1979年版，第26、28頁。

〔註39〕 李初梨：《怎樣地建設革命文學》，《文學運動史料選》第二冊，上海：上海教育出版社，1979年版，第31、32、89頁。

〔註40〕 魯迅《文藝與革命》，《文學運動史料選》第二冊，上海：上海教育出版社，1979年版，第96頁。

覺得中國革命的前途還不能全然拋開小資產階級。」〔註41〕

　　蘇俄當年文藝政策論爭中的幾派觀點，由於有 1925 年 6 月 18 日俄共（布）中央決議作總結，所以它們對中國文壇的影響，都還是有限的、得到及時糾正的。而實際上對中國文學事業發生了最長期、最深遠影響的，還是俄共（布）的那個決議《關於黨在文學方面的政策》。甚至它不只是影響了中國共產黨人和左翼文藝家，還影響到曾經奉行過「以俄為師」、「聯俄容共」政策的國民黨。

　　俄共（布）中央 1925 年決議的一個重要理論基點，是把文學藝術列為黨所領導的階級鬥爭的一條戰線，是黨在思想戰線上的一個「陣地」。《決議》指出：「正如一般階級鬥爭在我國沒有停止一樣，階級鬥爭在文學戰線也沒有停止。」「無產階級應當保持、鞏固、日益擴大自己的領導，同時要在思想戰線許多新的領域中也佔有適當的陣地。辯證唯物論向完全新的領域（生物學、心理學、一般自然科學）滲透的過程，已經開始了。在文學領域中奪取陣地，也同樣地早晚應當成為事實。」〔註42〕這個思想，當年的國民黨雖然拋棄了其中的馬克思主義和無產階級階級鬥爭學說的精髓，但利用文藝作為思想統治工具的做法，還是被吸納和套搬了下來。國民黨於 1928 年形式上統一了中國之後，隨即頒佈《暫行反革命治罪法》，其中第六條規定「宣傳與三民主義不相容之主義及不利於國民革命之主張者」〔註43〕，將被處以有期徒刑。國民黨主辦的《中央日報》、《民國日報》等報刊紛紛開闢「大道」、「青白」、「覺悟」等副刊專欄，發表所謂「三民主義文藝」作品。國民黨中宣部長葉楚傖（1887～1946）在 1929 年 6 月主持召開全國宣傳會議，通過「確定本黨之文藝政策案」，決議「創造三民主義的文學（如發揚民族精神，闡發民治思想，促進民生建設等文藝作品）」，『取締違反三民主義之一切文藝作品（如斲喪民族生命，反映封建思想，鼓吹階級鬥爭等文藝作品）。」〔註44〕會議還通過「規定藝術宣傳案」，要求各地「遴選有藝術修養之同志』，『舉辦文藝刊物』，『對

〔註41〕茅盾：《從牯嶺到東京》，《文學運動史料選》第二冊，上海：上海教育出版社，1979 年版，第 145～146、147 頁。

〔註42〕《蘇聯文學藝術問題》，北京：人民文學出版社，1953 年版，第 4、5 頁。

〔註43〕《中華民國六法理由判解彙編》第四冊，上海：上海會文堂新記書局，1947 年版，第 779 頁。轉引自姜飛：《從「寫實」到「主義」——論張道藩的國家文藝思想》，《四川大學學報》（哲學社會科學版），2011 年第 2 期，第 45 頁。下兩則引文同。

〔註44〕《全國宣傳會議第三日》，《中央日報》，1929-06-06。

於三民主義之藝術作品應加以獎勵。」〔註45〕可見國民黨的文藝政策中，也在一定程度上吸納了當年俄共祭出的統治法寶。

俄共文藝政策最好的學習和繼承者自然還是中國共產黨人和共產黨領導下的文藝事業，毛澤東在1942年延安整風期間所作的《在延安文藝座談會上的講話》，可以說是俄蘇文論在中國選擇性吸納和本土化改造的成功典範，標誌著中國特色馬克思主義文藝理論在中國的建立。毛澤東是一位有理論個性和獨創精神的革命家，他在理論問題上是從來不屑拾人牙慧、步人後塵的。同時他作爲一個有文學修養的文藝內行，他對文藝問題自然有自己的看法、自己的審美選擇。更何況他又是一位來自民間、在自己祖國的土地上打拼出來的「草根英雄」，他對文藝工作的意見肯定是要聯繫中國實際、體現中國特色和講究實用功效的。因此，他的《在延安文藝座談會上的講話》主要吸納和運用的是列寧在布爾什維克革命初期所寫的《黨的組織和黨的出版物》中的觀點，如文藝是黨的整個事業的「齒輪和螺絲釘」，黨的文藝家要加強思想改造、與黨保持一致等等。而對於列寧提出的寫作事業是「自由的寫作」、「寫作事業最不能機械劃一，強求一律，少數服從多數」、「在這個事業中，絕對必須保證有個人創造性和個人愛好的廣闊天地，有思想和幻想、形式和內容的廣闊天地」〔註46〕等觀點，《講話》則基本沒有涉及。從中可見在當時嚴酷的鬥爭環境下，毛澤東指導文藝工作的強烈功利態度。當時黨領導下的文藝工作的第一要務，是宣傳群眾、組織群眾，是號召人民進行革命和鬥爭。什麼「自由寫作」，什麼「個人愛好」，首先是環境不允許，同時也不是黨的實際工作目標的迫切需要。

至於當時在蘇聯早已提出和提倡多年的「社會主義現實主義」，毛澤東《講話》卻作了明顯的忽略和改動，只說了一句「我們是主張無產階級的現實主義的」〔註47〕。直到1953年修訂再版《毛澤東選集》時，才改成通用的「社會主義現實主義」。這一方面是因爲當時中國尚處於民族解放戰爭和民主革命時期，提「社會主義」還爲時尚早，蘇聯「社會主義現實主義」理論的

〔註45〕《全國宣傳會議第四日》，《中央日報》，1929-06-07。

〔註46〕列寧：《黨的組織和黨的出版物》，中國社會科學院文學研究所文藝理論研究室編：《列寧論文學與藝術》，北京：人民文學出版社，1983年版，第68～69頁。

〔註47〕毛澤東：《在延安文藝座談會上的講話》，延安：《解放日報》，1943年10月19日。

許多內容，與當時中國的文藝實際還相隔甚遠，而且在以清算王明教條主義為目標之一的延安整風中，也不可能重犯言必稱蘇聯的錯誤。另一方面也因為毛澤東的理論個性，他是一貫致力於把外來理論本土化、中國化的，這也是他的文章言論能在中國打動人心、贏得群眾的一個重要原因。因此，不要說在延安時代，中國的文藝家們還沒有太多地介紹和宣傳蘇聯的「社會主義現實主義」理論，即便毛澤東原原本本知道了這一理論，他也會標新立異，提出自己中國式的文藝口號的。事實上，在1939年5月，在蘇聯「社會主義現實主義」理論早已介紹到中國多年的情況下，毛澤東為延安魯迅藝術學院成立週年紀念題詞，採用的卻是中國傳統對仗的「現實主義」與「浪漫主義」並提的平行句式：「抗日的現實主義，革命的浪漫主義」。這一方面顯示出毛澤東一貫把文藝納入現實政治需要的功利精神，另一方面也透露了他內心始終不渝的對浪漫主義的偏愛〔註48〕。這一提法，也為他在50年代中期提出「革命現實主義和革命浪漫主義相結合」的文藝主張埋下了伏筆。

我們認為，以「源於生活並反作用於生活」為哲學基點，以「為人民大眾、首先為工農兵」為價值取向，以「文藝工作者的世界觀改造」為實施關鍵，以「典型化」為藝術創造美學追求的毛澤東《在延安文藝座談會上的講話》的核心精神，是吸納了馬克思列寧主義文藝觀，並結合中國文學傳統、中國「五四」以來進步文藝運動的實際經驗而形成的具有中國特色的中共文藝路線的基本綱領。這些基本主張，在中國共產黨領導下的文藝運動中付諸實踐，有成功實績，也有失誤教訓。對於毛澤東「延安講話」的歷史功過，胡喬木在1981年8月8日所作的《當前思想戰線的若干問題》報告中有過這樣的總結：「關於《在延安文藝座談會上的講話》，我認為，這個講話的根本精神，不但在歷史上起了重大的作用，指導了抗日戰爭後期的解放區文學創作和建國以後的文學創作的發展，而且是我們在今後任何時候都必須堅持的。它的要點是：文學藝術是人類社會生活的反映，生活是文學藝術的唯一

〔註48〕毛澤東在1964年8月同哲學工作者的一次談話中，肯定了司馬遷對《詩經》的評價，認為詩皆「發憤之所為作」，指出：「心裏沒有氣，他寫詩？」（見陳晉：《「心裏沒有氣，他寫詩？」》，《瞭望》週刊，1991年第36期，第36頁）；周恩來在《關於文化藝術工作兩條腿走路的問題》一文中提到：「毛主席就說過話劇在舞臺上和生活一樣，沒看頭。」（見中共中央書記處研究室文化組編：《黨和國家領導人論文藝》，北京：文化藝術出版社，1982年版，第27頁）。

的源泉。生活可以從不同的立場反映，無產階級和人民的作家必須從無產階級和人民的立場反映。必須在實際上而不是口頭上解決立場問題。在人民當家作主的地方，必須深入到人民的生活中間去，首先是占人民絕大多數的工農兵的生活中間去，這才能夠寫出反映他們的生活、符合他們的需要的作品。這不但是作家、藝術家的義務，也是他們過去常常求之不得的權利。作家要站在無產階級和人民的立場上，創造文學藝術的作品，來團結和教育人民，驚醒和鼓舞人民，推動人民為反對敵人、改造舊社會舊思想、建設新社會新生活而鬥爭。這些都是完全正確的。」〔註49〕同時他又指出：「長期的實踐證明，《講話》中關於文藝從屬於政治的提法，關於把文藝作品的思想內容簡單地歸結為作品的政治觀點、政治傾向性，並把政治標準作為衡量文藝作品的第一標準的提法，關於把具有社會性的人性完全歸結為人的階級性的提法（這同他給雷經天同志的信中的提法直接矛盾），關於把反對國民黨統治而來到延安、但還帶有許多小資產階級習氣的作家同國民黨相比較、同大地主大資產階級相提並論的提法，這些互相關聯的提法，雖然有它們產生的一定的歷史原因，但究竟是不確切的，並且對於建國以來的文藝的發展產生了不利的影響。」〔註50〕他又說：「應該承認，毛澤東同志對當代的作家、藝術家以及一般知識分子缺少充分的理解和應有的信任，以至在長時間內對他們採取了不正確的態度和政策，錯誤地把他們看成是資產階級的一部分，後來甚至看成是「黑線人物」或「牛鬼蛇神」，使林彪、江青反革命集團得以利用這種觀點對他們進行了殘酷的迫害。這個沉痛的教訓我們必須永遠牢記。」〔註51〕胡喬木所總結的「延安講話」的歷史功過，雖然還有進一步研究和補充修正的必要，但其基本精神和評價立場是正確的，在今天仍需繼續堅持。

當然，我們承認，毛澤東這種帶有「霸氣」和「土氣」的文藝觀，在和平建設、文化發展的年代，有可能束縛藝術家的手腳，有可能阻礙藝術的繁

〔註49〕 胡喬木：《當前思想戰線的若干問題》（1981年8月8日），中共中央書記處研究室文化組編：《黨和國家領導人論文藝》，北京：文化藝術出版社，1982年版，第322頁。

〔註50〕 胡喬木：《當前思想戰線的若干問題》（1981年8月8日），中共中央書記處研究室文化組編：《黨和國家領導人論文藝》，北京：文化藝術出版社，1982年版，第324頁。

〔註51〕 胡喬木：《當前思想戰線的若干問題》（1981年8月8日），中共中央書記處研究室文化組編：《黨和國家領導人論文藝》，北京：文化藝術出版社，1982年版，第325頁。

榮，但在特殊時期，它又是必須的。這也許就是毛澤東早年在《湖南農民運動考察報告》中所說的「矯枉必須過正，不過正不能矯枉」吧？當年法國作家羅曼・羅蘭應高爾基之邀訪問蘇聯，但他在蘇聯看到了許多令他不滿意的事實。他一方面沒有迎合當時蘇聯領導人的需要，對他的《莫斯科日記》作美化和修飾，但又在《日記》原稿的標題頁上注明：「未經我特別允許在1935年10月1日起的50年期限滿期之前，不能發表這個本子——無論是全文，還是摘錄。我本人不發表這個本子，也不許出版任何片段。」〔註52〕這裡表現的就是一個真正的現實主義藝術家的良心和良知。他要記下歷史的真實，又要捍衛信仰的熱忱。他不願意動搖全世界嚮往社會主義的進步人士對社會主義的信念，也不願意給社會主義的敵人提供攻擊蘇聯的口實。我們今天談論毛澤東《講話》中所說的「歌頌」與「暴露」問題，自然也應作如是觀。

1944年，延安解放社出版了由周揚編輯的《馬克思主義與文藝》一書，該書以「意識形態的文藝」、「文藝的特質」、「文藝與階級」、「無產階級文藝」及「作家、批評家」五大部分輯錄了馬克思、恩格斯、普列漢諾夫、列寧、斯大林、毛澤東等人有關文學藝術的文章片斷和相關言論，書末的「附錄」還收錄了俄共（布）中央1925年的決議《關於黨在文學方面的政策》以及1934年的《蘇聯作家協會章程》。該書在1946年又出了第二版，在附錄中增加了《魯迅對於左翼作家聯盟的意見》。編者周揚在第二版序言中寫道，「毛澤東同志的〈在延安文藝座談會上的講話〉給革命文藝指示了新方向。……本書就是企圖根據這個講話的精神來編纂的。……從本書中，我們可以看到毛澤東同志的這個講話一方面很好地說明了馬克思、恩格斯、列寧等人的文藝思想，另一方面，他們的文藝思想又恰好證實了毛澤東同志文藝理論的正確。」〔註53〕從中可見，周揚編選這部馬克思主義文藝論文集的目的就是與毛澤東文藝思想互為印證，一方面證明毛澤東文藝思想是符合馬列主義的，另一方面也把書中輯錄的文藝論著和文件列為規範中國文藝事業的指導性文獻。這樣，俄共（布）1925年《關於黨在文學方面的政策》的決議，就被放到了指導中國共產黨文藝事業的綱領性文件的地位。

〔註52〕夏伯銘：《莫斯科日記・譯者前記》，羅曼・羅蘭：《莫斯科日記》，夏伯銘譯，上海：上海人民出版社，1995年版，第4頁。
〔註53〕周揚編：《馬克思主義與文藝》，大連：大眾書店，1946年版，第1頁。

第三節　從「游離」到「逆反」與突破：50 年代後俄蘇文論影響中國的軌跡

　　中華人民共和國成立後，《人民日報》於 1951 年 1 月 28 日發表了曹葆華譯的俄共（布）中央 1925 年決議。《人民日報》的「編者按語」說：「一九二五年六月蘇俄共產黨（布）中央關於黨在文學方面的政策的決議，在蘇聯文學發展歷史上起了極巨大的指導作用。這個決議發表於蘇聯新經濟政策時期，當時的歷史條件、階級關係與無產階級文學的發展情況和今天中國當然有很多的差別。但這個決議中所提出的關於黨領導文學活動的基本原則在今天仍有現實的教育意義。決議指出：黨應當周到地和細心地對待中間作家，使他們盡可能迅速地轉到共產主義思想方面來；黨對待無產階級作家，一方面以一切方法幫助他們成長，另一方面以一切手段防止他們驕傲、擺共產黨員的架子；對於輕視舊文化遺產、輕視文學專門家的錯誤態度必須進行堅決鬥爭；關於無產階級文學的內容，決議指出：無產階級文學應『廣泛把握極其複雜的現象，不關閉在一個工廠範圍內，不要成為車間的文學，而要成為領導千百萬農民前進的偉大的戰鬥階級的文學』；在文學形式方面，黨不特別支持某一文學派別，而主張文學領域中各種集團和派別的『自由競賽』；黨積極地指導文學批評和創作的活動，而避免在文學事業上採取行政命令的辦法。這個決議是值得我們很好地重新加以研究的。」〔註54〕

　　對照俄共 1925 年決議，可以看出，1951 年《人民日報》「編者按語」把俄共決議歸納出的六個要點，其中第一點「對待中間作家」，來自原決議的第十條；第二點「對待無產階級作家」、第三點「反對輕視舊文化遺產和文學專門家」、第四點「把握複雜現象」、「領導農民前進」，均來自原決議的第十一條；第五點「黨不特別支持某一文學派別」和「各文學集團、派別自由競賽」來自原決議的第十三、十四條；第六點「避免文學事業上的行政命令」來自原決議的第十二條。而在原決議中佔據幾乎一半篇幅著重闡述的諸如「無產階級文學的性質」、「無產階級作家隊伍的建設」、「文學戰線上的階級鬥爭」、「辯證唯物論佔領文學陣地」等重大問題，這裡被大大地簡化或淡化了，甚至把如何對待無產階級作家的問題，放到了「對待中間作家」之後，變成了第二點。而如何「周到地和細心地對待中間作家」，卻被提到第一位，並且在

〔註54〕《蘇聯文學藝術問題》，北京：人民出版社，1953 年版，第 3 頁注 1。

談到同「輕視舊文化遺產、輕視文學專門家的錯誤態度」作鬥爭時，還特別加上原文所沒有的「堅決」二字予以強調。這不能不說是面對中國幾千年農業社會，無產階級和無產階級文學隊伍尚不壯大，農民和小資產階級是社會結構和文化事業主體等實際國情，同時借鑒了當年蘇聯文化政策中「左」的錯誤教訓，而對俄共決議作出的「中國式」解讀。這六條原則，實際上成為中華人民共和國成立後相當長一段時期內中共文化政策的基本方針。

影響人民共和國建國之初中共文藝政策和文學學術走向的，還有蘇聯共產黨對於文藝問題的一系列決議。如20世紀20年代的俄共（布）中央《關於無產階級文化協會的信》、《關於黨在文學方面的政策（1925年6月18日決議）》，30年代的聯共（布）中央《關於改組文學藝術團體的決議（1932年4月23日）》，40年代的聯共（布）中央《關於〈星〉和〈列寧格勒〉兩雜誌的決議（1946年8月14日）》、聯共（布）中央《關於劇場上演節目及其改進辦法的決議（1946年8月26日）》、《蘇聯作家協會理事會主席團的決議（1946年9月4日）》、《關於影片〈燦爛的生活〉的決議（1946年9月4日）》、《關於穆拉傑里的歌劇〈偉大的友誼〉的決議（1948年2月10日）》、《關於〈鱷魚〉雜誌的決議（1948年9月11日）》、《關於〈旗〉雜誌的決議（1949年1月11日）》等等。此外，聯共（布）中央主管意識形態的領導人日丹諾夫就其中某些決議所作的專門講話或報告，如《關於〈星〉和〈列寧格勒〉兩雜誌的報告》、《在聯共（布）中央召開的蘇聯音樂工作者會議上的開幕詞》、《在聯共（布）中央召開的蘇聯音樂工作者會議上的發言》等，也被及時譯介過來。前面提到的人民文學出版社於1953年出版的《蘇聯文學藝術問題》（印數31,500冊），輯為三編，分別收錄了蘇聯20～30年代、40年代以及50年代黨關於文學藝術問題的決議和相關領導人的講話及文藝政策文件，其中包括聯共（布）中央關於文學藝術的六個決議、《蘇聯作家協會章程》、蘇聯作家協會理事會主席團的決議、蘇共中央書記處書記馬林科夫在聯共（布）第19次代表大會上的總結報告，以及日丹諾夫在第一次蘇聯作家代表大會上的講演、1946年至1948年關於文學藝術的三次報告和演說。此書在1959年又重版（印數12,000冊），可以說是當時中國文藝工作者熟知的綱領性文獻。

蘇聯共產黨關於文藝問題的決議、信件和領導人講話，就領導文藝事業的工作方法和文藝政策而言，開了以政治手段管理文藝、以作品的政治傾向

或政治領導人的個人好惡決定文藝作品和作者命運的先例。這一做法在相當長的一段時間裏也為中共領導人所倣仿，於是出現了解放後對電影《武訓傳》的批判、對俞平伯《紅樓夢》研究的批判、對胡風文藝思想的批判等名為「文藝論爭」實為政治運動的對知識分子異己思想的整肅。直至 60 年代對小說《劉志丹》、歷史劇《海瑞罷官》、雜文《燕山夜話》等的批判，以及江青在 1966 年 2 月所作的那個《部隊文藝工作座談會紀要》，更成為「文革」動亂的前奏。這樣的政治運動式的「文藝批評」及其災難性後果，凡是經歷過「文革」動亂的人們都記憶猶新，其歷史教訓值得永遠記取。

上世紀 50 年代中期至 60 年代初期，是蘇聯內部文藝政策、文藝路線發生鬆動和轉變，中國方面對「蘇聯模式」也由緊跟、效法轉為觀望、選擇和有所疑惑的時期，這就是我們所說的「游離式」接受。

早在斯大林逝世前，蘇聯文藝界已經對由於斯大林時代的政治高壓而形成的文藝上的歌功頌德、粉飾太平和「無衝突論」，表示了不滿和質疑。1952 年 4 月 7 日蘇共《真理報》在一篇題為《克服戲劇創作的落後現象》的專論中指出：「我們不應該害怕揭示缺點和困難。有毛病就應當醫治。我們需要有果戈里和謝德林。只有在不運動、不發展的地方，才沒有缺點。而我們正在發展，正在前進——這就意味著我們既有困難，也存在缺點。」文章說：「戲劇創作應該揭示生活中的衝突，否則也就不成其為戲劇創作了。」文中還引用斯大林的話論證了「寫真實」問題，指出：「通過生活的革命發展去反映生活，這種真實態度就是社會主義現實主義藝術的首要戒律。『要寫真實』——斯大林同志是這樣教導我們作家的。」〔註 55〕斯大林逝世後，要求文學揭露現實陰暗面、揭露矛盾的觀點，更是連篇發表，形成當時文壇輿論的熱點。1953 年 7 月 16 日，蘇聯《文學報》在社論《同黨和人民在一起》中提出：「作家在塑造我們時代正面人物形象的同時，應該真實地而且同樣有藝術概括力地暴露反面現象，通過各種藝術手段來揭露敵人。」社論說：「社會主義現實主義藝術，也即高度人道主義和進步藝術的偉大教育力量就在於它激發的不僅是愛，而且還有恨，不僅有讚揚，而且還有蔑視。」〔註 56〕蘇聯《真理報》則在 1953 年 11 月 3 日的一篇題為《進一步提高蘇聯戲劇的水平》的專論中，

〔註55〕 北京大學俄語系俄羅斯蘇聯文學研究室編譯：《關於〈解凍〉及其思潮》，北京：北京大學出版社，1982 年版，第 9、10 頁。

〔註56〕 北京大學俄語系俄羅斯蘇聯文學研究室編譯：《關於〈解凍〉及其思潮》，北京：北京大學出版社，1982 年版，第 13 頁。

第一次提出「干預生活」的口號，文章說：「積極干預生活——這是社會主義現實主義藝術的戰鬥口號。對當代一些最尖銳的問題採取畏縮態度，是與這種藝術完全背道而馳的。」文章指出：「勇敢地提出廣大勞動人民關注的問題，鼓舞人心地表現生活的真實、矛盾和衝突，反映歷史創造者——人民的活動，並善於看到我國的明天，——這就是語言藝術家們的崇高使命。」〔註57〕這一時期，在創作上出現了作家 B. B. 奧維奇金（Валентин Владимирович Овечкин，1904～1968）以揭露現實生活矛盾為特色的近似於小說的農村題材特寫，如《區裏的日常生活》（1952）、《在前沿》（1953）、《在同一區裏》（1954）等。作品通過包爾卓夫和馬爾登諾夫兩個區委書記不同領導作風的對比，揭露了蘇聯在農業管理上存在的官僚主義、命令主義等弊病，在蘇聯文學界和社會上產生了強烈的反響。

1954 年，出生於烏克蘭的猶太裔作家伊利亞·格里高利耶維奇·愛倫堡（Илья Григорьевич Эренбург，1891～1967）的中篇小說《解凍》（Оттепель）第一部出版，標誌著蘇聯文學斯大林時代的終結和「解凍文學」思潮的正式登場。「解凍」思潮首先要求重視人，呼喚人性的復歸，要求文學站在「人性本位」的高度，直面和批判歷史和現實中存在的種種弊端。其次則要求重新發掘文學的現實主義傳統，打破以往虛偽矯飾、既「瞞」又「騙」、圖解政治口號的創作模式。這一年蘇聯還發表了女作家迦林娜·尼古拉耶娃（1911～1963）的中篇小說《拖拉機站站長和總農藝師》，這部小說很快由在我國發行量很大的《中國青年》雜誌翻譯連載並向廣大青年讀者推薦，對中國 50 年代「干預生活」作品的出現，起了推動作用。

1955 年 10 月，奧維奇金隨蘇聯新聞代表團來華訪問，中國當時的青年作家劉賓雁任陪同翻譯。時任中國作協副主席、黨組書記的劉白羽在中國作協機關的一次講話中首次介紹了奧維奇金這個特寫作家的特色。作協主辦的外國文學雜誌《譯文》譯載了奧氏的《區裏的日常生活》等作品。1956 年 1 月 21 日下午，中國作協創作委員會小說組開會討論《拖拉機站站長和總農藝師》、《區裏的日常生活》和肖洛霍夫的《被開墾的處女地》第二部這三篇作品。2 月 15 日出版的《文藝報》1956 年第 3 號以《勇敢地揭露生活中的矛盾和衝突》這樣一個醒目的標題，發表了會上部分發言。《文藝報》編者說：討

〔註57〕北京大學俄語系俄羅斯蘇聯文學研究室編譯：《關於〈解凍〉及其思潮》，北京：北京大學出版社，1982 年版，第 16 頁。

論上述作品是「為了幫助我國讀者瞭解這些作品和學習蘇聯作家勇敢干預生活的精神。」作家馬烽、康濯、郭小川、劉白羽等人的發言一致承認，中國的文學創作存在迴避鬥爭，不敢干預現實生活、不能真實地描寫生活的缺點。馬烽說，尼古拉耶娃的作品是通過尖銳的思想鬥爭刻畫人物的，我們的多數作品卻是通過與自然災害的鬥爭表現英雄人物的，不能不承認這「是一條繞開生活中尖銳矛盾的狹窄小路」。〔註58〕有些作品接觸了社會矛盾，但多半限於很小範圍，批評幹部至多寫到區一級。康濯說，與尼古拉耶娃的小說相比，「我們創作中存在的嚴重問題之一，正是粉飾生活和迴避鬥爭」。〔註59〕劉白羽在發言中強調指出：「奧維奇金的特寫為什麼這兩年在蘇聯這麼突出，也是因為大膽地揭示了生活中真實的東西，反對了生活中的官僚主義。」〔註60〕

　　值得注意的是，在《文藝報》討論會上發言的作家，都是來自解放區的黨員領導幹部，他們也都承認和批評文學界不敢「寫真實」，這本身就表明新中國文藝界對文藝現狀的普遍不滿。此外，當時出現的提倡「寫真實」、「干預生活」的思潮，固然有受蘇聯文學影響的因素，但根本原因還在於當時中國現實生活的發展向文學藝術提出了新的要求，以及中共領導層當時要開展整風，以應對現實生活中湧現的新矛盾、新問題的意向。毛澤東本人在 1957 年 2 月最高國務會議上的講話中，明確提出要正確處理人民內部矛盾。在 3 月召開的中國共產黨全國宣傳工作會議上，他宣佈要通過不斷的整風，「把我們身上的錯誤東西整掉」。他說：「徹底的唯物主義者是無所畏懼的，我們希望一切同我們共同奮鬥的人能夠勇敢地負起責任，克服困難，不要怕挫折，不要怕有人議論譏笑，也不要怕向我們共產黨人提批評建議。『捨得一身剮，敢把皇帝拉下馬』，我們在為社會主義共產主義而鬥爭的時候，必須有這種大無畏的精神。」這樣就激發了一批有政治責任感和藝術敏感的作家藝術家革新創作的衝動，投入到大膽揭露矛盾、「寫真實」、「干預生活」的創作。

　　1955 年 12 月蘇共中央機關刊物《共產黨人》發表專論《關於文學藝術中的典型問題》，對斯大林的繼承人馬林科夫（Георгий Максимилианович

〔註58〕馬烽：《不能繞開矛盾走小路》，《文藝報》，1956 年第 3 號，第 21 頁。
〔註59〕康濯：《不能粉飾生活，迴避矛盾》，《文藝報》，1956 年第 3 號，第 23 頁。
〔註60〕劉白羽：《在鬥爭中表現英雄性格》，《文藝報》，1956 年第 3 號，第 24 頁。

Маленков，1902～1988）當年在聯共（布）第19次代表大會上代表斯大林宣讀的《關於聯共（布）中央工作的總結報告》中對文藝典型問題的論述提出了尖銳的批評。這也引起了早就在典型問題上有過爭論的中國文藝界討論的興趣。當時的《文藝報》開闢了「關於典型問題的討論」專欄，發表了張光年的《藝術典型與社會木質》、林默涵的《關於典型問題的初步理解》、鍾惦棐的《影片中的藝術內容》、黃藥眠的《對典型問題的一些感想》、陳湧的《關於文學藝術特徵的一些問題》、巴人的《典型問題隨感》、王愚的《藝術形象的個性化》、李幼蘇的《藝術中的個別和一般》等文章。這些文章的觀點雖大都沒有超出《共產黨人》專論之外，但也有些聯繫我國文藝的實際情況提出了一些較爲新穎的見解。如張光年批評了「一個階級只有一個典型」、「一個社會力量只有一個典型」的錯誤公式〔註61〕，鍾惦棐則批評了當時有人主張典型「和社會歷史本質相一致」的機械觀點。〔註62〕

　　值得注意的是，50年代中期至60年代初中國文壇出現的這次對蘇聯文學思潮的呼應，已經不是以往那樣亦步亦趨的順承式接受，而是有所選擇、有所爭議的了。如《人民日報》1957年1月27日發表的馬鐵丁的文章《何謂「干預生活」？》，就對「干預生活」口號提出了質疑。特別是當時中共高層政治領導人對「蘇聯經驗」的態度趨於曖昧，更多的只是文藝家們、至多是文藝工作領導者們在那裡肯定蘇聯的做法，所以我們稱之爲「游離式」接受。個中原因，今天已然知曉，那就是正當中國的文藝家、知識分子們還在津津有味地響應蘇聯文學的「寫眞實」、「干預生活」口號的時候，赫魯曉夫在1956年2月蘇共20大上的秘密報告，1956年10月發生在匈牙利的政治動亂，已經給以毛澤東爲代表的中共領導人敲響了警鐘，斯大林式的社會主義面臨著被顛覆的危險！這一重大的政治危機已經威脅到了黨的生存和社會主義的政治前途。維護黨的領導，維護社會主義事業，成爲壓倒一切的中心任務。這就使1957年開始的整風運動迅速演變爲引蛇出洞的「反右」鬥爭，而參與「干預生活」創作的許多作家被打成「右派」或「反革命分子」，受到迫害和不公正待遇長達二、三十年之久。中國文學理論中吸納和效法蘇聯50年代文學經驗提出的許多「新」觀點，諸如「寫眞實論」、「現實主義——廣闊道路論」、「現實主義深化論」、「反題材決定論」、「中間人物論」、「時代精神匯合論」、

〔註61〕張光年：《藝術典型與社會本質》，《文藝報》，1956年第8號，第12～15頁。
〔註62〕鍾惦棐：《影片中的藝術內容》，《文藝報》，1956年第8號，第17～19頁。

「離經叛道論」、「反火藥味論」等，也在後來的「文革」中被宣佈為修正主義的「黑八論」，成為文學研究中噤若寒蟬的禁區。

　　1956 年蘇共 20 大之後，中蘇兩黨領導層在思想政治路線上的分歧日漸加大。中國國內開始「反右」和「反修」，對蘇聯文藝「修正主義」傾向的批判也悄然運行。1958 年，當蘇聯影片《共產黨員》在國內公映時，就有人寫文章批判。只是由於此時中蘇關係還維持著表面良好的局面，被有關領導壓了下來。〔註63〕到 1959 年至 1960 年以後，中蘇矛盾逐步公開化，中國開始編選出版後來被稱為「黃皮書」或「灰皮書」的蘇聯文學作品〔註64〕，為文藝「反修」提供資料。當時我國作家出版社、世界文學出版社、中國戲劇出版社、人民文學出版社還出版了一批「供內部參考」的「黃皮書」文學理論著作，如 1961 年出版的伊薩科夫等著《關於〈山外青山天外天〉》（作家出版社）、《關於〈被開墾的處女地〉（第二部）》（世界文學出版社）、《關於〈感傷的羅曼史〉》（世界文學出版社），1962 年出版的《世界文學參考資料》（《世界文學》雜誌社）、布羅茨基主編《俄國文學史（下冊）》（作家出版社）〔註65〕、《關於文學和藝術問題》（文件彙編·增訂本）（作家出版社）、《高爾基文學書簡

〔註63〕參閱黎之：《回憶與思考——文藝「反修」、毛澤東十二月批示和他親訂《毛澤東詩詞》出版（上）》，《新文學史料》，1998 年第一期，第 63 頁。

〔註64〕1962 年至 1965 年間中國出版的「黃皮書」有小說：《苦果》（1962）、《生者與死者》（1962）、《帶星星的火車票》（1963）、《解凍》（1963）、《伊萬·傑尼索維奇的一天》（1963）、《索爾仁尼津短篇小說集》（1964）、《戰爭與回聲》（1964）、《蘇聯青年作家小說集》（上、下，1965）、《軍人不是天生的》（1965）、《小鈴鐺》（1965）、《艾特瑪托夫小說集》（1965）等；愛丁堡的回憶錄《人、歲月、生活》（第一、二部，1962）；詩歌：《人》（1964）；劇本《德轟伯河上》（1962）、《伊爾庫茨克故事》（1963）、《保護兒子》（1963）、《晚餐之前》（1964）、《暴風雪》（1963）等約 10 餘種。以後在 1971 年至 1978 年間又出版了一批封面改為「白皮」或「灰皮」的書，如《人世間》（1971）、《多雪的冬天》（1972）、《落角》（1973）《白輪船》（1973）、《特別分隊》（1974）、《阿穆爾河的里程》（1975）、《最後的夏天》（1975）、《木戈比》（1976）、《藍色閃電》（1976）、《絕望》（1978）、《白比姆黑耳朵》（1978）、《濱河街公寓》（1978）。此外，在《苦果》之前出版的《山外青山天外天》（1961 年），雖然封皮是綠色的，但也應歸為「黃皮書」之列。這些書一般在封面或封底印有「內部發行」字樣，有的書中還夾著一張一寸長、二寸寬的小字條：「本書為內部資料，供文藝界同志參考，請注意保存，不要外傳。」由於其發行量不大，每種只印大約 900 冊，讀者也只限局級以上幹部和著名作家，故使其蒙上神秘色彩。

〔註65〕該書上冊於 1954 年 11 月由作家出版社出版，中冊於 1955 年 9 月由作家出版社出版。

（上卷）（人民文學出版社），1963 年出版的《現代文藝理論譯叢增刊》、《蘇聯文學中的正面人物、寫戰爭問題》、《蘇聯文學與人道主義》、《蘇聯青年作家及其創作問題》（作家出版社），1964 年出版的《蘇聯文學與黨性、時代精神及其他問題》、《蘇聯一些批評家、作家論藝術革新與「自我表現問題」》（作家出版社）、《新生活──新戲劇》（中國戲劇出版社），1965 年出版的《戲劇衝突與英雄人物》（中國戲劇出版社）、《高爾基文學書簡（下卷）》（人民文學出版社）、《人道主義與現代文學》（上、下冊）（作家出版社）等。這就開始了長達 20 多年的中蘇文學交流中獨特的相互攻訐和對峙的局面。對此，我們稱之爲「逆反式」接受。

　　中國文藝「反修」時期對俄蘇文論的「逆反式」接受，一個突出特點是以捍衛馬克思列寧主義的基本原則、捍衛無產階級專政和社會主義道路的戰士自居，以「馬克思主義中國化」的毛澤東思想爲指針，同時維護和有選擇地吸納蘇聯斯大林時期的一些傳統理論觀點，從而出現了把蘇聯在 50 年代已經批判或放棄了的一些文藝政策和文論主張又重拾回來的怪現象，所以，又可以稱之爲「逆反──錯位式接受」。

　　比如，前面提到的馬林科夫在聯共（布）第 19 次黨代表大會所作報告中對文藝典型的論述：「典型性是與一定社會歷史現象的本質相一致的；它不僅僅是最普遍的、時常發生的和平常的現象。有意識地誇張和突出地刻畫一個形象並不排斥典型性，而是更加充分地發掘它和強調它。典型是黨性在現實主義藝術中的表現的基本範圍。典型問題任何時候都是一個政治性的問題。」〔註66〕對此，蘇聯《共產黨人》雜誌在 1955 年 12 月第 18 期上發表專論《關於文學藝術中的典型問題》，對馬林科夫報告的觀點作了尖銳的批評。這篇專論在當時被很快介紹到中國，並且得到中國文藝界的支持和響應。但在中國「文革」期間，那種已被否定了的斯大林時期的文藝典型觀又捲土重來。如東北地區八院校（遼寧大學、吉林大學、黑龍江大學、遼寧師範學院、延邊大學、哈爾濱師範學院、遼寧第一師範學院、通遼師範學院）1973 年合作編寫的內部教材《馬克思主義文藝理論基本問題》，在論述文學藝術中的典型問題時就寫道：「在藝術舞臺上樹立哪個階級的代表人物，標誌著哪個階級在政治上，在意識形態領域實行專政。」〔註67〕「藝術典型是通過鮮明、獨特的

〔註66〕《蘇聯文學藝術問題》，北京：人民文學出版社，1953 年版，第 138～139 頁。
〔註67〕東北地區八院校文藝理論編寫組：《馬克思主義文藝理論基本問題》，1973 年

個性，深刻地、充分地揭示一定階級本質的藝術形象。在階級社會中，藝術典型首先要充分揭示人物的時代的和階級的本質特徵。」〔註68〕書中說：「我們要著重批判片面追求藝術典型的個性，藉口個性的『複雜性』，甚至抽掉人物的階級性，造成脫離階級本質，把個性和階級性、黨性對立起來的傾向。這實際上是把個性看成單純的人性的資產階級觀點，使藝術典型失去了靈魂，必然歪曲人物的階級本質。」〔註69〕該書甚至還重拾了以前在50年代的典型問題討論中早已批判過了的「一個階級只有一個典型」、「典型是現實生活中大量存在的事物」等錯誤觀點，在論述典型是「集中性與普遍性的辯證統一」問題時說：「集中性是指藝術概括的深度，普遍性是指藝術概括的廣度。把社會生活中的千百個人物化爲一個藝術典型，就有了集中性；通過一個藝術典型概括了千百個社會生活中的人物，就有了普遍性。」〔註70〕

上世紀70年代末，一度受到冷落的俄蘇文論再度步入中國，並在中國新時期文學的發展進程中留下了深刻的印痕。1977年「文革」結束後不久，上海人民出版社翻譯出版了曾獲列寧文學獎金的蘇聯文藝理論家 М. Б. 赫拉普欽科（Михаил Борисович Храпченко，1904～1986）的理論專著《作家的創作道路和文學的發展》。該書的出版雖然還帶有明顯的「反修」色彩，其「譯者的話」也對原著作了火藥味十足的「批判」，但畢竟是打開了瞭解蘇聯文論現狀的一扇窗戶，讓中國學者得以接觸久違了的蘇聯文論發展的最新動向。嗣後到80年代，中蘇關係緩和，許多蘇聯文藝學、美學著作被不加批判地正面譯介到中國。如斯托洛維奇的《審美價值的本質》（凌繼堯譯，中國社會科學出版社，1984年版）、波斯彼洛夫的《文學原理》（王忠琪、徐京安、張秉眞譯，生活‧讀書‧新知三聯書店，1985年版）、布羅夫的《藝術的審美實質》（高叔眉、馮申譯，上海譯文出版社，1985年版）、卡岡的《藝術形態學》（凌繼堯譯，生活‧讀書‧新知三聯書店，1986年版）等等。此外，在蘇聯當代文論中具有突破性創新意義的巴赫金文學思想和洛特曼符號學理論，也開始

10月出版，第120頁。

〔註68〕 東北地區八院校文藝理論編寫組：《馬克思主義文藝理論基本問題》，1973年10月出版，第128頁。

〔註69〕 東北地區八院校文藝理論編寫組：《馬克思主義文藝理論基本問題》，1973年10月出版，第134頁。

〔註70〕 東北地區八院校文藝理論編寫組：《馬克思主義文藝理論基本問題》，1973年10月出版，第143頁。

以單篇論文或專題綜述的形式被陸續介紹和述評。〔註71〕這些論著對我國文藝理論觀念的更新、新的文藝學體系的建構以及舊有批評模式的突破和批評話語的轉換，都產生了有力的影響。比如1989年中國社會科學院文學研究所組織編寫的錢中文著《文學原理——發展論》、杜書瀛著《文學原理——創作論》、王春元著《文學原理——作品論》（社會科學文獻出版社，1989年版），就明顯地受到波斯彼洛夫、斯托洛維奇的觀點和思路的啓示。

　　蘇聯1960～1970年代美學、文藝學研究的新成果，促使我國學者對我們在文學學術中長期沿用、奉爲慣例的社會歷史方法進行了反思。王春元先生在他的《文學原理——作品論》中寫道：「我們多年的文學研究，都是用社會歷史學爲唯一的理論參照系的。不用說，這種社會歷史派是以唯物主義爲其思想根據的。對此，我們長期養成的思維定勢使我們自然形成兩個不易更動的思維定勢：其一是這個理論體系是正統的、整一的唯物主義文學理論，就是說，它本身就代表了唯物主義；其二是，我們的理論體系是世界上唯一正確的，就是說，它代表了絕對眞理。」他指出：「社會歷史學派，作爲一種理論流派，具有突出的優點，建立了不朽的歷史功勳……但是它有一個明顯的不足，對人，對創作主體、對心靈的研究，特別是對讀者的接受、文學的價值和文學的特性這類問題的研究，可以說是建樹較弱的。」〔註72〕因此，他的這本書就專門有一章來談論「審美價值判斷」問題，並且在這一章中正面引用斯托洛維奇在其《審美價值的本質》一書中的論斷：「藝術價值不是獨

〔註71〕80年代較早發表的巴赫金研究論文有宋大圖的《巴赫金的複調理論和陀思妥耶夫斯基的作者立場》（載《世界文學》，1982年第4期），夏仲翼的《陀思妥耶夫斯基的〈地下室手記〉和小說複調結構問題》（載《世界文學》，1982年第4期），彭克巽的《陀思妥耶夫斯基與動盪的二十世紀》（載《讀書》，1983年第12期）、《「複調小說」及其理論問題——巴赫金的敘述理論之一》（載《文藝理論研究》，1983年第4期）；較早介紹洛特曼文論的論文有凌繼堯的《塔爾圖——莫斯科學派——記蘇聯符號學家洛特曼和烏斯賓斯基》（載《讀書》，1987年第3期），錢中文的《蘇聯文學理論研究近況——訪蘇散記》（載《文學評論》，1988年第4期），孫靜雲的《洛特曼的結構文藝學》（載《北京大學學報》，1989年第5期）。最早介紹巴赫金詩學的專著有王忠勇等著《本世紀西方文論述評》（雲南教育出版社，1989年出版）第六章《西方馬克思主義文論》的第四節《巴赫金學派與複調理論》；最早介紹洛特曼符號學的專著有凌繼堯著《蘇聯當代美學》（黑龍江人民出版社，1986年出版）的第五章《洛特曼和藝術符號學》等。

〔註72〕王春元：《文學原理——作品論》，北京：社會科學文獻出版社，1989年出版，第2～3頁。

特的自身封閉的世界。藝術可以具有許多意義：功利意義（特別是實用藝術、工業品藝術設計和建築）和科學認識意義，政治意義和倫理意義。但是如果這些意義不交融在藝術的審美冶爐之中，如果它們同藝術的審美意義折衷地共存並處而不是有機地納入其中，那麼作品可能是不壞的直觀教具，或者是有用的物品，但是永遠不能上升到眞正的藝術高度。」〔註 73〕從中不難看出蘇聯文論對中國新時期文論的積極影響。

　　不只是理論上的反思，在文學評論和文學史研究等文學學術的具體實踐層面，1980 年代以來也對傳統的蘇聯模式文學理論做出了突破。如 1986 年《文學評論》雜誌第 3 期發表李慶西的文章《〈水滸〉主題思維方法辨略──兼說「起義說」與「市民說」》，文章一反傳統的關於《水滸》主題的「起義說」或「市民說」，而提出「《水滸》是爲施耐庵們自己『寫心』」〔註 74〕的觀點。作者在分析了「起義說」和「市民說」的種種牽強不實之處後指出：「『市民說』和『起義說』何以都走到岔路上去了呢？這裡有一塊障眼石，就是所謂階級鬥爭這個『綱』。」他說：「建國以來，學術界相當一些同志在接受馬克思主義世界觀的同時，偏偏忽視了馬克思主義的方法論（當然有其客觀原因）。於是在扔掉唯心主義治學方法之後，找上門來的便是庸俗社會學和機械唯物主義。即以社會學規律印證文學現象，以社會運動的一般定義代替文學研究的具體方法。直至如今，還有人以爲，只有站在階級分析的『高度』，才是提綱挈領把握對象的唯一途徑。」他用自問自答的方式寫道：「《水滸》是用階級觀點做文章的嗎？看來不是。施耐庵們倘能嫻熟地運用唯物史觀從事創作，不至於生出那許多令人費解的問題。」他指出：「封建中國的文人、學者很少重視歷史進程的客體功能，而習慣把注意力提在主體範疇的倫理關係上面，以倫理觀點看取歷史，看待人世的紛紜事變。……到了產生《水滸》的時代，懷疑的精神已大大增長。面對仕途坎坷，人間憂患，那些落拓文人，不守規矩的才子們，愈益感到一種困惑，或者說是知與行的矛盾。他們儘管沒有也不可能獲得進而認識和改造世界的力量，卻滋長著強烈的自我反省的理性精神。」他認爲：「這個被許多《水滸》研究者忽視的情結，正是《水滸》的主題思維方法其深意所在。」〔註 75〕李慶西先生關於《水滸》主題思想的

〔註73〕王春元：《文學原理──作品論》，北京：社會科學文獻出版社，1989 年出版，第 109 頁。
〔註74〕《文學評論》，1986 年第 3 期，第 124 頁。
〔註75〕《文學評論》，1986 年第 3 期，第 118 頁。

具體結論，當然還可以在今後的《水滸》研究中繼續討論，但他得出這一結論的思維方法，無疑是對克服以往社會歷史方法研究中的庸俗社會學和機械唯物論的一次有益探索和嘗試。

　　1996 年出版的上海復旦大學章培恒、駱玉明主編的三卷本《中國文學史》，也體現了在文學史編纂上對以往機械、僵化的「社會歷史方法」的突破。章培恒先生在該書《導論》中，以文學史上許多傳世作品的實例，對以文學「反映社會生活的廣度與深度」定優劣的傳統觀點提出了質疑。他寫道：「倘若應該在『社會生活的』『反映』上打著重點，那就意味著決定文學作品價值的首先是其反映社會生活的廣度與深度；倘若『對社會生活的形象反映』本是一個整體性的概念，那麼，在反映社會生活的廣度與深度上有所欠缺的作品絕不是第一流的作品。」〔註76〕但通過引證《詩經・秦風・蒹葭》、陳子昂《登幽州臺歌》）、李白《靜夜思》、崔顥《黃鶴樓》、李商隱《夜雨寄北》等傳世作品，章先生指出：「這些都是千古傳誦的名篇。但若就其反映社會生活的廣度和深度加以考察，實算不上有突出成就。以李白的那首來說，所寫是十分單純的遊子思鄉之情。如果我們要從中瞭解當時的社會生活，至多只能知道當時有些人旅居異鄉，並對故鄉頗為懷戀。至於這些旅居異鄉者的具體生活，詩中卻毫無反映。比較起來，早在李白之前的樂府詩《豔歌行》、《悲歌》寫遊子的生活和感情反而具體得多。」〔註77〕他說：「《豔歌行》及《悲歌》的總體成就縱或不在《靜夜思》之上，也應與之並駕齊驅」，可是，「為什麼這兩首詩受讀者歡迎的程度還不如《靜夜思》呢？」〔註78〕就此，章培恒先生認為：「這些都說明反映社會生活的廣度與深度並不是決定一篇作品高下的主要尺度。甚至在像小說這樣的文學體裁中，也並不例外。」〔註79〕在引述了馬克思關於「人的一般本性」的一系列論述之後，章培恒指出：「文學發展過程實在是與人性發展的過程同步的。」〔註80〕「理解了這一點，也就

〔註76〕章培恒、駱玉明主編：《中國文學史》上冊，上海：復旦大學出版社，1996年版，第1～2頁。

〔註77〕章培恒、駱玉明主編：《中國文學史》上冊，上海：復旦大學出版社，1996年版，第2～3頁。

〔註78〕章培恒、駱玉明主編：《中國文學史》上冊，上海：復旦大學出版社，1996年版，第3頁。

〔註79〕章培恒、駱玉明主編：《中國文學史》上冊，上海：復旦大學出版社，1996年版，第5頁。

〔註80〕章培恒、駱玉明主編：《中國文學史》上冊，上海：復旦大學出版社，1996

可以懂得爲什麼有一些看來似乎沒有多大社會意義的作品卻能在許多世代中
引起廣大讀者的強烈共鳴，成爲千古名篇。」〔註81〕最後，章培恒先生提出
了他對文學史編纂的構想：「一部文學史所應該顯示的，乃是文學的簡明而具
體的歷程：它是在怎樣地朝人性指引的方向前進，有過怎樣的曲折，在各個
發展階段之間通過怎樣的揚棄而銜接起來並使文學越來越走向豐富和深入，
在藝術上怎樣創新和更迭，怎樣從其他民族的文藝乃至文化的其他領域吸取
養料，在不同地區的文學之間有何異同並怎樣互相影響，等等。」〔註82〕這
些論述，充分體現了新時期在編寫文學史的指導思想方面對傳統蘇聯模式文
學理論的突破。

年版，第 19 頁。

〔註81〕 章培恒、駱玉明主編：《中國文學史》上冊，上海：復旦大學出版社，1996
　　　　 年版，第 21 頁。

〔註82〕 章培恒、駱玉明主編：《中國文學史》上冊，上海：復旦大學出版社，1996
　　　　 年版，第 61 頁。

第二章　俄蘇文論重大理論命題在中國的吸納、反思與質疑（上）
——文學的社會屬性與社會主義文學的創作方法

　　我國傳統文學學術本無「文學理論」一名，古代圖書編目有「詩文評」類，但內容很駁雜，作家傳記、作品本事、文本賞析、章句點評、掌故軼聞等等，都在所論之列。眞正闡述文學原理的，往往摻雜於政治、倫理、哲學，甚至書信、序跋等零散叢雜的著作之中，魚龍混雜，不成體系。晚清洋務興起，始有學者自歐美、日本引進西方文學理論，形成文學理論學科的雛形。1903 年清廷頒佈《奏定高等學堂章程》，在中國文學門中開設「文學研究法」課程，可以看作中國高等教育文學理論課程的奠基。此後自上世紀 20 年代至 40 年代後期，國內學者出版的文學理論教材不下 40 餘種，其中影響較大的有劉永濟《文學論》（長沙湘鄂印刷公司，1922 年初版）、馬宗霍《文學概論》（上海商務印書館，1925 年 10 月初版）、潘梓年《文學概論》（上海北新書局，1925 年 11 月初版）、沈天葆《文學概論》（上海梁溪圖書館，1926年 8 月初版）、馬仲殊《文學概論》（上海現代書局，1930 年 10 月初版）、老舍《文學概論講義》（作者 1930 年至 1936 年手稿，未公開刊行，1984 年北京出版社出版）、曹百川《文學概論》（上海商務印書館，1931 年 5 月初版）、趙景深《文學概論講話》（上海世界書局，1932 年版）、陳穆如《文學理論》（上海啓智書局，1930 年 3 月初版）、胡行之《文學概論》（上海樂華圖書公司，1933 年初版）、譚正璧《文學概論講話》（上海光明書局，1934 年版）、陳君

冶《新文學概論講話》（上海合眾書店，1935 年 3 月初版）、以群《文學底基本知識》（新中國書局，1940 年初版）、巴人《文學讀本（理論）》（上海珠林書店，1940 年初版）、林煥平《文學論教程》（中國文化事業公司，1945 年初版）、蔡儀《文學論初步》（生活書店，1946 年初版）和張長弓《文學新論》（上海書局，1946 年初版）等。這些著作，有的仍沿襲古典文論的老路，以中國古代文學的實踐經驗爲主（如馬宗霍的《文學概論》、譚正璧的《文學概論講話》），有的則直接套搬西方或日本的文學理論著作，幾無個人見解。如夏丏尊就在他的《文藝論 ABC》「結語」中坦言：「本稿與其說是著的，實是編的。各種意見，大部分採自別人的著作，不完全是我自己的主張。」〔註1〕趙景深的《文學概論講話》「編輯例言」也說：「這本書的輪廓，完全依照日本本間久雄的《文學概論》，只是沒有各論（即體裁論），最後卻多了一講社會批評。」〔註2〕這些著作的體例也各家不一，沒有一定之規。

　　1949 年中華人民共和國成立，思想文化建設與經濟建設同步進行，適應社會主義經濟基礎和政治需要的高校文科教材編寫工作迫在眉睫，其中意識形態性極強的文藝理論課程教材更成爲重中之重。在這樣的時代背景下，當時被中國視爲社會主義革命與建設榜樣的蘇聯的文藝理論教材，便成爲新中國高校文藝理論教材建設填補空白的首選。1953 年 12 月，上海平明出版社出版了蘇聯文藝學家、蘇聯教育科學院院士、莫斯科大學教授 Л. И. 季莫菲耶夫的《文學原理》中譯本，譯者爲著名翻譯家查良錚，該書是 1940 年代蘇聯高等教育部批准用作大學語文系教材的唯一一本文學理論教科書，其權威性可想而知。此後，中國陸續出版了蘇聯學者畢達可夫的《文藝學引論》（高等教育出版社，1958 年出版）、柯爾尊的《文藝學概論》（高等教育出版社，1959 年出版）、謝皮洛娃的《文藝學概論》（人民文學出版社，1959 年出版）和涅陀希文的《藝術概論》（朝花美術出版社，1958 年出版）等。這些蘇聯在上世紀 40～50 年代編寫出版的文藝理論教材，內容大同小異，其基本主旨都是以文藝是一種意識形態上層建築、從屬於政治並爲經濟基礎服務爲理論前提，以社會主義現實主義爲主導性創作原則，以認識論來解釋文藝創作過程，以形象性爲文藝區別於其他社會意識形態的基本特徵，從而形成了以形象性、

〔註 1〕 夏丏尊：《文藝論 ABC》，上海：世界書局，1928 年初版，北京：知識產權出版社，2017 年再版，第 149 頁。
〔註 2〕 趙景深：《文學概論講話》，上海：北新書局，1935 年 10 月三版，第 1 頁。

典型性和眞實性爲三維建構的理論體系。

到 60 年代前半期，我國自己編寫的一批文藝理論教科書問世，其中產生過重要影響的兩部著作是以群主編的《文學的基本原理》（於 1963 年和 1964 年由上海文藝出版社分上、下兩冊出版）和蔡儀主編的《文學概論》（初稿完成於 60 年代，1979 年由人民文學出版社出版）。特別是以群《文學的基本原理》到 1978 年根據教育部的要求修訂，作爲高校文藝理論教材重版。由於它當時又被中央廣播電視大學選作漢語言文學專業的教學用書，發行量一度成爲全國同類教材之最。這兩本書的理論構架，雖然在一些具體問題上有中國學者自己的探索和修補，增加了一些針對中國文學實際問題，體現了中國特色的內容，但總體上沒有超出蘇聯文學理論教科書的體系。其「本質論」「創作論」「作品論」「發生發展論」「鑒賞批評論」的五部分框架，雖然此後多年中國文藝理論工作者不斷提出要突破和改造，但至今仍是我國文學理論教材的基本格局。

在俄蘇文論影響下，結合中國共產黨長期領導本國文藝工作的實際經驗，並吸納和批判地繼承中國傳統文學思想精華而形成的現代中國主流文藝理論體系，有以下四方面特徵：

一、在文藝本體論上，把文藝看作一種特殊的社會意識形態，它來源於社會生活，並反作用於社會生活，以生活爲創作的惟一源泉。

二、在文藝社會學上，把文藝看作是社會政治鬥爭的工具，是團結人民、教育人民、打擊敵人、消滅敵人的思想武器。要求文學藝術正面表現下層人民、首先是工農兵的鬥爭生活，塑造工農兵英雄形象。要求用階級和階級鬥爭的觀點來分析生活、創作和評價作品。

三、在文藝美學上，推崇理想化的現實主義，也就是具有現實主義外觀、而實質是表現主觀理想的「革命現實主義」或云「革命現實主義與革命浪漫主義相結合」。要求按照「意識到的歷史內容」，也就是黨的政治理想和當前施政路線、方針、政策，對來自現實生活的藝術材料進行加工和典型化創造。在藝術風格和形式上提倡民族化和大眾化，強調藝術適合人民大眾的審美趣味。

四、在文藝發展觀上，以「人民性」、「革命性」和「民主性」爲選擇和評價標準。承認古代和外國藝術精品的價值，但要以現實的「用」爲取捨依據，提倡「古爲今用、洋爲中用」，表現出濃鬱的功利色彩。

　　上述這四方面中國現代主流文學理論的基本傾向，自延安時代奠基，至上世紀50～60年代發揚光大。中間雖有所修補和調整變換，但其基本精神一直延續到今天，是我們至今仍在遵循的文學創作與文學研究的基本原則。它與俄蘇文論可以歸於同一體系，但又有我們自己的創造和發展。正如中國社會科學院文學研究所錢中文教授所說：「半個世紀以來，蘇聯的文學觀念對我國的文學理論影響很大。特別是 20 世紀 50 年代，它在我國傳播了一些馬克思主義文藝知識，另一方面它本身教條化、簡單化的東西不少，影響著我國文學界與學校的教學工作。但是作為最基本的文學觀念都是我們自己的，在簡單化、庸俗化方面，大大超過了蘇聯文學理論，而且自成體系。」〔註3〕因此，辨析俄蘇文論基本理論命題在中國的影響，梳理中國對其吸納、改造、質疑和反思的過程，實在是新時代中國特色社會主義文學理論建設中一項意義重大的課題。

一、文藝的社會屬性——從意識形態上層建築到審美意識形態

　　俄蘇體系文論對文藝社會屬性的定位，係建立在馬克思 1859 年寫的《政治經濟學批判‧序言》裏的一段經典言論之上：「人們在自己生活的社會生產中發生一定的、必然的、不以他們的意志為轉移的關係，即同他們的物質生產力的一定發展階段相適合的生產關係。這些生產關係的總和構成社會的經濟結構，即有法律的和政治的上層建築豎立其上並有一定的社會意識形態與之相適應的現實基礎。」〔註4〕

　　在馬克思恩格斯的其他著作中，也分別有過類似的論述，如馬克思在 1852 年寫成、1869 年校訂出版第二版的《路易‧波拿巴的霧月十八日》中說：「在不同的所有制形式上，在生存的社會條件上，聳立著由各種不同情感、幻想、思想方式和世界觀構成的整個上層建築。」〔註5〕恩格斯寫於 1876～1878 年間的《反杜林論》中說：「每一時代的社會經濟結構形成現實基礎，每一歷史時期由法律設施和政治設施以及宗教的、哲學的和其他的觀點所構成的全

〔註 3〕 錢中文：《文學原理——發展論》，北京：社會科學文獻出版社，2007 年第二版，第 69 頁。

〔註 4〕 馬克思：《政治經濟學批判‧序言》，《馬克思恩格斯選集》第 2 卷，北京：人民出版社，1972 年版，第 82 頁。

〔註 5〕 馬克思：《路易‧波拿巴的霧月十八日》，《馬克思恩格斯選集》第 1 卷，北京：人民出版社，1972 年版，第 629 頁。

部上層建築，歸根結底都是應由這個基礎來說明的。」〔註6〕蘇聯斯大林在1950年寫的《馬克思主義與語言學問題》（Марксизм и вопросы языкознания）中說得更簡單明瞭：「基礎是社會發展在每一階段上的社會經濟制度。上層建築是社會對於政治、法律、宗教、藝術、哲學的觀點，以及適合於這些觀點的政治、法律等制度。」他說：「每一個基礎都有適合於它的上層建築。封建制度的基礎有自己的上層建築，自己的政治、法律等等觀點，以及適合於這些觀點的制度；資本主義的基礎有它自己的上層建築；社會主義的基礎也有它自己的上層建築。當基礎發生變化和被消滅時，那麼它的上層建築也就會隨著變化，隨著被消滅。當產生新的基礎時，那麼也就會隨著產生適合於新基礎的新的上層建築。」〔註7〕蘇聯在斯大林時代編寫出版的《簡明哲學辭典》解釋「藝術（文學、建築學、雕刻、繪畫、音樂、戲劇、電影等等）」則說，藝術是「社會意識形式之一。藝術像科學一樣，具有巨大的認識力量和社會力量。藝術的特點就是以藝術的、感覺得到的形象來反映現實，複製現實。藝術也像任何思想體系一樣，是由社會的經濟基礎決定的。在階級社會中，藝術表現出各個不同階級的利益，它是階級鬥爭的思想武器。」〔註8〕所有這些，就成為當年馬克思主義文學理論家們討論文學社會屬性時依據的經典。

　　據現有資料，第一個把馬克思經濟基礎與上層建築理論引入中國文學研究的是旅日留學生成仿吾（1897～1984）。成仿吾於1910年留學日本東京帝國大學造兵科，1921年回國。1923年他赴日本治療腳疾，期間寫出論文《從文學革命到革命文學》（後發表在1928年2月出版的《創造月刊》第一卷第九期上）。文中寫道：「歷史的發展必然地取辯證法的方法（Dialektische methode）。因經濟的基礎的變動，人類的生活樣式及一切的意識形態皆隨而變革；結果是舊的生活樣式及意識形態等皆被揚棄（Aufheben 奧伏赫變），而新的出現。」〔註9〕此後，曾於1921～1924年間在莫斯科東方大學留學的蔣光

〔註6〕恩格斯：《反杜林論》，《馬克思恩格斯選集》第3卷，北京：人民出版社，1972年版，第66頁。

〔註7〕斯大林：《馬克思主義與語言學問題》，北京：人民出版社，1957年版，第1～2頁。

〔註8〕羅森塔爾、尤金編：《簡明哲學辭典》，莫斯科國家政治文獻出版社，1955年第四次增補修訂版，中共中央馬克思恩格斯列寧斯大林著作編譯局譯，北京：生活・讀書・新知三聯出版社，1973年版，第718頁。

〔註9〕《文學運動史料選》（第二冊），上海：上海教育出版社，1979年版，第16～

慈（1901〜1931）在《新青年》季刊 1923 年第 2 期上發表《經濟形式與社會關係之變遷》，從經濟形式變遷的角度，對人類社會的歷史變遷做了概括性的說明。文章最後指出，人類「除社會革命和實行無產階級獨裁而外，無它出路！」他還在《新青年》季刊第 3 期上發表署名蔣俠僧的長文《論唯物史觀對於人類社會歷史發展的解釋》，闡說意識反映生活，隨社會生活變化而變化，以及上層建築對經濟基礎有反作用等馬克思主義唯物史觀的一般原理，基本上是對馬克思一些經典論述的照搬。但除了他翻譯的理論術語常有混淆不清的毛病以外，其對馬克思一些理論觀點的理解和闡說，也存在許多問題。比如他說：「既然一切意識的形式是社會生活的反映，則築物（筆者按：即今通譯的『上層建築』）對於基礎是否有反感的作用？……對於此問題，我們可以肯定地給一答案：築物對於基礎有相當的反感的作用。」他又引用馬克思的話指出「反感的作用」的「界限」是：「隨著經濟基礎的變動，一切巨大的築物遲早都是要崩壞的。」〔註 10〕此話明顯來自上引馬克思《政治經濟學批判・序言》，但馬克思緊接著在下文指出：「在考察這些變革時，必須時刻把下面兩者區別開來：一種是生產的經濟條件方面所發生的物質的、可以用自然科學的精確性指明的變革，一種是人們藉以意識到這個衝突並力求把它克服的那些法律的、政治的、宗教的、藝術的或哲學的，簡言之，意識形態的形式。」這就明確指出了意識形態與經濟基礎之間關係的複雜性，並且意識形態本身還有歷史繼承性，絕非如蔣光慈所說的「都是要崩壞」那樣簡單。

到 20 世紀 40 年代，毛澤東在 1940 年寫的《新民主主義論》中說：「一定的文化（當作觀念形態的文化）是一定社會的政治和經濟的反映，又給予偉大影響和作用於一定社會的政治和經濟；而經濟是基礎，政治則是經濟的集中的表現。這是我們對於文化和政治、經濟的關係及政治和經濟的關係的基本觀點。」〔註 11〕中華人民共和國成立後，毛澤東在 1957 年發表《關於正確處理人民內部矛盾的問題》，指出：「人民民主專政的國家制度和法律，以馬克思列寧主義為指導的社會主義意識形態，這些上層建築對於我國社會主

---

17 頁。

〔註10〕 轉引自張廣海：《蔣光慈前期文藝思想探源》，《南京師範大學文學院學報》，2010 年第 2 期，第 79 頁。

〔註11〕 毛澤東：《新民主主義論》，《毛澤東選集》第 2 卷，北京：人民出版社，1967 年版，第 624 頁。

義改造的勝利和社會主義勞動組織的建立起了積極的推動作用，它是和社會
主義的經濟基礎即社會主義的生產關係相適的……」〔註12〕從此，文藝是一
種社會意識形態，屬於社會的上層建築，便成爲中國主流文學理論多年來公
認的定論。

　　按照這一理論邏輯，文藝屬於社會意識形態，意識形態屬於社會上層建
築，上層建築建立在經濟基礎之上，一旦經濟基礎發生變化上層建築也必然
變化。那麼，當舊的經濟基礎變化以後，過去時代的文學藝術爲什麼可以留
存？無產階級爲什麼還要繼承古代優秀的文學藝術遺產？這是從蘇聯20年代
「無產階級文化派」就一直延續下來的問題。爲了解決這個問題，蘇聯在 20
世紀50年代曾發生過藝術是否屬於上層建築的爭論。當時以特羅菲莫夫爲代
表的一部分人只承認藝術是社會意識形態，而否認其上層建築性質。特羅菲
莫夫在1950年關於《馬克思主義與語言學問題》的一次學術討論會上說：藝
術在資本主義社會裏「一部分」是上層建築，「一部分」是基礎，因爲它是
「謀利的手段」。又說：「從體現在藝術中的審美價值來看，藝術是許多時
代的產物，它在這些時代裏形成、豐富、發展、洗煉。它的生存較之任何
一種基礎、任何一種上層建築都要長遠得多，就此來說，它是同這兩者的定
義不合的。藝術中有上層建築的東西，這就是其中所體現的大部分思想；但
也有非上層建築性的東西，這就是包藏在藝術名著中的客觀眞理和藝術價
值。」〔註13〕

　　蘇聯的這場爭論，當時被多數理論家們引經據典壓制了下去。據吳元邁
先生介紹：「正當特羅菲莫夫在會上說馬克思主義的經典著作在『任何時候，
任何地方』都沒有把意識形態或藝術看作上層建築的時候，當場就有人給
他讀了恩格斯的《反杜林論》中的話，他無言以對，陷入了尷尬的處境。」
〔註14〕但不成想，時隔二十多年之後，中國資深美學家朱光潛先生又一次提
出了這個問題。1979 年，朱光潛在《華中師院學報》第一期上發表文章《上
層建築和意識形態之間關係的質疑》，提出「我堅決反對在上層建築和意識形

〔註12〕毛澤東：《關於正確處理人民內部矛盾的問題》，《毛澤東選集》第5卷，北京：
　　　　人民出版社，1977年版，第374頁。
〔註13〕轉引自吳元邁：《也談上層建築與意識形態的關係——與朱光潛先生商榷》，
　　　　載上海師範學院中文系文藝理論教研室編：《文藝理論爭鳴輯要》上冊，上海：
　　　　上海文藝出版社，1983年版，第37頁。
〔註14〕同上，第38頁。

態之間劃等號，或以意識形態代替上層建築。」〔註 15〕這一思想，還被朱先
生寫進這一年出版的《西方美學史》的《再版序論》，從而引發了國內文藝理
論界關於文學藝術社會屬性的一場爭論。

　　現在回過頭來看上世紀 70 年代末 80 年代初國內關於文藝社會屬性的爭
論，許多學者還是糾結在馬、恩、列、斯直至毛澤東在他們的著作中到底說
沒說過意識形態屬於社會上層建築？這種動輒以書本爲檢驗眞理標準的經院
式思維模式，在思想解放的今天看來，實在難以服人。毛澤東同志當年在《矛
盾論》中就曾引用列寧的話指出：「馬克思主義最本質的東西，馬克思主義的
活的靈魂，就在於具體地分析具體的情況。」〔註 16〕實際上，那些努力把文
藝說成僅屬於意識形態而非上層建築的學者，其良苦用心就在於力圖解決既
然屬於上層建築的文藝要隨經濟基礎的改變而改變，那麼人類歷史上創造的
精神文化遺產，到底該不該被後人繼承和如何繼承這一理論上的尷尬。事實
上，曾經在蘇聯出現過的「無產階級文化派」否定傳統文化，特別是中國發
生過的「文化大革命」這樣打著「上層建築領域革命」旗號而大肆毀滅文化
的荒唐鬧劇，正是對馬克思主義基礎與上層建築理論誤解或有意歪曲造成的
結果。

　　由朱光潛先生在 1979 年提出的這一質疑，在當時的思想環境下遭到眾多
學者的反駁，表面看來似乎不占上風。如 1983 年出版的作爲中央廣播電視大
學輔導教材的劉叔成著《文學概論四十講》，在第二講「文學的上層建築性質」
中就明確指出：「否認文學藝術的上層建築性質的觀點，其錯誤在於混淆了經
濟基礎與上層建築、社會存在與社會意識這兩組不同的範疇。事實上，相對
於社會存在，文學藝術是社會生活在人腦中的反映的產物，是意識形態；相
對於經濟基礎，文學藝術歸根到底受一定的物質生產關係所決定，是上層建
築。作爲意識形態的文學藝術的上層建築性質，雖與作爲社會存在的政治制
度、法律制度等上層建築的性質有別，但就它們同爲一定的經濟基礎所決定
而言，其上層建築性質是確定無疑的、不容否定的。否則，我們就要違背歷
史唯物主義、違背馬克思主義的基本原理。」〔註 17〕這種言之鑿鑿、不容置
辯的說法，今天看來實在是以「違背歷史唯物主義、違背馬克思主義基本原

〔註 15〕 朱光潛：《上層建築和意識形態之間關係的質疑》，同上，第 21 頁。
〔註 16〕 《毛澤東選集》第 1 卷，北京：人民出版社，1967 年版，第 287 頁。
〔註 17〕 劉叔成：《文學概論四十講》，北京：中央廣播電視大學出版社，1983 年版，
　　　　第 17 頁。

理」的大帽子壓人，並沒有回答和解決在某一特定社會形態中，並不是所有的文學藝術都是這一社會的上層建築，甚至有些文藝還對現存經濟基礎起破壞瓦解作用的實際情況。列寧就說過，在托爾斯泰的文學遺產裏，「卻有著沒有成為過去而是屬於未來的東西」。〔註18〕並且即便屬於舊經濟基礎之上層建築的某些意識形態領域裏的現象，其中也可能含有超越自己時代、屬於人類歷史發展中某些具有共同價值的東西，它們經過批判地改造，可以進入為新經濟基礎服務的新的社會上層建築，中國古代的儒家、道家思想就是如此。所以，那些在上世紀80年代初還振振有詞的言論，到後來反倒悄然淡出。如劉叔成的《文學概論四十講》到1985年修訂為《文藝學概論》再版時，其緒論「文學的特質」的第一節就只說「文學是一種社會意識形態」，不再提什麼「上層建築」了。

只講意識形態，淡化上層建築，對於解決文藝為何不隨經濟基礎變化而立即變化，似乎好了一些。但其對作為社會意識形態之一的文藝性質的理解，仍是站在把文藝看作人對現實的一種認識的立場上，似乎文藝與其他社會意識形態的區別僅僅在於其反映現實的形式。這種觀點的理論依據就是別林斯基的那段名言：「哲學家用三段論法，詩人則用形象和圖畫說話，然而他們說的都是同一件事。」〔註19〕對別林斯基這一觀點最早提出質疑的，在俄國是普列漢諾夫，在中國是朱光潛。在《沒有地址的信》原稿中，普列漢諾夫曾寫過這樣一段話：「然而由於不是任何思想都可以用生動的形象表現出來（比方說，您試試表現一下這個思想：直角兩邊平方之和等於斜邊的平方），所以黑格爾（我們的別林斯基也和他一起）說藝術的對象是同哲學的對象一樣……時，並不完全對。」〔註20〕朱光潛先生在1963年出版的《西方美學史》下卷中評述別林斯基的藝術思想時，對別林斯基提法做出了比普列漢諾夫更為明確和深刻的質疑。他指出：「詩和哲學的分別不在內容而只在形式，完全相同的內容可以表現為完全不同的形式，內容和形式就可以割裂開來了。」「詩和哲學就在內容上也不能看成同一的。他之所以把它們看成同一，是因為他隨

〔註18〕列寧：《列夫‧托爾斯泰》，《列寧論文學》，北京：人民文學出版社，1959年版，第22頁。

〔註19〕別林斯基：《一八四七年俄國文學一瞥》（第一篇），《別林斯基選集》第2卷，滿濤譯，上海：時代出版社，1953年版，第429頁。

〔註20〕《普列漢諾夫美學論文集》第二卷，北京：人民出版社，1983年版，第927頁，注261。

著黑格爾相信藝術是從理念到形象。」〔註21〕

　　爲了辨清文藝區別與其他社會意識形態的特質，蘇聯在 1956 年出現了以美學家 А. И. 布羅夫爲代表的審美學派。布羅夫力圖把文藝本質問題從一般意識形態引向其自身特性的層面，指出：「藝術的特殊客體是人的生活，更確切地說，是處在社會和個人的有機統一中的社會的人，這種統一是人按其客觀的人的實質來說所固有的。」〔註22〕但布羅夫雖然指出人是藝術的特殊對象，還沒有徹底解決藝術的審美特質問題。審美學派的另一位代表人物 Л. Н. 斯托洛維奇則進一步尋找從審美上解決文藝對象和特徵問題的路徑，他在蘇聯《哲學問題》雜誌 1956 年第 4 期上發表的論文《論現實的審美特性》以及 1959 年出版的專著《現實中和藝術中的審美》中，論述了藝術的特殊對象問題。斯托洛維奇說：「審美關係的對象（審美屬性）是具體可感的事物和現象引起人對它們的一定的思想——情感關係的能力，這種能力是由這些事物和現象在社會關係的體系中所佔據的地位以及它們在這一體系中所起的作用決定的。」〔註23〕

　　蘇聯在上世紀 50～60 年代對文學藝術審美特質的探討，由於當時兩國之間政治上的分歧，沒能引起中國方面及時的呼應。但經歷了「文革」極左路線對文藝事業的摧殘之後，中國從上到下都從切膚之痛中意識到必須遵循藝術規律來發展文藝事業。1979 年 10 月 30 日鄧小平同志代表黨中央在第四次全國文代會上致辭，指出：「黨對文藝工作的領導，不是發號施令，不是要求文學藝術從屬於臨時的、具體的、直接的政治任務，而是根據文學藝術的特徵和發展規律，幫助文藝工作者獲得條件來不斷繁榮文學藝術事業……」〔註24〕在這樣的歷史背景下，以錢中文、童慶炳等人爲代表的一批文藝理論工作者開始致力於對文學藝術特徵的思考。童慶炳教授認爲，俄蘇文論從別林斯基而來的文藝與其他意識形態區別僅在於其反映生活的形式，

〔註21〕朱光潛：《西方美學史》下卷，北京：人民文學出版社，1979 年版，第 550～551 頁。

〔註22〕А. 布羅夫：《藝術的審美實質》，高叔眉、馮申譯，上海：上海譯文出版社，1985 年版，第 145 頁。

〔註23〕Л. Н. 斯托羅維奇：《現實中和藝術中的審美》，凌繼堯、金亞娜譯，北京：三聯出版社，1985 年版，第 32～33 頁。

〔註24〕鄧小平：《在中國文學藝術工作者第四次代表大會上的祝辭（一九七九年十月三十日）》，上海師院中文系文藝理論教研室編：《文學理論爭鳴輯要》，上海：上海文藝出版社，1983 年版，第 6 頁。

即「形象特徵」說，實際上有著明顯的邏輯錯誤：唯物辯證法一貫強調內容
決定形式，形式為內容服務，可為什麼在講文藝特徵時，卻只從形式著眼
呢？因此他提出了從內容形式統一的角度來尋找界定文藝特徵的新思路。他
在 1981 年發表論文《關於文學特徵問題的思考》，指出：「文學所反映的生
活是整體的、美的、個性化的生活。這就是文學內容的基本特徵。抓住了文
學的內容的基本特徵，就抓住了文學的基本特徵這一問題的關鍵。一定的
內容決定一定的形式。文學之所以採用藝術形象這一形式反映，就是因為藝
術形象本身具有的特點能夠適應並滿足文學內容的要求。」〔註25〕1984 年，
童慶炳為北京市高等教育自學考試黨政幹部基礎科編寫自學輔導材料《文
學概論》（上下冊），該書第一章明確列出「文學是社會生活的審美反映」
一節，提出：「我們認為文學對社會生活的反映是審美反映。審美是文學的特
質。」〔註26〕

　　上世紀 80 年代中期，隨著「現代外國文藝理論譯叢」的翻譯出版，上述
蘇聯美學家布羅夫、斯托洛維奇等人的著作被介紹到中國，由俄國文學批
評家 B. B. 沃羅夫斯基 1910 年在《馬克西姆·高爾基》一文中提出的「審
美的意識形態」〔註27〕概念，和布羅夫在其 1975 年出版的美學專著《美學：
問題與爭論》中關於「『純』意識形態原則上是不存在的。意識形態只有在
各種具體表現中──作為哲學意識形態、政治意識形態、法的意識形態、
道德意識形態、審美意識形態──才會現實地存在」〔註28〕的論述，給了中
國文學理論家們以新的啟發。到 1992 年童慶炳主編高等師範學校教學用書
《文學理論教程》問世，就在第四章《文學活動的意識形態性質》中專列
《文學的審美意識形態性質》一節，並得出「文學是顯現在話語含蘊中的審

〔註25〕童慶炳：《關於文學特徵問題的思考》，《北京師範大學學報》，1981 年第 6 期，
　　　　第 33～34 頁。
〔註26〕童慶炳：《文學概論》上冊，北京：紅旗出版社，1984 年版，第 47 頁。
〔註27〕B. B. 沃羅夫斯基在《馬克西姆·高爾基》一文中說：「如果說政治的意識形
　　　　態已經具有了完全符合工人運動的意義、方向和任務的明確的形式（馬克思
　　　　主義），那麼，對於審美的意識形態就還不能這樣說。」見沃羅夫斯基：《論
　　　　文學》，北京：人民文學出版社，1981 年版，第 271 頁。
〔註28〕阿·布羅夫：《美學：問題和爭論》，凌繼堯譯，上海：上海譯文出版社，1987
　　　　年版，第 41 頁。另張捷譯《美學：問題和爭論──美學論爭的方法論原則》
　　　　此段譯作：「但是這種『純思想』是根本不存在的。它只有在多種多樣的具體
　　　　表現中才實際存在──表現為哲學的、政治的、法的、道德的、審美的東西。」
　　　　北京：文化藝術出版社，1988 年版，第 36 頁。

美意識形態」〔註 29〕的結論，這標誌著把文學定位爲「審美意識形態」理論的成熟。

需要指出的是，中國自 1980 年代中期以來形成的「文學審美意識形態論」，與蘇聯學者對這個概念的理解有所不同。蘇聯的概念是把「意識形態」視爲理論的邏輯起點，而中國的理解，「審美」或「審美意識」才是這個概念的核心。蘇聯的理解還是用「意識形態」界定文學，這只能概括文學反映社會生活的一般性特徵，不能表現文學的自身特性。把「審美」作爲概念的核心，則強調了文學藝術是人類主觀的、情感的、想像的創造性活動，這才是文學實踐活動的最基本特性。用「審美」來界定文學，方能使文學從意識形態的一般特性中解脫出來，彰顯其自身獨特的、具體的存在方式。

文學「審美意識形態」論的提出，似乎爲解決文藝的社會屬性和自身特質問題找到了理論出路，因此成爲上世紀 90 年代後期以來中國文學理論界普遍接受的提法。童慶炳先生在《學術研究》2000 年第 1 期上發表論文，稱「審美意識形態論」爲「文藝學的第一原理」。他在同年出版的《文學審美特徵論》一書中說：「我認爲蘇聯『審美學派』對藝術的本質的探討是十分有益的和令人信服的。」「『審美學派』的探討既肯定了藝術的意識形態性質，把理論建立在馬克思主義的哲學基礎上，同時又不停留在一般哲學的層次，而是從哲學的層次進入了美學的層次，鮮明地提出並回答了藝術區別於其他意識形態的審美特徵問題，這無疑是把對藝術本質問題的研究推進了一步。蘇聯『審美學派』在藝術本質問題上跨出的這關鍵的一步對我國的文藝學建設是有啓迪作用的。」〔註 30〕北師大教授程正民等人的專著《20 世紀俄國馬克思主義文藝理論研究》也說：「『審美意識形態』理論的明確提出和系統完整闡明，是中國馬克思主義文藝理論對 20 世紀馬克思主義文藝理論的重要貢獻，是 20 世紀馬克思主義藝術理論的重要成果。」〔註 31〕

但進入 21 世紀之後，學術界開始有人對這一提法提出質疑，最早是吉林師範大學中文系單小曦在 2000 年召開的全國毛澤東文藝思想研究會「50 年來文藝發展道路與 21 世紀文藝發展走向」學術年會上發表論文《「文學是一

〔註 29〕 童慶炳：《文學理論教程》，北京：高等教育出版社，1992 年版，第 96 頁。
〔註 30〕 童慶炳：《文學審美特徵論》，武漢：華中師範大學出版社，2000 年版，第 299頁。
〔註 31〕 程正民等：《20 世紀俄國馬克思主義文藝理論研究》，北京：北京大學出版社，2012 年版，第 11 頁。

種審美意識形態」命題解構》，認爲「這一理論所負之名與存在之實相去甚
遠。」〔註32〕以後他又在《文藝爭鳴》2003年第3期上發表論文《文學的「審
美意識形態論」質疑——與童慶炳先生商榷》，認爲「意識形態性的現實實用
特徵和審美的非功利、超越及自由性特徵使兩者具有天然的相斥性，它們不
可能融匯成爲一個實存事物。」〔註33〕到2006年，北京大學教授董學文、教
育部社科中心研究員馬建輝在《文學理論與批評》雜誌上發表論文《文學「審
美意識形態論」獻疑》，提出：「文學的本質是一個系統，有多個向度和多種
層級。要眞正認識文學及其本質，『必須把握、研究它的一切方面、一切聯繫
和中介』，而且，這種把握和研究實際屬於『觀念上層建築的歷史科學』範圍，
『在這裡認識在本質上是相對的』。因此，即便我們說文學是一種意識形態的
形式，那『審美』也只是其中的本質之一。」他們認爲：「『審美意識形態』（或
曰『審美的意識形態』）概念未必確當，用『審美』說明事物並不是萬能的。
就說以『審美意識形態』來全稱界定文學，那勢必會捨棄和濾除文學的其他
一些本質層面。」〔註34〕

　　對於董學文等人的指責，「審美意識形態論」的積極倡導者之一、中國社
會科學院研究員錢中文在《文藝研究》2007年第2期上發表反駁文章《對文
學不是意識形態的「考論」的考論》，文章針對董學文等人依據馬克思主義經
典著作提出質疑的做法，同樣採用考據方式，考證馬克思的《政治經濟學·
序言》裏關於「社會意識形式」的德文原文和英譯、俄譯表述，指出：「從說
明『形式』一詞的諸個定語來看。在馬克思的行文中，形容諸種『形式』的
『政治的』、『法律的』、『宗教的』、『藝術的』、『哲學的』這些定語又都是複
數（多數）。」尤其在「有著獨特詞法結構的俄語裏，法律的、政治的、宗教
的、藝術的、哲學的諸個定語，明白無誤地用的全是複數（多數）。諸種『形
式』一詞，被諸種『政治的』、諸種『宗教的』、諸種『藝術的』、諸種『法律
的』、諸種『哲學的』諸個定語所界定。就是說不僅存在著法律、政治等上層

〔註32〕單小曦：《「文學是一種審美意識形態」命題解構》，《毛澤東文藝思想研究》
　　　　第十三輯暨全國毛澤東文藝思想研究會「50年來文藝發展道路與21世紀文藝
　　　　發展走向」學術年會論文集彙編：《毛澤東文藝思想的歷史與現在》，第154
　　　　頁。
〔註33〕單小曦：《文學的「審美意識形態論」質疑——與童慶炳先生商榷》，《文藝爭
　　　　鳴》，2003年第3期，第63頁。
〔註34〕董學文、馬建輝：《文學「審美意識形態論」獻疑》，《文藝理論與批評》，2006
　　　　年第1期，第18頁。

建築，同時還存在諸種法律的形式，依次閱讀，即還存在著諸種政治的形式、諸種宗教的形式、諸種藝術的形式、諸種哲學的形式等等」〔註35〕，從而爲文學是「審美意識形態」論找到了原著文本上的依據。

但圍繞「審美意識形態」論的爭論此後仍在進行。2014 年，華南師範大學文學院李豔豐在《貴州大學學報》上發表文章《反思及其僭越——中國當代審美意識形態理論的闡釋焦慮與話語突圍》，文中指出：「由於審美意識形態理論過於強調對當下的各種矛盾和問題提供『想像性的解決』方案，從而跌入了理想主義的話語鏡象之中，未能看到意識形態話語想像與現實生活的矛盾糾葛，忽視、遮蔽文藝在表述意識形態時所形成的複合性美學意義，從而弱化了理論本應具有的批判意識。」〔註36〕可見這一理論還遠沒有達到理論界公認和普遍接受的程度。

總結20世紀以來中國對俄蘇體系文論關於文學本質與社會屬性理論的接受、吸納和本土化改造，可以說斯大林時代機械僵化的基礎與上層建築關係學說基本衰歇，理論界普遍接受的觀點是文藝屬於社會意識形態，但它是審美的意識形態，遠離經濟基礎，有自身的特殊性。文藝的特質在於審美，審美被提到了文學理論的中心位置。但現在的問題是，這種「審美意識形態」是否涵蓋文學的全部，還是只說明其部分特質？「審美意識形態」這一概念的邏輯重音是審美的意識形態，還是審美意識的形態？「審美意識形態」與其他意識形態是怎樣的關係？看來理論家們還需要聯繫文學活動的實際情況，聯繫理論給實踐帶來的實際效果，予以進一步探討和闡釋。

二、創作方法——從「辯證唯物論的創作方法」、「社會主義現實主義」到「兩結合」

西文「方法」（英文 method，俄文 метод）一詞來自希臘文 mefhodos。它的兩個詞根：「meta」意爲「經過」，「hodos」意爲道路。所以就其本義來講，它是完成一定任務、達到預定目標的途徑。所以「方法」本是一個哲學術語，17 世紀法國哲學家笛卡爾著有哲學方法論著作《論方法》。最先把這個術語用於文學的是法國自然主義小說家左拉，他在《實驗小說論》中提出「應用於

〔註35〕 錢中文：《對文學不是意識形態的「考論」的考論》，《文藝研究》，2007 年第2 期，第 13 頁。

〔註36〕 李豔豐：《反思及其僭越——中國當代審美意識形態理論的闡釋焦慮與話語突圍》，《貴州大學學報》，2014 年第 1 期，第 30 頁。

小說和戲劇的實驗方法。」〔註37〕這裡的「方法」，指的是客觀認識自然和人
類社會的原則態度，實質上是把自然科學方法用於文學。直到蘇聯「拉普」
派文論家提出「辯證唯物論的創作方法」口號，「方法」仍意味著對現實進行
哲學理解的原則。這樣，在世界藝術中，就如同哲學上唯物主義與唯心主義
兩大陣營的分野一樣，只能存在著兩種直接相反、互相敵對的方法——即「現
實主義的方法和浪漫主義的方法。」〔註38〕

　　「拉普」派提出「辯證唯物論的創作方法」，本來是爲迎合俄共（布）中
央 1925 年決議中發出的「辯證唯物論……在文學領域中奪取陣地，也同樣地
早晚應當成爲事實」的號召，他們在 1928 年 5 月召開的全蘇第一次無產階級
作家代表大會的決議《文化革命和現代文學問題》中宣稱：「只有受辯證唯物
主義方法指導的無產階級作家能夠創造一個具有特殊風格的無產階級文學流
派。」〔註39〕

　　「拉普」派理論家的「創作方法」論，從理論上講有兩點錯誤：1）把人
類對現實的藝術掌握簡單等同於人的一般認識活動，在文藝領域照搬一般認
識活動中的方法論原則，從而抹殺了人對現實的藝術認識的特點（因爲把現
實概括成抽象的理論形式，也可以是符合唯物辯證法的）。2）把屬於認識論
範疇的方法與具體的藝術表現方法混爲一談，推出一些具體作品作爲體現唯
物辯證法方法的樣板，如當時推崇傑米揚・別德內依（Демьян Бедный，眞名
Ефим Алексеевич Придворов，1883～1945）〔註40〕的創作，提出「傑米揚化」

〔註37〕伍蠡甫、胡經之主編：《西方文藝理論名著選編》，北京：北京大學出版社，
　　　　1986 年版，第 226 頁
〔註38〕А. А. Фадеев. За тридцать лет. М.: изд. Советский писатель, 1957. с.67.
　　　　А. А. 法捷耶夫：《30 年間》，莫斯科：蘇聯作家出版社，1957 年版，第 67 頁。
〔註39〕"Культурная революция и вопросы современной литературы". На посту. №13
　　　　/ 14. с.9.
　　　　《文化革命和現代文學問題》，《在崗位上》第 13～14 期合刊，第 9 頁。
〔註40〕傑米揚・別德內依是一位積極追隨布爾什維克革命的共產黨員作家，早年以
　　　　諷刺寓言和詩歌成名，16 歲時即出版了自己的詩集。「傑米揚・別德內依」（意
　　　　爲「窮人傑米揚」）本是他的詩作《關於傑・別德內依——一個不安分的莊稼
　　　　佬》（1911 年）中的主人公，以後這個名字就成了他的筆名。傑米揚積極配合
　　　　蘇聯社會主義革命和建設，寫了許多熱情洋溢的革命抒情詩和辛辣幽默的諷
　　　　刺寓言。其語言通俗平易，風格樸實詼諧，是蘇維埃大眾詩歌的創始人，也
　　　　是文學家中榮獲蘇聯「紅旗勳章」的第一人。但後來因諷刺小品文《從熱炕
　　　　上爬下來吧》（Слезай с печки）和《不講情面》（Без пощады）等，受到斯大
　　　　林的嚴厲批判，致使他在蘇聯政治生活和文壇上的地位一落千丈，直至 1938

的口號，這就把文學創作引向某種單一的模式。

　　不管傑米揚・別德內依在創作上的成就究竟如何，他的作品在當時如何適應社會需要，如何獲得讀者大眾的喜愛，把一個作家奉爲楷模，要求所有作家去效法和模仿，搞什麼「化」，總是違反藝術規律的。所以蘇聯當年的一位「同路人」作家伊利亞・謝里溫斯基（Илья Сельвинский，1899～1968）就寫過這樣一段題詞來諷刺「傑米揚化」：「文學不是閱兵／用整齊一致要求它／我很喜歡傑米揚化／但又噁心它的貧乏。」〔註41〕

　　蘇聯「拉普」提出「辯證唯物論的創作方法」，其本意是擯棄從觀念出發的「浪漫主義」和恪守現實的「粗樸的寫實主義」。但這個口號傳入中國後，一個有意思的情況是，對其反響最強烈、執行最積極的卻不是現實主義派作家，而恰恰是在「五四」文學革命中積極主張浪漫主義的「太陽社」和「創造社」成員。這恐怕只能由「太陽社」、「創造社」這些激進的青年作家在 20 年代後期紛紛投入「革命文學」大潮，對自己當年的「革命浪漫蒂克」深惡痛絕、毅然決裂來解釋了。如曾爲「創造社」成員的李初梨〔註42〕（1900～1994）在 1928 年寫的《怎樣地建設革命文學》一文中就決然指出：「創造社當年崛起時的口號」，即所謂「文學是自我的表現」，「現在適成爲一般反動作家的旗幟。」〔註43〕

　　然而，比起當年「概念的故事體講解」和「革命加戀愛」的「革命浪漫蒂克」，「辯證唯物論的創作方法」在中國左翼文壇上則覆蓋面更廣，影響也更爲深遠。幾乎當時所有左翼作家都接受了這一口號。

　　前面提到成仿吾在 1923 年撰寫、1928 年 2 月發表的《從文學革命到革命文學》中曾提出「努力獲得辯證法的唯物論，努力把握唯物的辯證法的方法」，但那還只是哲學意義上的世界觀和方法論。作爲指導文學創作與評論的

　　年被開除出黨。

〔註41〕 Баевский В. С. История Русской литературы ХХ века. М.: изд. Языки русской культуры. 1999. с.109.
　　В. С. 巴耶夫斯基：《20 世紀俄羅斯文學史》，莫斯科：俄羅斯文化語言出版社，1999 年版，第 109 頁。

〔註42〕 李初梨，四川江津縣人。原名李祚利，曾用名李初黎。1928 年加入中國共產黨。1915 年赴日本留學。1925 年入京都帝國大學文學部學習，1927 年回國。曾任中聯部副部長、黨委書記。第一、第二屆全國人大代表。第四、第五屆全國政協常委會委員。中共七大、八大代表。

〔註43〕 《文學運動史料選》（第二冊），上海：上海教育出版社，1979 年版，第 31 頁。

藝術方法，「辯證唯物論的創作方法」被引進中國，應該從 1931 年 11 月馮雪峰譯出蘇聯「拉普」後期領導人法捷耶夫的《創作方法論》算起。此後，中國左翼作家紛紛運用這一術語來闡發觀點和評論作品。如穆木天（1900～1971）〔註44〕在 1932 年 1 月《北斗》雜誌第二卷第一期「創作不振之原因及其出路」的徵文中寫道：「我們用什麼樣的手法去寫實呢？當然我們要以科學的──當然是唯物的辯證法的──方法，作我們的認識我們現在社會的武器啦。」他說：「我們要辯證地去把握一切的社會過程，而辯證法地去把他再現在作品裏邊。」他甚至接過蘇聯「拉普」把文學創作當作工人「生產」的觀點，提出「我們要如汽車工人製造汽車似地製造我們的作品。無論是詩歌，小說，劇曲，電影劇，我們對它都要有汽車製造工人製造汽車時所持的態度。」〔註45〕鄭伯奇（1895～1979）〔註46〕則在徵文中說：「把握唯物的辯證法是克服這些錯誤傾向的唯一方法。把握唯物辯證法去觀察社會認識社會，自然不會得到觀念論的。把握著唯物的辯證法去處理題材表現題材，作品自然不會墮入觀念論的陷阱，更不會跑到唯美的非大眾化的歧途。」〔註47〕

就在這一期的《北斗》雜誌上，還刊有馮雪峰（署名何丹仁）評論丁玲的小說《水》的文章《關於新的小說的誕生──評丁玲的〈水〉》。《水》是丁玲寫的一篇反映農村水災中農民疾苦和階級矛盾的中篇小說，連載於 1931 年 9 月、10 月的《北斗》月刊創刊號和第二期上。馮雪峰在評論中指出，丁玲的《水》之所以獲得讀者的好評，之所以被列為「新的小說」，就在於它有三方面的優點，即一：「作者取用了重大的巨大的現時的題材」；二：「顯示作者對於階級鬥爭的正確的堅決的理解」；三：「作者有了新的描寫方法，在《水》

〔註44〕穆木天，原名穆敬熙，吉林伊通縣靠山鎮人，中國現代詩人、翻譯家。象徵派詩人的代表人物。1918 年畢業於南開中學，後赴日本留學，1926 年畢業於日本東京大學。1921 年參加創造社，回國後曾任中山大學、吉林省立大學教授。1931 年在上海參加左聯，負責左聯詩歌組工作，並參與成立中國詩歌會。後歷任桂林師範學院、同濟大學教授，暨南大學、復旦大學兼職教授，東北師範大學、北京師範大學教授。

〔註45〕《北斗》，1932 年第 2 卷第 1 期，第 150 頁。

〔註46〕鄭伯奇，原名鄭隆謹，字伯奇。陝西長安人。1910 年參加同盟會和辛亥革命。1917 年赴日本先後入東京第一高等學校、京都第三高等學校、帝國大學。1920 年在《少年中國》1 卷 9 期發表第一首詩作《別後》。次年加入創造社。1926 年畢業回國，任廣州中山大學教授，黃埔軍校政治教官。解放後，歷任西北大學教授、西北文聯副主席、作協西安分會副主席，並寫作評論和回憶錄。

〔註47〕《北斗》，1932 年第 2 卷第 1 期，第 161 頁。

裏面，不是一個或二個的主人公，而是一大群的大眾，不是個人的心理的分析，而且是集體的行動的開展。」據此，馮雪峰得出自己的結論說：「在現在，新的小說家，是一個能夠正確地理解階級鬥爭，站在工農大眾利益上，特別看到工農勞苦大眾的力量及其出路，具有唯物辯證法的作家！這樣的作家所寫的小說，才算是新的小說。」〔註48〕這樣，馮雪峰就把丁玲的這篇小說確定爲體現「辯證唯物論創作方法」的初步成果。

在宣傳、鼓吹和運用「辯證唯物論的創作方法」理論方面影響最大的，還要屬當時擔任中共領導人的瞿秋白。在他 1930 年爲陽翰笙（筆名華漢，1902～1993）〔註49〕創作的三部曲《地泉》（通稱「華漢三部曲」）〔註50〕寫的序言《革命的浪漫諦克・〈地泉〉序》中，他批評這部小說是典型的帶有「革命浪漫蒂克」傾向的「普羅文學」作品。如作品中一個主人公「林懷秋是一個頹廢的青年，以前曾經是革命者，但是已經墮落了，過著流浪的無聊的貴公子生活。後來莫名真妙的，一點兒也沒有『轉換』的過程，忽然振作了起來，加入軍隊。從軍隊裏轉變到革命的民眾方面去。夢雲是一位小姐，女學生，大紳士的未婚妻，她居然進了工廠，還會指導罷工。另外還有一位寒梅女士——始終沒有正式出面的，作者對於她沒有描寫什麼——而懷秋和夢雲的轉換，卻都是受了她的勸告的結果。」〔註51〕他指出：「我們應當走上唯物辯證法的現實主義的路線，應當深刻的認識客觀的現實，應當拋棄一切自欺欺人的浪漫諦克。」〔註52〕而陽翰笙本人則接受了這一批評，承認自己的創作是走了「浪漫諦克的路線，而不在創作方法上去走唯物辯證法的現實主義

〔註48〕 馮雪峰（署名何丹仁）：《關於新的小說的誕生——評丁玲的〈水〉》，《北斗》，1932 年第 2 卷第 1 期，第 285、286 頁。

〔註49〕 陽翰笙，四川高縣人，中國當代著名劇作家、文藝理論家、編劇、戲劇家，中國新文化運動先驅者之一，原名歐陽本義，字繼修，筆名華漢等。畢業於上海大學社會學系，1927 年底參加創造社。1928 年初起陸續發表小說，並撰寫宣傳馬克思主義和革命文藝理論的文章。抗戰期間曾任國民政府軍事委員會政治部第三廳主任秘書、文化工作委員會副主任、中國電影製片廠編導委員會主任等職。1949 年以後曾任中國文聯秘書長、副主席等職。

〔註50〕 該書包括三部中篇：《深入》（原名《暗夜》），1928 年 8 月寫成，12 月由創造社出版部初版；《轉換》（原名《寒梅》），1929 年 7 月寫成，12 月由上海平凡書局初版；《復興》，1930 年 7 月寫成，10 月與前兩篇合成三部曲，取名《地泉》，由上海平凡書局出版。

〔註51〕 易嘉（瞿秋白）：《革命的浪漫諦克・〈地泉〉序》，《陽翰笙選集》第 4 卷，成都：四川人民出版社，1989 年版，第 80 頁。

〔註52〕 《陽翰笙選集》第 4 卷，成都：四川人民出版社，1989 年版，第 81 頁。

的路線。」〔註53〕

　　瞿秋白還用「辯證唯物論的創作方法」理論批評了茅盾的小說《三人行》。
他在《談談〈三人行〉》一文中寫道:「《三人行》的創作方法是違反第亞力克
諦──辯證法的,單就三種人物的生長和轉變來看,都是沒有切合現實生活
的發展過程的。」他又說:「如果《三人行》的作者從此能用極大的努力,去
取得普洛的唯物辯證法的宇宙觀和創做法,那麼,《三人行》將要是他的很有
益處的失敗,並且,這是對於一般革命的作家的教訓。」〔註54〕

　　而茅盾本人在這場積極鼓吹「辯證唯物論的創作方法」的理論大合唱中
也未能免俗,在他為陽翰笙《地泉》寫的讀後感中寫道:「我的中心論點是:
一個作家應該怎樣地根據了他所獲得的對於現社會的認識,而用藝術的手腕
表現出來。說得明白些,就是一個作家不但對於社會科學應有全部的透澈的
知識,並且真能夠懂得,並且運用那社會科學的生命素──唯物辯證法;並
且以這辯證法為工具,去從繁複的社會現象中分析出它的動律和動向;並且
最後,要用形象的言語藝術的手腕來表現社會現象的各方面,從這些現象中
指示出未來的途徑。」〔註55〕

　　只有魯迅在這場集體喧嘩中保持了冷靜的頭腦,他在回答北斗雜誌社問
中寫道:「來信的問題,是要請美國作家和中國上海教授們做的,他們滿肚子
是『小說法程』和『小說做法』。我雖然做過二十來篇短篇小說,但一向沒有
『宿見』,正如我雖然會說中國話,卻不會寫『中國語法入門』一樣。」他提
出的創作要求是「一,留心各樣的事情,多看看,不看到一點就寫。二,寫
不出的時候不硬寫。三,模特兒不用一個一定的人,看得多了,湊合起來的。
四,寫完後至少看兩遍,竭力將可有可無的字,句,段刪去,毫不可惜。寧可
將可作小說的材料縮成 Sketch,決不將 Sketch 材料拉成小說。五,看外國的
短篇小說,幾乎全是東歐及北歐作品,也看日本作品。六,不生造除自己之
外,誰也不懂的形容詞之類。七,不相信『小說做法』之類的話。八,不相信
中國的所謂『批評家』之類的話,而看看可靠的外國批評家的評論。」〔註56〕

〔註53〕 《陽翰笙選集》第 4 卷,成都:四川人民出版社,1989 年版,第 73～74 頁。
〔註54〕 瞿秋白:《談談〈三人行〉》,《瞿秋白論文學》,北京:人民文學出版社,1959
　　　　 年版,第 92、93 頁。
〔註55〕 茅盾:《〈地泉〉讀後感》,《陽翰笙選集》第 4 卷,成都:四川人民出版社,
　　　　 1989 年版,第 84 頁。
〔註56〕 《北斗》,1932 年第 2 卷第 1 期,第 153 頁。

當俄蘇文藝理論界以哲學替代美學、將哲學方法混同於藝術創作方法的錯誤理論襲來時，魯迅沒有隨聲附和，沒有倡導所謂辯證唯物論的創作方法，也沒有否定浪漫主義文學，這在當時的左翼文藝理論家和作家群中是極其難得的。

　　然而，具有諷刺意味的是，正當中國左翼作家和文論家還在大張旗鼓地宣傳和討論「唯物辯證論的創作方法」的時候，蘇聯本國已在開始批判「拉普」及其創作主張，而代之以成立蘇聯作家協會和提出「社會主義現實主義」的創作口號了。美國學者赫爾曼・葉爾莫拉耶夫曾經在《「拉普」——從興起到解散》一文中分析了當年聯共（布）中央解散「拉普」和提出「社會主義現實主義」口號的原因，他寫道：「黨的十七次代表會議影響了『拉普』有關無產階級和社會主義文化的主張，因爲會議通過了一項決議，號召在第二個五年計劃（1933～1937）期間建成社會主義經濟基礎並把『全體勞動人民』轉變爲『無階級的社會主義社會的積極建設者』，這就引起了把重點逐步地由蘇維埃國家的無產階級方面轉移到社會主義方面。」〔註57〕他又說：「黨的改革主要的直接的原因是，文學與其他藝術領域現存的組織結構不再適應由於很多同路人在第一個五年計劃中倒向蘇維埃政權而造成的新局面。……同路人對於他們如何受『拉普』虐待的記憶猶新，黨則盡一切努力把自己扮作他們的高尚的保護人。」〔註58〕這是解散「拉普」和提出「社會主義現實主義」口號的政治原因。此外，批判「拉普」文學理論、提出新的理論主張，還有「拉普」理論本身存在的弱點和令斯大林不滿的地方。如他們提出的寫「活人」、寫「直接印象」、「傑米揚化」、「辯證唯物論的創作方法」等等，後來都被扣上了「唯心主義」或「形而上學」的帽子。尤其是他們提出的「撕下一切假面具」的口號，更被人引申爲號召「從新的社會主義秩序」撕下面具，這就不能不招致他們在組織上的被解散和理論上的被取代。正如葉爾莫拉耶夫在該文中所指出的：「對『拉普』的攻擊以及它被迫的自我批評的結果是，它的虛弱的、派生的美學理論全部被摧毀，它有關現實主義是客觀地、不加粉飾地再現現實的見解受到壓制。『拉普』的現實主義觀念中的批判的脈絡——它表現在推崇別德內依的藝術上，——現在逐漸爲無條件的歌頌社會主

〔註57〕 中國社會科學院外國文學研究所外國文學研究資料叢刊編輯委員會編：《「拉普」資料彙編》，北京：中國社會科學院出版社，1981 年版，第 401 頁。
〔註58〕 《「拉普」資料彙編》，北京：中國社會科學院出版社，1981 年版，第 409～410 頁。

義勞動英雄所代替。」〔註59〕

　　根據近年來陸續披露的一些關於高爾基和蘇聯文學的檔案材料，我們可以補充說，促使斯大林下決心改組文藝團體和解散「拉普」，並提出「社會主義現實主義」口號，除了上述各條原因之外，還有他要爭取高爾基回歸、樹高爾基爲他領導下的文壇領袖的目的。我國蘇聯問題研究專家張捷先生曾經指出，在促使斯大林下決心解散「拉普」這個問題上，「可能高爾基的態度起了一定作用。高爾基對『拉普』沒有好感，認爲他們的派別鬥爭是『浪費精力』，反對他們迫害『同路人』，希望結束這種狀態。他趁回國時見到斯大林的機會，多次談到『拉普』在文學政策方面的過激行爲。」〔註60〕

　　儘管高爾基在十月革命後因與列寧政見不合而去國出走，儘管他在國外還與布爾什維克黨人唇槍舌劍、互相抨擊，但正如列寧本人早年說過的：「社會民主黨的任何一個派別都可以因高爾基加入自己的派別而感到正當的驕傲。」〔註61〕在列寧逝世，托洛茨基、季諾維也夫等批判過高爾基的中央領導人已被斯大林作爲政敵搞掉之後，新領導者斯大林自然希望能爭取到高爾基這樣有世界聲譽的文學巨匠來爲他主政的「社會主義文化事業」站腳助威。而爲了使高爾基欣然回國，並擔當起斯大林治下文壇領袖的重任，就要搬掉橫在高爾基和蘇聯文壇之間的絆腳石，就要爲高爾基打造一個他能夠接受的文學綱領或路線，這樣就有了解散「拉普」的舉措和「社會主義現實主義」的提出。

　　高爾基作爲一位深諳藝術法則的成熟作家，自然不會接受「拉普」的「辯證唯物論的創作方法」一類蹩腳的「文學理論」。他早就從藝術規律的角度，探討過社會主義文學的創作原則。在他1912年10月寫給華・伊・阿努欽的信中，就說過：「關於社會主義藝術──尤其是文學──我將單獨給您寫一封信。這既不是現實主義，也不是浪漫主義，而是兩者的一種綜合，這個思想我覺得是可以接受的。」〔註62〕可見，提出一種符合美學和藝術規律、又綜

〔註59〕《「拉普」資料彙編》，北京：中國社會科學院出版社，1981年版，第396頁。

〔註60〕張捷：《第一次蘇聯作家代表大會召開和蘇聯作家協會成立的經過》，《環球視野》，2012.7.14（№503）。
　　　　http://www.globalview.cn/ReadNews.asp？NewsID=30992

〔註61〕列寧：《政論家的短評》，中國社會科學院文學研究所文藝理論研究室編：《列寧論文學與藝術》，北京：人民文學出版社，1983年版，第272頁。

〔註62〕高爾基：《給華・伊・阿努辛》，北京大學中文系文藝理論教研室編：《文學理論學習資料》（修訂本）下冊，北京：北京大學出版社，1981年版，第484頁。

合了現實主義和浪漫主義兩大藝術潮流特徵的「新」的藝術法則，是能夠爲高爾基所接受的。試看後來蘇聯官方提出的「社會主義現實主義」定義，強調「從現實的革命發展中眞實地、歷史地和具體地去描寫現實」；特別是聯共（布）中央主管意識形態工作的高官日丹諾夫在第一次蘇聯作家代表大會上的演講中所作的補充說明：「我們的兩腳踏在堅實的唯物主義基礎上的文學是不能和浪漫主義絕緣的，但這是新型的浪漫主義，是革命的浪漫主義。」〔註63〕都說明這一理論的提出有迎合高爾基的成分。

現在有材料證明，「社會主義現實主義」口號的實際提出人就是斯大林自己。據蘇聯《文學問題》雜誌 1989 年第 2 期公佈的一篇抄件（Переписка）披露，斯大林曾在 1932 年 4 月或 5 月的某一天單獨召見當時的蘇聯作家協會組織委員會主席伊·米·格隆斯基（Иван Михайлович Гронский，眞姓費都羅夫 Федулов，1894～1985），詢問他對創作方法問題的意見。格隆斯基明確表示堅決反對「拉普」的「辯證唯物主義創作方法」，建議把蘇聯文學的創作方法稱爲「無產階級社會主義的現實主義，或更確切地稱爲共產主義的現實主義」。斯大林隨即對格隆斯基說：「您已經找到了解決問題的正確途徑，但對它的表述不十分準確。如果我們把蘇聯文學藝術的創作方法稱爲社會主義現實主義，那麼您以爲如何？」〔註64〕格隆斯基當即表示贊成。這樣便有了同年 5 月在報刊上正式提出的「社會主義現實主義」這一專名詞組。

從理論建設的角度看，促使斯大林和蘇聯文藝領導人用「社會主義現實主義」取代「辯證唯物論的創作方法」，還與 30 年代初蘇聯公佈了一批馬克思、恩格斯關於文藝問題的通信有關。1932 年 3 月，「拉普」派的《在文學崗位上》雜誌第 7 期以《未發表的瑪·哈克奈斯的信》爲題，刊登了恩格斯在 1888 年 4 月寫給英國女作家瑪格麗特·哈克奈斯的信。隨後，蘇聯共產主義學院刊物《文學遺產》在 1932 年 4 月總第 2 期上發表了塞勒爾的文章《馬克思恩格斯論巴爾扎克和文學上的現實主義》，介紹了恩格斯給哈克納斯的信和恩格斯關於巴爾扎克的論述兩方面內容。恩格斯在信中說：「我所指的現實主義甚至可以違背作者的見解而表露出來」，並稱巴爾扎克作品爲「現實主義的最偉大勝利之一」。〔註65〕這些論述，使人們認識到現實主義創作原則的獨立

〔註63〕《蘇聯文學藝術問題》，北京：人民文學出版社，1953 年版，第 27 頁。
〔註64〕Гронский И. и Овчаренко А. Переписка. Вопросы литературы. 1989 (№2).
　　　　И. 格隆斯基、А. 奧夫恰連科：《抄件》，（蘇）《文學問題》，1989 年第 2 期。
〔註65〕恩格斯：《致瑪·哈克奈斯（1888 年 4 月初）》，《馬克思恩格斯選集》第 4 卷，

價值。也正因爲有恩格斯的權威論述作鋪墊，才促使斯大林提出「社會主義現實主義」口號，以突出其「現實主義」的特點。

我們說，恩格斯致哈克奈斯信中討論的核心問題，是他稱之爲「充分的現實主義」的「除細節的眞實外，還要眞實地再現典型環境中的典型人物」〔註66〕的創作原則。這種現實主義的本質，是立足於對歷史眞實環境的全面把握。在這個前提下，這種現實主義甚至可以「違反」作者的「階級同情和政治偏見」。而在斯大林的「社會主義現實主義」概念中，「社會主義」這個政治概念乃是高懸於現實主義之上的圭臬和法則。這種政治法則所要求作家的，不是可以「違背」或「違反」，而是必須絕對服從和爲之服務。這可以說是斯大林及當時蘇聯官方文藝理論家對恩格斯現實主義理論的修正和改造。

這樣，一種可以突破作家個人的政治偏見、寫出「卓越的現實主義歷史」的現實主義，在斯大林的理論中就被改造成了爲他的「社會主義」服務的現實主義；一種本來包含著表現「工人階級對他們四周的壓迫環境所進行的叛逆的反抗」的富有批判精神的現實主義，就變成了只能正面歌頌「社會主義偉大成就」的肯定性的現實主義。而且，我們看到，由於斯大林對重返祖國的高爾基的優容和禮遇，由於高爾基在回國後看到和聽到的都是故意安排給他的美好景象，由於晚年高爾基爲報答斯大林「知遇之恩」和希望在故土安度晚年而有意地自我麻木，昔日慣於與暴風雨搏鬥的「海燕」收斂起了自己的敏銳目光和鬥爭鋒芒，變成了讚美斯大林治下蘇聯「美好現實」的歌手。他心目中曾經追尋的作爲社會主義文學創作原則的「第三種東西」，也就更加被賦予了美化與粉飾的色彩。他在1931年寫的《論文學及其他》中說：「是否應該尋找一種可能性，把現實主義和浪漫主義結合成爲第三種東西，即能夠用更鮮明的色彩來描寫英雄的現代生活，並用更崇高更適當的語調來談論它呢」。〔註67〕在1935年1月30日給「紅薔薇」工廠女工伊·阿·里巴柯娃的回信中，高爾基寫道：「我看到了蘇聯無產階級、它的黨英明地領導的宏偉的工作，於是從那時候起，我就幸運地靠著這種精力生活著，這種精力

北京：人民出版社，1972年版，第462～463頁。

〔註66〕恩格斯：《致瑪·哈克奈斯（1888年4月初）》，《馬克思恩格斯選集》第4卷，北京：人民出版社，1972年版，第462頁。

〔註67〕高爾基：《論文學及其他》，北京大學中文系文藝理論教研室編：《文學理論學習資料》（修訂本）下冊，北京：北京大學出版社，1981年版，第485頁。

每天不斷地豐富了蘇聯，並且教導了世界各國無產階級應該做什麼，應該怎樣改變生活。」〔註 68〕這些都明確說出了「社會主義現實主義」要正面歌頌、熱情讚美社會主義現實生活的特點。也正因爲如此，蘇聯解體後不久出版的莫斯科大學教授 И. Ф. 沃爾科夫所著高等學校文學理論教科書，就把這種現實主義稱爲「社會確認的現實主義」（「Социально-утверждающий реализм」）〔註 69〕

　　來自蘇聯的「社會主義現實主義」是影響 20 世紀中國共產黨領導下的社會主義文藝運動既深遠又廣泛的一個重大理論命題，圍繞這個問題足可以寫厚厚的一部大書。錢中文先生在爲香港學者陳順馨的博士論文《社會主義現實主義在中國的接受與轉化》寫的評閱書中指出：「抓住社會主義現實主義這一基本問題，可以說抓住了我國幾十年來文藝理論的『綱』，通過這個問題，牽出其他一系列的理論問題，以及政治化的文藝鬥爭等。」〔註 70〕故研究社會主義現實主義在中國的傳播、接受與演變，實在是一個很有現實意義的課題。

　　關於「社會主義現實主義」口號進入中國和中國對這一理論接受與闡釋的歷史，前有陳順馨專著的第三章《1933～1937：社會主義現實主義接受初期的傳播與論爭》，後有汪介之的論文《「社會主義現實主義」在中國的理論行程》〔註 71〕，予以詳盡的考證和介紹，這裡不擬贅述。我們只想結合本書論旨──「俄蘇文論在中國的本土化」，指出中國共產黨人接受和改造「社會主義現實主義」理論的一些歷史特點。

　　在 1949 年中華人民共和國成立之前，中國共產黨領導下的社會主義文藝運動，對「社會主義現實主義」理論實際上是抱有疑慮和保留態度的。我們在上一章裏已經指出，毛澤東 1942 年《在延安文藝座談會上的講話》在批判了「辯證唯物論的創作方法」的同時，並沒有接過蘇聯「社會主義的現實主

〔註68〕 高爾基：《蘇聯遊記》，秦水、林耘譯，北京：人民文學出版社，1960 年版，第 200 頁。

〔註69〕 И. Ф. Волков. Теория литературы. Москва: изд. Просвещение-Владос. 1995. c.250.
　　　　И. Ф. 沃爾科夫：《文學理論》，莫斯科：教育─弗拉多斯出版社，1995 年版，第 250 頁。

〔註70〕 陳順馨：《社會主義現實主義在中國的接受與轉化》，合肥：安徽教育出版社，2000 年版，第 3 頁注②。

〔註71〕 載《南京師範大學文學院學報》，2012 年第 1 期，第 143～157 頁。

義」口號，而是說：「我們是主張無產階級的現實主義的。」〔註72〕這話直到
1953 年再版《毛澤東選集》時，才改成與蘇聯提法一致的「我們是主張社會
主義的現實主義的」〔註73〕。此前在 1939 年 5 月，在蘇聯「社會主義現實主
義」理論早已介紹到中國多年的情況下，毛澤東爲延安魯迅藝術學院成立週
年紀念題詞，採用的則是中國傳統對仗的「現實主義」與「浪漫主義」並提
的平行句式：「抗日的現實主義，革命的浪漫主義」。而在周揚作於 1933 年的
《關於「社會主義現實主義」與革命的浪漫主義——「唯物辯證法的創作方
法」之否定》〔註74〕一文中，作爲中國人寫的第一篇闡釋「社會主義現實主
義」的論文，周揚寫道：「新的口號在中國是尤其容易被誤解和歪曲的。特別
是，這個口號是當作『唯物辯證法的創作方法』的否定而提出來的，假如我
們不從全體去看這個蘇聯文學的新的發展，而單單從『唯物辯證法的創作方
法是錯誤的』這個命題出發的話，那就不但會給那些一向不明言但心裏是反
對唯物辯證法的文學者們一個公然反對唯物辯證法的有利的根據，給那些嘲
笑我們『今日唱新寫實主義，明日又否定……』的自由主義的人們一個再嘲
笑的機會，而且會把問題的中心歪曲到不知什麼地方去，會不自覺地成爲文
學上的種種資產階級影響的俘虜。」〔註75〕從中可見周揚的焦慮還不在「社
會主義現實主義」理論本身，而是這麼快地改變理論旗幟，會給一貫緊追俄
蘇文論話語的中國左翼文藝理論家們造成尷尬。

中國方面旗幟鮮明地高調宣傳和捍衛「社會主義現實主義」，實際上是在
1956 年蘇共 20 大之後。1956 年 2 月 25 日，時任蘇共中央總書記的尼·謝·
赫魯曉夫在蘇共 20 大閉幕前的最後一天凌晨，向大會代表們作了題爲《關於
個人迷信及其後果》的秘密報告，對斯大林作了點名批判和譴責，全面否定
了斯大林執政時的各種理論。這一事件震驚了世界，也對整個國際共產主義
運動造成深遠而巨大的影響。文藝領域對蘇聯「社會主義現實主義」理論的
質疑和反思，也就在這個時候開始了。

〔註72〕毛澤東：《在延安文藝座談會上的講話》，延安：《解放日報》，1943 年 10 月
　　　　19 日。

〔註73〕毛澤東：《在延安文藝座談會上的講話》，《毛澤東選集》第三卷，北京：人民
　　　　出版社，1967 年版，第 824 頁。

〔註74〕原載《現代》第 4 卷第 1 期（1933 年 11 月 1 日），署名周起應。

〔註75〕周揚：《關於「社會主義現實主義」與革命的浪漫主義——「唯物辯證法的創
　　　　作方法」之否定》，《周揚文集》第 1 卷，北京：人民文學出版社，1984 年版，
　　　　第 102 頁。

　　眾所周知，蘇聯斯大林時代的「社會主義現實主義」理論，從其提出之日起，在蘇聯本國就一直存在著爭議和多種解釋。二戰結束後，特別是 50 年代初斯大林在世的最後時光，蘇聯文藝界已經對美化現實的公式化、概念化的「無衝突論」作品表示了不滿。1953 年 3 月斯大林逝世，蘇聯報刊隨即發表了一系列鼓吹「寫眞實」、「干預生活」，揭露社會陰暗面的社論和文章。1954 年 5 月，猶太裔作家伊・格・愛倫堡（Илья Григорьевич Эренбург，1891～1967）的中篇小說《解凍》（Оттепель）第一部在《旗》雜誌發表，標誌著蘇聯文學斯大林時代的終結和「解凍文學」思潮的正式登場。在這樣的文壇背景下，時任蘇聯作家協會書記處書記的 K. M. 西蒙諾夫（1915～1979）在 1954 年 12 月召開的全蘇作家第二次代表大會的補充報告《蘇聯散文發展的幾個問題》中，提出了對社會主義現實主義定義的修正意見。他針對 1934 年通過的《蘇聯作家協會章程》中論述「社會主義現實主義」的第二句話：「同時藝術描寫的眞實性和歷史具體性必須與用社會主義精神從思想上改造和教育勞動人民的任務結合起來」，指出：「我覺得，這本意是想作明確規定的第二句是不確切的，甚至反而容許有歪曲原意的可能。它可能被瞭解為一種附帶條件：……好像眞實性與歷史具體性能夠與這個任務結合，也能夠不結合；換句話說，並不是任何的眞實性和任何的歷史具體性都能夠為這個目標服務的。正是對這條定義的這種任意的瞭解，在戰後時期在我們一部分作家和批評家的作品裏特別經常地發生，他們藉口現實要從發展的趨向來表現，力圖『改善』現實。」〔註 76〕可見西蒙諾夫意見的主旨是反對打著「用社會主義精神教育人民」的旗號來粉飾太平、歌功頌德的創作傾向。

　　來自蘇聯的這些「新思潮」「新觀點」，無疑給當時奉蘇聯為「老大哥」，並且同樣面臨因解放戰爭勝利和新中國建國初期舉國奮進的興旺景象而飄飄然，出現「驕、嬌」二氣新問題的新中國文藝界以巨大的激勵和啓發。於是許多有社會責任感的作家接過了蘇聯「寫眞實」「干預生活」等創作口號，創作出一批暴露社會問題和陰暗面的作品。對蘇聯「社會主義現實主義」理論也在這時出現了新的理解與闡釋。這中間首當其衝的就是秦兆陽〔註 77〕（筆

〔註 76〕西蒙諾夫：《蘇聯散文發展的幾個問題》，水夫譯，《蘇聯人民的文學——第二次全蘇作家代表大會報告、發言集》（上），北京：人民文學出版社，1955 年版，第 84 頁。
〔註 77〕秦兆陽（1916～1994），湖北黃岡人。1938 年到延安、1941 年加入中國共產

名何直）發表在《人民文學》1956 年第 9 期上的論文《現實主義——廣闊的
道路》，文中涉及到許多在當時十分敏感且具有現實針對性的問題，如對文學
創作的主題、題材、人物、風格的限制，社會主義現實主義理論本身所存在
的封閉、凝固、僵化的教條主義傾向等等。文中大段摘引了上述西蒙諾夫報
告中的原文，然後明確表態說：「我完全同意這段話。」〔註78〕並且秦文還對
「這一定義的不合理性」提出了三點補充，最後提出「可以稱當前的現實主
義爲社會主義時代的現實主義」〔註79〕的建設性意見，但這就實質上否定了
「社會主義現實主義」。這篇論文加上他幫助修改、發表蕭也牧的中篇小說《我
們夫婦之間》〔註80〕，也就成爲秦兆陽在 1957 年「反右」鬥爭中被打成「大
右派」的兩大罪狀。

　　1956 年赫魯曉夫反斯大林的秘密報告，在國際上尤其是當時的「社會主
義陣營」內部，掀起了反蘇、反共的浪潮。1956 年 10 月至 11 月，波蘭和匈
牙利相繼爆發企圖擺脫蘇聯模式社會主義的運動，匈牙利更是由和平示威演
變爲武裝暴亂。在這樣的時代政治背景下，中國共產黨在 1957 年春開展的整
風運動很快轉變爲「反右鬥爭」。文藝理論上圍繞「社會主義現實主義」的、
本來屬於學術問題的論爭，也就變成了政治鬥爭。「保衛社會主義現實主義」，
成爲當時流行的熱門話題。據茅盾《夜讀偶記》前言所云：「去年（筆者按：
指一九五六年）九月，《人民文學》發表了何直的《現實主義——廣闊的道路》
之後，社會主義現實主義創作方法問題已經在國內引起了相當熱烈的討論。
截至本年（筆者按：指一九五七年）八月，國內八種主要文藝刊物登載的討

黨。曾入陝北公學、延安魯藝學習。後任華北聯合大學文藝學院教師、冀中
區第十分區黎明報社社長、冀中軍區前線報社副社長、《華北文藝》編輯。建
國後，歷任《文藝報》黨務編委，《人民文學》副主編，人民文學出版社副總
編輯，《當代》主編，中國作協書記處書記和第三、四屆理事、著有短篇小說
集《農村散記》，長篇小說《在田野上，前進！》、《大地》，論文集《文學探
路集》。

〔註78〕何直：《現實主義——廣闊的道路（節選）》，《文學理論爭鳴輯要》（下），上
海：上海文藝出版社，1983 年版，第 649 頁。

〔註79〕何直：《現實主義——廣闊的道路（節選）》，《文學理論爭鳴輯要》（下），上
海：上海文藝出版社，1983 年版，第 651 頁。

〔註80〕《我們夫婦之間》通過一系列平常的家庭瑣事，描寫了知識分子丈夫與工農
幹部出身的妻子進城後的矛盾、衝突及最終相互理解與融合，富於濃鬱的人
情味。但這種描寫在 50 年代初卻被認爲是歪曲知識分子和工農幹部形象，給
黨抹黑，因而被上綱上線地批判。

論這一問題的文章，就有三十二篇之多。」〔註81〕

　　在這樣的背景下，作爲當時中國文壇領軍人物的茅盾不能不出來表態。但他一方面要維護當時已被神話般闡釋的「社會主義現實主義」理論，但又不想用這根大棒傷人，只能用漫談隨筆的形式，把問題限制在學術領域來心氣平和地探討。他於 1957 年 9 月動筆，至 1958 年 4 月結束，寫成洋洋六萬餘言的《夜讀偶記》。文中主要談了「創作方法和世界觀的關係」、「現實主義與反現實主義的鬥爭」兩個問題，並以「現實主義與反現實主義的鬥爭」爲主線來描述中國文學發展的一般規律。這篇文章在今天看來顯然有其時代烙印和歷史局限，但茅盾以「中外古今，包羅既廣」的漫談方式來討論社會主義現實主義問題，其實不乏一位有豐厚創作經驗的老作家用文學實例來挽救理論偏頗的潛在用心。於是書中不時出現一些自相矛盾的思想，用茅盾自己在本書「結束語」中的話來說，就是「終覺前後筆調頗不一致」〔註82〕。這些「不一致」，恰可看出當年茅盾的矛盾心態。

　　1958 年 7 月，《譯文》月刊編輯部編輯出版了《保衛社會主義現實主義》論文集，爲配合這本文集的出版發行，是年《讀書》雜誌第 17 期上還發表了署名華胥的文章《戰鬥的記錄——介紹〈保衛社會主義現實主義〉論文集第一輯》。文集編者在前言中寫道：「1956 年 2 月蘇共 20 次代表大會以後，蘇聯文學界，在大會決議精神指導下，對文學上的教條主義傾向進行了徹底的清算，從而大大的促進文學事業的發展。但是無孔不入的社會主義敵人卻就利用這個時機，密切配合當時國際間掀起的反蘇反共浪潮，在文藝戰線上也發動了一次猖狂的進攻。他們惡毒地誹謗以蘇聯爲首的社會主義國家的文學，肆意攻擊馬克思列寧主義的文藝思想和社會主義現實主義的創作方法。在這次進攻中，文藝上的修正主義分子起了推波助瀾的作用，特別是在南斯拉夫，以及十月事變前的匈牙利等國家。在蘇聯和其他社會主義國家中也有一些立場不堅定的文學家在思想上發生了動搖，發表了一些錯誤的言論和有嚴重問題的作品。爲了保衛馬克思列寧主義的文藝思想和社會主義現實主義文學，蘇聯和其他社會主義國家的文學界，在各國兄弟黨領導下，對敵人進行了堅決的反擊，同時也對錯誤的文藝思想和文學作品展開了討論和批判。經過一、兩年時間大規模的辯論和鬥爭，馬克思列寧主義原則終於在文學戰線上取得

〔註81〕茅盾：《夜讀偶記》，天津：百花文藝出版社，1979 年 5 月第三版，第 1 頁。
〔註82〕茅盾：《夜讀偶記》，天津：百花文藝出版社，1979 年 5 月第三版，第 98 頁。

了又一次偉大的勝利。」〔註83〕

　　然而，具有戲劇意味的是，正當文藝界、理論界把執行和捍衛「社會主義現實主義」當作一場政治鬥爭來嚴肅對待，甚至有人撰文論證毛澤東如何發展了「中國社會主義現實主義」〔註84〕的時候，一貫致力於把馬克思主義中國化、在理論建設上從不屑拾人牙慧的毛澤東卻在1958年春天提出了社會主義文藝應該是「革命現實主義與革命浪漫主義相結合」（理論界有時簡稱為「兩結合」或「雙革結合」）的思想。他在1958年3月召開的中共中央成都工作會議上談到中國新詩發展的道路時說：「中國詩的出路，第一條民歌，第二條古典。在這個基礎上產生出新詩來，形式是民族的，內容應當是現實主義與浪漫主義的統一。」〔註85〕同年5月，毛澤東在黨的八大二次會議上再次強調指出：「革命精神與實際精神的統一……在文學上，就是要革命的現實主義和革命的浪漫主義相統一。」〔註86〕毛澤東的這兩次講話當時沒有公開發表。最早傳遞出「兩結合」信息的是郭沫若在同年4月出版的《文藝報》第7期《討論〈蝶戀花〉》欄中就這首詞答該刊編者問的信，信中稱毛澤東這首詞是「革命的浪漫主義與革命的現實主義的典型的結合」。隨後，《文藝報》第9期即以「革命的現實主義和革命的浪漫主義相結合」為欄題，發表了一組詩人筆談文章。但當時討論的還不是「兩結合」方法的理論問題，而是以毛澤東詩詞和「大躍進」民歌為例，來印證毛澤東的這一新提法。6月1日，中共中央理論刊物《紅旗》創刊號發表了周揚的《新民歌開拓了詩歌的新道路》，文中首次正式傳達了毛澤東上述講話內容，並作了理論上的闡釋：「毛澤東同志提倡我們的文學應當是革命的現實主義和革命的浪漫主義的結合，這是對全部文學歷史的經驗的科學概括，是根據當前時代的特點和需要而提出的一項十分正確的主張，應當成為我們全體文藝工作者共同奮鬥的方向。」〔註87〕同年第3期《紅旗》雜誌發表了郭沫若的《浪漫主義和現實主義》，文章以毛澤東詩詞和大躍進詩歌為例，論證了「兩結合」創作方法的精神實質。郭沫若

〔註83〕譯文社編：《保衛社會主義現實主義》（第一輯），北京：作家出版社，1958年7月版，第1頁。

〔註84〕田仲濟：《「在延安文藝座談會上的講話」對中國社會主義現實主義發展的意義》，《前哨》，1957年第5期。

〔註85〕轉引自陳晉：《文人毛澤東》，上海：上海人民出版社，1997年版，第445頁。

〔註86〕陳晉：《文人毛澤東》，上海：上海人民出版社，1997年版，第464頁。

〔註87〕周揚：《新民歌開拓了詩歌的新道路》，《紅旗》，1958年第1期，第35頁。

文章值得注意的一點，是他在文中說：「馬克思列寧主義爲浪漫主義提供了理想，對現實主義賦予了靈魂，這便成爲我們今天需要的革命的浪漫主義和革命的現實主義，或者這兩者的適當的結合——社會主義現實主義。」〔註88〕說明當時中國是把毛澤東提出的「兩結合」看做是「社會主義現實主義」的等價物，或者說是「社會主義現實主義」的中國化表述的。

　　然而，提出創作方法新口號背後的政治背景則是，自 1956 年蘇共 20 大之後，中蘇兩黨領導層在思想政治路線上的分歧日漸加大，中國國內在開展「反右」鬥爭的同時，對蘇聯文藝的「修正主義」傾向的批判也開始悄然運行。到 1959 年底至 1960 年以後，中蘇矛盾逐步公開化，來自蘇聯的「社會主義現實主義」便逐漸被毛澤東的「革命現實主義與革命浪漫主義相結合」所代替。1960 年 7 月 22 日，周揚在中國文學藝術工作者第三次代表大會上作了題爲《我國社會主義文學藝術的道路》的長篇報告，他說：「爲了文藝能更好地反映我們的時代，更有力地爲廣大勞動人民服務，爲社會主義、共產主義的偉大事業服務，我們提倡革命現實主義和革命浪漫主義相結合的藝術方法。」周揚在報告中指出：「這個藝術方法的提出，是毛澤東同志對馬克思主義文藝理論的又一重大貢獻。毛澤東同志是根據馬克思主義關於不斷革命論和革命發展階段論相結合的思想，根據文學藝術本身的發展規律，從當前革命鬥爭的需要出發提出這個方法來的，他把革命氣概和求實精神相結合的原則運用在文學藝術上，把文學藝術中現實主義和浪漫主義這兩種藝術方法辯證的統一起來，以便更有利於表現我們今天的時代，有利於全面地吸取文學藝術遺產中的一切優良傳統，有利於更好的發揮作家藝術家不同的個性和風格，這樣，就給社會主義文學藝術開闢了一個廣闊自由的天地。這兩種精神的結合，不只適用於文藝創作，也適用於文藝批評。」〔註89〕由此可見，此時的「兩結合」已經不是「社會主義現實主義」的同義詞，而是毛澤東對馬克思主義文藝理論的貢獻，是「一種完全新的藝術方法」〔註90〕。周揚的這段講話，也就成了以後多年中國文學理論教科書上對「兩結合」創作方法的權威解釋。

〔註88〕 郭沫若：《浪漫主義和現實主義》，《紅旗》，1958 年第 3 期，第 1 頁。
〔註89〕 周揚：《我國社會主義文學藝術的道路》，《中國文學藝術工作者第三次代表大會文件》，北京：人民文學出版社，1960 年版，第 42 頁。
〔註90〕 周揚：《我國社會主義文學藝術的道路》，《中國文學藝術工作者第三次代表大會文件》，北京：人民文學出版社，1960 年版，第 53 頁。

不過，以「兩結合」爲一種「完全新的藝術方法」，卻並沒有取代蘇聯「社
會主義現實主義」的位置，甚至當蘇聯國內已經對「社會主義現實主義」定
義作了修正之後，中國還繼續沿用 1934 年《蘇聯作家協會章程》中規定的定
義。這中間政治的意義恐怕大於文學理論的意義。於是從上世紀 60 年代起，
中國報刊和文學理論教科書上就存在著「社會主義現實主義」與「兩結合」
並存的提法。儘管理論家們在解釋這兩種「創作方法」時實在找不出兩種方
法有什麼實質性的不同之處，但也必須二者並提。這種情況一直延續到粉碎
「四人幫」以後 80 年代初期中國的文藝理論教學。當時通用的文學理論教
材，如以群的《文學的基本原理》和劉叔成的《文藝學概論》，都是對兩種創
作原則各有專節論述。甚至在 1987 年出版的由南開大學、天津師範大學、天
津師範高等專科學校等院校教師合作編寫的教材《文學導論》（天津教育出版
社，1987 年版）中，已經在「社會主義文學的創作方法」一章中用「革命現
實主義」替代了毛澤東的「兩結合」，但仍保留了「社會主義現實主義」一
節。只不過此時的「社會主義現實主義」已經成爲文學理論史上的一個歷史
名詞，變成知識性的介紹了。直到 1992 年童慶炳主編的作爲高等師範學校教
學用書的《文學理論教程》出版，不僅不再提什麼「社會主義現實主義」「兩
結合」，連「創作方法」這個概念也從書中淡出，而代之以「文學產品的類
型」，糾結了中國文學理論多年的「創作方法」「社會主義現實主義」等問題
才算最後消歇。

「社會主義現實主義」理論歷經多年修補但始終未能完善，最後難逃被
拋棄的命運，其原因是多方面的。這中間，理論本身的缺陷是無可迴避的事
實。我們說，1934 年通過的《蘇聯作家協會章程》對「社會主義現實主義」所
作的綱領性表述：「從現實的革命發展中眞實地、歷史地和具體地去描寫現實
（правдивое，исторически конкретное изображение жизни в её революци-
оном развитии）。」〔註91〕這段話最重要的一點，是「在現實的革命發展中」
去「描寫現實」（或云「描寫生活」）。故蘇聯早期文化領導人 A. B. 盧那察爾
斯基在解說「社會主義現實主義」時寫道：「請想像一下，人們正在興建一所
房子，等它建好，將是一座富麗堂皇的宮殿。可是房子還沒有建成，您便照
這個樣子描寫它，說道：『這就是你們的社會主義，──可是沒有屋頂。』您
當然是現實主義者，您說了眞話；但是一眼可以看出來，這眞話其實是謊言。

〔註91〕《蘇聯文學藝術問題》，北京：人民文學出版社，1953 年版，第 13 頁。

只有瞭解正在興建的是什麼樣的房子以及如何建造的人，只有瞭解這所房子一定會有屋頂的人，才能說出社會主義的眞實。」〔註92〕多年來，盧那察爾斯基這一解釋一直被我們作爲經典來引用，「在現實的革命發展之中去描寫現實」，也就成了「社會主義現實主義」的不二法門。

今天看來，這一原則起碼存在著兩方面問題。第一，什麼叫「革命發展」？俄文「революция」一詞，意思爲「革命」、「變革」、「根本性的改革」，作爲哲學術語則是「突變」。「現實（生活）的革命發展」可以有兩方面的理解，一是生活中革命性的、帶有根本變革性質的事件，二是以革命者的眼光、或者從革命者的思想觀點出發所看到的現實生活。前一種理解，有把文學表現的對象、範圍狹窄化之嫌，因爲現實生活、藝術對象未必處處都是革命性的變革，家務事、兒女情，花鳥魚蟲、風花雪月，還可不可以成爲藝術表現的對象？後一種理解，則會產生戴著「革命」的有色眼鏡去過濾現實、圖解概念、粉飾或拔高生活之弊，其實質是戴著「革命」光環的僞現實主義，是打著文學旗號的政治宣傳。像魯迅先生當年諷刺的所謂「革命文學」劇本，野妓、小偷會說出：「我再不怕黑暗了」、「我們反抗去！」〔註93〕這樣滿口學生腔的「革命」話語；蘇聯斯大林時代出現的諸如《金星英雄》、《遠離莫斯科的地方》等一批虛構現實、拔高生活的作品，都可以說是「從現實的革命發展中描寫生活」的蹩腳樣本。

第二，「從現實的革命發展中描寫現實」，還存在著如何理解「發展」，「發展」與「現實」哪個是基礎、哪個爲根本的問題。「社會主義現實主義」理論講的「革命發展」，強調的是「革命」，即「根本性的變革」，是哲學上的「突變」。但實際上社會進步是否意味著總是不斷地「革命」，不斷地推倒重來、「徹底變革」？中國共產黨經過幾十年領導國內社會發展和經濟建設的經驗，於2003 年提出了「科學發展觀」這一執政理念，提出「以人爲本，樹立全面、協調、可持續的發展觀，促進經濟社會和人的全面發展」的思想，這是中國共產黨人對社會主義建設、社會發展和共產黨執政規律的認識所達到的新高度，也是我們今天糾正「左」的文學思想、端正文學航向的理論指南。文學作品展示給人們的，應該是符合社會發展規律的「科學發展」的美好前景，

〔註92〕A. B. 盧那察爾斯基：《社會主義現實主義》，《盧那察爾斯基論文學》，蔣路譯，北京：人民文學出版社，1978 年版，第 55 頁。

〔註93〕魯迅：《三閒集》，《魯迅全集》第 4 卷，北京：人民文學出版社，1956 年版，第 68 頁。

而不應是靠單純「革命」熱情驅使的、其實往往是盲動、冒進的所謂「革命發展」。也只有符合「科學發展觀」的對現實的描寫，才能是經得起歷史檢驗的、眞正眞實的文學描寫。

本來，立足於對現實的眞實描寫，從對現實關係的眞實描寫中揭示或預示歷史發展的客觀規律，正是現實主義創作原則的題中應有之義。當年恩格斯在致敏娜・考茨基的信中說：「如果一部具有社會主義傾向的小說通過對現實關係的眞實描寫，來打破關於這些關係的流行的傳統幻想……即使作者沒有提出任何解決辦法，甚至作者有時並沒有明確地表明自己的立場，但我認爲這部小說也完全完成了自己的使命。」他還特別指出：「我認爲傾向應當從場面和情節中自然而然地流露出來，而不應當特別把它指點出來；同時我認爲作家不必要把他所描寫的社會衝突的歷史的未來的解決辦法硬塞給讀者。」〔註 94〕「但「社會主義現實主義」要求作家「從現實的革命發展中眞實地、歷史地和具體地去描寫現實。」「革命發展」成了「描寫現實」的前提和基礎，這就把「主」與「從」、「本」與「末」位置顛倒、因果互換了。未來的發展遠景不是在現實描寫中展現的趨勢，而是直接取代了眼前的現實。更可怕的是，有時這種所謂的「未來發展遠景」是根本不可能實現的烏托邦幻想！這就勢必造成一大批從當前政治領導人的政治需要出發，美化現實、編造幻境、歌功頌德的僞現實主義作品。這種弊病不僅發生在蘇聯，也傳染到中國。這種思維定勢和思辨邏輯不僅在 50 年代中期的「反右」鬥爭中打擊了那些勇於「干預生活」、有一定批判鋒芒和思想力度的優秀作家作品，造成了一大批文壇冤案，而且直至「文革」結束後在新時期對具體作品的評論中，仍時有發作，不時干擾和威脅著作家們直面現實的勇氣。如電影《被愛情遺忘的角落》在 1981 年獲得文化部「金雞獎」之後，就有人引用恩格斯的「典型環境」理論，指責影片編導者「這樣地表現社會主義農村的陰暗面，這樣地表現建國三十年來農民生活的社會環境，只抓住它的特殊性，不考慮它的普遍性，是不典型的，不能給人民以鼓舞和向上的力量。」〔註 95〕從中可見「反映生活的主流和本質」、「以發展的眼光描寫現實」等來自蘇聯「社會主義現實主義」的理論主張，在我們的文藝觀念中是如何地根深蒂固。

〔註 94〕恩格斯：《致瑪・哈克奈斯（1888 年 4 月初）》，《馬克思恩格斯選集》第 4 卷，
北京：人民出版社，1972 年版，第 454 頁。
〔註 95〕碩華：《暴露有餘歌頌不足──對影片〈被愛情遺忘的角落〉的異議》，《電影
評介》，1982 年第 4 期，第 18 頁。

　　發源於蘇聯的「社會主義現實主義」作為社會主義文學運動史上的一段插曲，已經成為了過去，但它的基本原則和某些核心觀點，在我們今天的文藝理論和文藝工作路線、方針、政策中，仍然有著潛在的積澱和承傳。在當代社會對文藝理論和文藝工作的現實需求面前，認真辨析當年蘇聯「社會主義現實主義」的基本精神與核心觀點，肯定其正確因素，匡正其認識上的謬誤或執行中的偏差，應該說是一項很有意義的工作。

第三章　俄蘇文論重大理論命題在中國的吸納、反思與質疑（下）
——文學形象與形象思維、文學典型與典型環境中的典型人物

一、文學藝術的特徵——文學形象與形象思維

（一）文學形象

中國傳統文論，向以「情志」爲文學藝術的本質特徵。古老的《尚書‧堯典》中的「詩言志」說，被朱自清先生稱爲中國古代詩論「開山的綱領」〔註1〕。至漢代《詩大序》「情志」並提，云「詩者，志之所之也」，又云「情動於中而形於言」；再至西晉陸機《文賦》直言「詩緣情而綺靡」，千百年來，中國人談文學的本質，總不離「情」「志」二字。直至 1928 年夏丏尊著《文藝論 ABC》，在談到文藝的本質時，仍斷言：「文藝的本質是情」。〔註2〕1932年出版的趙景深《文學概論講話》，講文學五要素，依次爲「文字、思想、情感、想像、藝術」，在「想像」一條中闡釋這一術語的意思是「具體形象的思索或再現」，這裡雖然出現了「形象」這一專門術語，但並沒有把形象作爲文藝最本質的特徵。

中國現代文藝理論把「形象」列爲文學藝術的本質特徵，源於俄蘇。別

〔註1〕 朱自清：《詩言志辨‧序》，《詩言志辨》，上海：開明書店，1947 年版，第Ⅵ頁。

〔註2〕 夏丏尊：《文藝論 ABC》，北京：知識產權出版社，2017 年版，第 12 頁。

林斯基那段名言：「哲學家用三段論法，詩人則用形象和圖畫說話，然而他們說的都是同一件事」〔註3〕，曾是我國文學理論教科書長期引用的經典。1953年翻譯出版的蘇聯1948年版 Л. И. 季莫菲耶夫《文學原理》〔註4〕，全書四章，其主體部分即是「形象性」（第二章）和「形象底歷史的內容」（第三章）。〔註5〕1958年出版的秉承季莫菲耶夫體系的畢達可夫《文藝學引論》也說：「以藝術形象的形式反映生活，是藝術（尤其是文學）的最重要的特點。」〔註6〕上海復旦大學著名美學家蔣孔陽先生在1957年還出版了一本題爲《論文學藝術的特徵》的普及性小冊子，主要論述了形象、形象思維及藝術形象的特點等問題，在當時社會上產生了很大影響。

現在看來。別林斯基的「形象」理論雖然來自於黑格爾〔註7〕，但俄國卻沒有採用歐洲通用的術語「image」，而是用了俄國自己的詞語「Образ」。在俄語裏也有以「image」爲詞根的詞「имажинизм」，但那是指「意象派」。據蔣孔陽《論文學藝術的特徵》書中介紹，俄文「形象（Образ）」一詞來自於俄國在韃靼人入侵時期從修道院聖象畫上截下來的面部最精華部分，即「Обрез」。〔註8〕由此可見，俄蘇文論重現實主義，重再現現實的生活圖畫；西方文論重虛構性、幻象性和象徵性的意象，除了各自的文學傳統之外，實在還有詞源學上的原因。

中國古漢語中所謂「形象」，是指人物、事物的相貌形狀。《尚書‧說命》篇曰：「得諸傅巖。」孔安國傳云：「使百官以所夢之形象，經營求之於外野，得之於傅巖之谿。」《後漢書‧蔡茂傳》：「大殿者，宮府之形象也。」這裡的「形象」，都是指事物的本來狀貌，不包含主觀情感或意旨的內蘊，所以它不

〔註3〕 別林斯基：《一八四七年俄國文學一瞥》，《別林斯基選集》第2卷，滿濤譯，上海：時代出版社，1953年版，第429頁。

〔註4〕 上海平明出版社，1953年出版。

〔註5〕 直至1971年出版的 Л. И. 季莫菲耶夫著教科書：《文學理論基礎》（Основы теории литературы）中，其第一部分「文學理論的一般概念」的第一章還是「形象性」。

〔註6〕 畢達可夫：《文藝學引論》，北京：高等教育出版社，1958年版，第46頁。

〔註7〕 黑格爾在《美學》第一卷中說：「在藝術和詩裏，從『理想』開始總是靠不住的，因爲藝術家創作所依靠的是生活的富裕，而不是抽象的普泛觀念的富裕。在藝術裏不像在哲學裏，創造的材料不是思想而是現實的外在形象。」見黑格爾：《美學》第一卷，朱光潛譯，北京：商務印書館，1979年版，第357～358頁。

〔註8〕 見蔣孔陽：《論文學藝術的特徵》，上海：新文藝出版社，1957年版，第32頁。

具有概念性。以「詩言志」爲詩學根砥的中國古代文論，歷來輕視僅只客觀再現事物面貌的形象，而重包孕豐富思想內涵的「興象」或「意象」。南朝劉勰《文心雕龍・比興》篇說，《詩經》作者運用「比興」之法的長處是「興之託喻，婉而成章，稱名也小，取類也大」，而後世辭賦家的「比興」則是「日用乎比，月忘乎興，習小而棄大」，因此他們「文謝於周人也」。《物色》篇讚美詩經作者描寫自然景物，是「聯類不窮」，他們「寫氣圖貌，既隨物以宛轉；屬採附聲，亦與心而徘徊」，因此能夠做到「以少總多，情貌無遺」。而近世東晉南朝以來，「文貴形似，窺情風景之上，鑽貌草木之中」，雖然做到「巧言切狀」、「曲寫毫芥」，但不過是客觀景物的刻板摹寫，終未達到「物色盡而情有餘」的「會通」境界。他提出景物描寫的原則應該是「擬容取心」（《比興》篇語），即透過形象傳達某種思想或意旨。梁代鍾嶸提出「詩有三義」：「一曰興，二曰比，三曰賦」。「興」排在來自傳統《詩經》「賦比興」說的第一位。唐代陳子昂批評齊梁間詩「采麗競繁，興寄都絕」。宋人蘇軾說：「論畫以形似，見與兒童鄰。賦詩必此詩，定非知詩人。」總之，中國傳統詩文理論都是重形象背後的內蘊，而輕形象的表層狀貌。

由於俄蘇文藝理論的傳入，中華人民共和國成立後自上世紀 50 年代至 80 年代初我國的文學理論教科書，都把「形象」作爲文學藝術的本質特徵，並把「形象」規定爲「社會生活圖畫」（或「畫面」、「圖景」等不同措辭）。別林斯基在《一八四七年俄國文學一瞥》（第一篇）中談到哲學家與詩人區別的那段名言：「一個是證明，另一個是顯示，可是他們都是說服，所不同的只是一個用邏輯結論，另一個用圖畫而已」，〔註 9〕是各種版本文學理論教科書在闡釋「形象」定義時必然引用的經典。當年相當普及的文學理論教科書——以群主編的《文學的基本原理》說：「文學、藝術……也要揭示客觀事物的本質、規律，但不是以概念、公式、定理或理論的形式表現出來，而是通過對豐富多彩的現實生活或自然景物的描繪，特別是通過對人物形象的塑造和人與人之間關係的描繪，構成具體、生動的生活圖景，以形象的形式表現出來。」〔註 10〕直到 1989 年出版的《辭海》，在解釋「形象」詞條時仍說形象是：「文學藝術把握現實和表現作家、藝術家主體思想感情的一種美學手段，是根據

〔註 9〕別林斯基：《一八四七年俄國文學一瞥》（第一篇），《別林斯基選集》第二卷，滿濤譯，上海：時代出版社，1953 年版，第 429 頁。
〔註 10〕以群：《文學的基本原理》，上海：上海文藝出版社，1984 年版，第 36 頁。

現實生活各種現象加以藝術概括所造出來的負載著一定思想情感內容、因而
富有藝術感染力的具體生動的圖畫。」〔註11〕

　　1983 年，中央廣播電視大學出版由劉叔成主講的文學理論課程輔導教材
《文學概論四十講》，該書基本遵循以群《文學的基本原理》的體系，但吸收
了當時國內文學理論研究的新成果，對以群原著的一些理論觀點做了修改或
補充。最突出的就是對「形象」的定義提出了質疑。該書第三講「文學通過
語言塑造的形象反映社會生活（上）」，以《辭海》對「形象」的定義即「生
活圖畫」說為例，指出：「這一界說雖把握住了形象的某些特點（如來自實
際生活，出於作者創造，具體生動，包含審美意義等），卻並不十分科學」
〔註12〕。經過一番辨析，劉叔成提出了自己對「形象」的定義：「藝術形象是
作家藝術家審美認識的結果，是他們根據實際生活中的體驗、認識創造出
來的具體、可感而又帶有強烈感情色彩和具有審美價值的情境。」作者還特
意指出：「形象實際上是一種藝術的情境和氛圍，不一定有『形』有『象』。」
〔註13〕這一提法，在當時可謂「一石激起千層浪」，引發眾多文學理論理論工
作者的思考和爭論。

　　1985 年出版的劉衍文、劉永翔父子合著的《文學的藝術》一書說：「關於
形象的定義，各種文學理論書籍和有關的論著由於不斷地修補和擴展，愈到
後來所用的定語也就愈來眾多，比較有代表性的是說：形象是具體的、感性
的、概括的、具有美學意義的社會生活畫面，或稱為人生圖畫。從定義上來
論似乎是愈說愈嚴密、愈說愈完整了。但這樣做的結果，卻把文學或文學作
品的範圍，弄得愈來愈狹隘，有的甚至把形象和典型結合起來論述，把它們
都作為文學藝術的特徵來看待，也就是作為文學的標準來衡量。於是，能夠
稱得上是文學的東西似乎就愈來愈少了。〔註14〕就此，他們提出「形象」的
定義是：「反映生活而能夠綜合地給人的思想和感情以新的感受和印象的，就
是形象。」〔註15〕劉氏父子的這一解釋規避了「形象即圖畫」的說法，但實

〔註11〕《辭海》（中冊），上海：上海辭書出版社，1989 年版，第 2129 頁。
〔註12〕劉叔成：《文學概論四十講》，北京：中央廣播電視大學出版社，1983 年版，
　　　　第 22 頁。
〔註13〕同上，第 23 頁。
〔註14〕劉衍文、劉永翔：《文學的藝術》，廣州：花城出版社，1985 年版，第 25～26
　　　　頁。
〔註15〕劉衍文、劉永翔：《文學的藝術》，廣州：花城出版社，1985 年版，第 28 頁。

際上經不起推敲，因為激動人心的標語口號或理論宣講，也可以「反映生活
而能夠綜合地給人的思想和感情以新的感受和印象」。這一定義實際上模糊了
藝術與非藝術的界限。

在質疑「形象即圖畫」說的理論探討的刺激下，當時除了修改「形象」
的定義之外，還有人提出「意象」或「藝象」一類的概念來替代傳統的「形
象」一詞。高等教育出版社 1992 年出版的童慶炳主編高等師範學校教學用
書《文學理論教程》，就用「意象」來替代「形象」。但其對「意象」的解釋
並沒有擺脫「畫面」的印記。書中說：「意象一般以兩種形態出現於文學產品
中，即單個意象和整體意象。所謂單個意象，是文學話語系統中的最基本的
單位。所謂整體意象則是一組或一串意象構成的有機的整體畫面，或者叫做
意象體系。」〔註 16〕該書又說：「文學意象，也就是一般文學理論教科書中所
說的文學形象或藝術形象。」〔註 17〕看來只是換了個術語而已。

1995 年，徐一周在《玉林師專學報（哲學社會科學版）》上發表文章《略
談形象與藝象》，認為傳統文學理論中作為核心概念的「形象」是文學反映論的
產物，「而在藝術生產論這個全新的理論體系中，這個核心範疇的位置則應讓位
於藝象。」〔註 18〕作者指出：「所謂藝像是藝術主體以藝術客體為原料，使自
己的審美情意對象化，符號化的產物，是藝術本體界存在的現實形態。」〔註 19〕
類似的觀點還有劉啓宇在《武陵學刊》1997 年第 1 期上發表的文章《試論「藝
象」是藝術本體存在的基本形態》，作者提出：「『藝象』是藝術本體存在的基
本形態。所謂『藝象』，是藝術主體以藝術客體為原料使自己的審美意識對象
化、符號化的產物，是滿足藝術主體和受體心理需要並使之趨於某種心理定勢
的手段。『藝象』是藝術生產的目的和產物，它是虛擬的、超實的心態客體的
符號化，是人類所創造的獨特生活空間，具有物質和情神的兩重屬性。人類的
整個藝術生產活動，就是圍繞著『藝象』這一中心而充分展開的。」〔註 20〕其

〔註 16〕童慶炳主編：《文學理論教程》，北京：高等教育出版社，1992 年版，第 280
　　　　頁。

〔註 17〕童慶炳主編：《文學理論教程》，北京：高等教育出版社，1992 年版，第 281
　　　　頁。

〔註 18〕徐一周：《略談形象與藝象》，《玉林師專學報（哲學社會科學版）》，1995 年第
　　　　2 期，第 41 頁。

〔註 19〕徐一周：《略談形象與藝象》，《玉林師專學報（哲學社會科學版）》，1995 年第
　　　　2 期，第 43 頁。

〔註 20〕劉啓宇：《試論「藝象」是藝術本體存在的基本形態》，《武陵學刊》，1997 年

實這種術語上的花樣翻新並不能推翻傳統的形象概念，我們完全有理由說，所謂「藝象」不過是「藝術形象」的壓縮語，內涵其實是一致的。

這種力圖迴避「形象即圖畫」說的話語策略一直持續到現在。在互聯網上搜索「百度百科」或「搜狗百科」，得到的關於「形象」一詞的答案都是：「指能引起人的思想或感情活動的具體形態或姿態。形象在文學理論中指語言形象，即以語言為手段而形成的藝術形象，亦稱文學形象。它是文學反映現實生活的一種特殊形態。也是作家的美學觀念在文學作品中的創造性體現。」我們說，「形象」一詞本來的意思就是形態、狀貌，把形象解為形態，可以說是同義反覆，不適合做定義話語來使用。況且「引起人的思想或感情活動的具體形態或姿態」不一定傳達的就是藝術的內涵，比如旗語、信號燈、指揮者的手勢、聾啞人的手語，也是具體形態或姿態，它也可以引起人的思想或感情活動，但並不是藝術。

事實上，「形象即圖畫」說還是得到了大多數文學理論家和文學理論教材的堅持和認同。如 1997 年出版的由天津南開大學教授張懷瑾主編，當時的南開大學、天津師範大學、天津師範高等專科學校、新華職工大學等校教師合作撰寫的文學理論教材《文學導論》上解釋「形象」一詞就說：「廣義的形象泛指藝術區別於科學的一切物象；狹義的形象則是文學作品中所描繪的、具體生動的、具有美感作用的人物生活圖畫。」〔註21〕

在童慶炳主編的 1998 年版「面向 21 世紀課程教材」《文學理論教程》中說：「文學形象，是讀者在閱讀文學話語系統過程中，經過想像和聯想而在頭腦中喚起的具體可感的動人的生活圖景。」〔註22〕2000 年版童慶炳主編全國高等教育自學考試教材《文學概論》上說：「文學的藝術形象處於文學作品文本層次的『中心地帶』。它一方面關係著深層意蘊的傳達，另一方面又制約著表層結構的處理。因此文學形象就成了藝術表現的中心，高爾基說：『在詩篇中，在詩句中，在占首要地位的必須是形象。』」〔註23〕本書認為，文學形象是指文本中呈現出的，具體的、感性的、具有藝術概括性的、體現著作家的

第 1 期，第 35 頁。

〔註21〕張懷瑾主編：《文學導論》，天津：天津教育出版社，1987 年版，第 30 頁。

〔註22〕童慶炳主編：《文學理論教程》（修訂版），北京：高等教育出版社，1998 年第 2 版，第 180 頁。

〔註23〕高爾基：《致華‧阿‧斯米爾諾夫》，《文學書簡》上卷，北京：人民文學出版社，1962 年版，第 302 頁。

審美理想的、能喚起人的美感的人生圖畫。」〔註24〕這一說法到 2006 年修訂
版《文學概論》中有所修改，除了保留所引高爾基的那段話外，其他表述則
做了小的改動，改爲：「文學的藝術形象，處於文學作品文本結構的中間層次。
它一方面關係著深層意蘊的傳達，另一方面又制約著表層結構的處理，因此
文學形象就成了藝術表現的中心。……文學形象是指文本呈現的具體的感性
的、具有藝術概括性的、體現著作家的審美理想的、具有審美價值的自然的
和人生的圖畫。」〔註25〕這裡「中心地帶」改爲「中間層次」，「人生圖畫」
之前加上「自然的」定語，反映了編寫者吸納接受美學觀點，認爲文學形象
需經讀者閱讀後最終形成，並且藝術表現對象可以有「無我之境」的自然景
物的理論發展。

　　我們認爲，之所以出現許許多多關於「形象」的「新」提法或「新」定
義，根本原因是在於我們的文學理論多年來囿於「形象性是文學藝術的本質
特徵」這一來自蘇俄文論的傳統見解的閾限。既然一切文藝作品都必有形象，
形象又被定義爲「生活圖畫」，而有些作品裏卻沒有這樣的畫面，於是人們爲
了維護這些作品確又屬於文學的實證經驗，便不得不修改「形象」的定義，
使之能適應這種普泛的文學觀念。但如果我們從文學必有形象的思想框架中
解脫出來，如美國文學理論家韋勒克和沃倫在他們的《文學理論》一書中所
說：「意象對於虛構性的陳述以至許多文學形式來說並非必不可少的。文學上
存在著全無意象的好詩，甚至還有一種『直陳詩』〔註26〕。」〔註27〕那麼我
們就沒有必要非得修正「形象」這一術語的本來含義，打破它原已約定俗成
的解釋，去另做獨出心裁的解說了。筆者認爲，我們還是應該回歸「形象」
一詞在文學理論中的本來意義，即「人生圖畫」爲好。

〔註24〕童慶炳主編：《文學概論》，武漢：武漢大學出版社，2000 年版，第 177 頁。
〔註25〕童慶炳主編：《文學概論》，北京：北京大學出版社，2006 年版，第 134 頁。
〔註26〕原注：華茲華斯的《我們是七個》一詩就沒有比喻，R. 布里奇斯的《我熱愛、
　　　　我尋覓、我崇拜所有美好的事物》就是無意象的詩例；M. 多倫在《德萊登詩
　　　　歌的研究》（紐約，1946 年，第 67 頁）中首先採用了「直陳詩」（「Poetry of
　　　　statement」）這一術語，爲德萊登的詩歌辯護。然而，廣義的隱喻仍是詩歌創
　　　　作的基本原則，參見 W. K. 韋姆塞特和 C. 布魯克斯合著：《文學批評簡史》
　　　　（紐約，1957 年，第 749～750 頁）——韋勒克、沃倫：《文學理論》，北京：
　　　　三聯書店，1984 年版，第 314 頁。
〔註27〕韋勒克、沃倫：《文學理論》，北京：三聯書店，1984 年版，第 15 頁。

（二）形象思維

「形象思維」乃是俄蘇文論獨有而又具有重大意義的一個理論命題。如果說，上述關於「形象」定義的質疑和爭鳴還只是學術領域裏的探討，那麼「形象思維」則打上了政治色彩，圍繞它的爭論就沒有那麼簡單了。

西方文論談論藝術創作思維方式的術語一般是「想像」。古希臘哲學家亞里士多德在《心靈論》中提到：「想像和判斷是不同的思想方式。」〔註28〕但他的《詩學》由於是建立在「摹仿說」的邏輯起點上來立論，故始終以「摹仿」來闡發其論旨，這裡「摹仿」的內涵，實際上包含著想像的意蘊。其《詩學・第9章》說：「詩人的職責不在於描述已經發生的事，而在於描述可能發生的事，即根據可能和必然的原則可能發生的事。」〔註29〕《第6章》說，悲劇的「摹仿方式是借助人物的行動，而不是敘述」，「悲劇摹仿的不是人，而是行動和生活」〔註30〕；《第15章》說：「刻畫性格，就像組合事件一樣，必須始終求其符合必然或可然的原則」〔註31〕；《第25章》說：「既然詩人和畫家或其他形象的制作者一樣，是個摹仿者，那麼，在任何時候，他都必須從如下三者中選取摹仿對象：（一）過去或當今的事，（二）傳說或設想中的事，（三）應該是這樣或那樣的事」〔註32〕，這些都說出了文學創作不脫離形象和允許虛構的特點，故實際上涉及到「形象思維」的內涵。

西方文論由重摹仿到重想像的轉折點是公元2～3世紀雅典學者斐羅斯屈拉特（Phillostratus，170～245）所著《阿波羅琉斯的傳記》（Life of Apollonius of Tyana）。書中阿波羅琉斯在回答一位埃及哲人關於為什麼希臘人沒有見過天上眾神，卻能塑造出神像的質問時說：「創造出上述那些作品的是想像。想像比起摹仿是一種更聰明伶巧的藝術家。摹仿只能塑造出見過的事物，想像卻

〔註28〕中國社會科學院外國文學研究所編：《外國理論家、作家論形象思維》，北京：中國社會科學出版社，1979年版，第8頁。

〔註29〕亞里士多德：《詩學》，陳中梅譯注，北京：商務印書館，1996年版，第81頁。

〔註30〕亞里士多德：《詩學》，陳中梅譯注，北京：商務印書館，1996年版，第64頁。

〔註31〕亞里士多德：《詩學》，陳中梅譯注，北京：商務印書館，1996年版，第112頁。

〔註32〕亞里士多德：《詩學》，陳中梅譯注，北京：商務印書館，1996年版，第177頁。

也能塑造出未見過的事物，它會聯繫到現實去構思成它的理想。」〔註33〕

把「形象」和「思維」聯繫在一起，首見於俄國文學批評家別林斯基（1811～1848）的著作。別林斯基在 1838 年發表的《伊凡・瓦年科講述的〈俄羅斯童話〉》一文中說：「詩歌不是什麼別的東西，而是寓於形象的思維（мышление в образах）。」〔註34〕在 1839 年寫的《智慧的痛苦》中說：「詩人用形象來思考（мыслить образами）；他不證明真理，卻顯示真理。」〔註35〕在寫於 1841 年，但未能寫完，並在別林斯基生前未得發表的《藝術的概念》一文中說：「藝術是對於真理的直感的觀察，或者說是用形象來思維。」〔註36〕

別林斯基的上述說法在普列漢諾夫那裡得到繼承，如普列漢諾夫在 1897 年寫的《別林斯基的文學觀》中說：「詩是對真理的直感的默察或者是寓於形象的思維。」〔註37〕在他 1912 年寫的《藝術與社會生活》中說：「藝術家用形象來表現自己的思想，而政論家則借助邏輯的推論來證明自己的思想。」〔註38〕

普列漢諾夫對別林斯基「形象思維」論的接受，反映了俄國社會主義者與革命民主主義者要求文學藝術干預生活、闡發政見的共同追求。他曾引用車爾尼雪夫斯基的話說：「藝術，或者最好說是詩……在廣大讀者中間傳播著大量的知識，而且更重要的是，它能使人熟悉科學所制定的各種概念，──詩對生活的偉大意義就在於此。」藝術作品往往「有著對生活現象作出判斷的作用。」〔註39〕受這一潛在動機的驅使，俄國文論從革命民主主義者到社

〔註33〕轉引自朱光潛：《西方美學史》（下卷），北京：人民文學出版社，1979 年版，第 682 頁。

〔註34〕別林斯基：《伊凡・瓦年科講述的〈俄羅斯童話〉》，中國社會科學院外國文學研究所編：《外國理論家、作家論形象思維》，北京：中國社會科學出版社，1979 年版，第 55 頁。

〔註35〕別林斯基：《智慧的痛苦》，《別林斯基選集》第二卷，上海：上海譯文出版社，1979 年版，第 96 頁。

〔註36〕別林斯基：《藝術的概念》，《別林斯基選集》第三卷，上海：上海譯文出版社，1979 年版，第 93 頁。別林斯基本人對這句話加以注釋說：「這一定義還是第一次見於俄文，在任何一本俄文的美學、詩學或者所謂文學理論著作中都找不到它。」（該書，第 94 頁注①）

〔註37〕中國社會科學院外國文學研究所編：《外國理論家、作家論形象思維》，北京：中國社會科學出版社，1979 年版，第 125 頁。

〔註38〕《普列漢諾夫美學論文集》（Ⅱ），曹葆華譯，北京：人民出版社，1983 年版，第 836 頁。

〔註39〕《普列漢諾夫美學論文集》（Ⅱ），曹葆華譯，北京：人民出版社，1983 年版，

會主義者都特別看重文藝的思想意義。這在普列漢諾夫《沒有地址的信》中對托爾斯泰關於「藝術」的定義的批評也可以看出來。

列夫·托爾斯泰在其所著《什麼是藝術？》一書中曾說：「藝術是人與人交往的手段之一。……這種交往不同於通過語言的交往的特點在於：一個人使用語言向別人傳達自己的思想，而人們使用藝術互相傳達自己的感情。」〔註40〕但他又說：「在自己心裏喚起曾經一度體驗過的感情，並且在喚起這種感情之後，用動作、線條、色彩，以及言詞所表達的形象來傳達這種感情，使別人也能體驗到這同樣的感情，——這就是藝術活動。」〔註41〕普列漢諾夫指出，托爾斯泰先是說藝術表現感情、語言表現思想，後又承認語言也可以傳達感情，是自相矛盾的。

普列漢諾夫進一步指出，托爾斯泰「說藝術只是表現人們的感情，這一點也是不對的。不，藝術既表現人們的感情，也表現人們的思想，但是並非抽象地表現，而是用生動的形象來表現。」〔註42〕就此，普列漢諾夫提出了他對藝術本質的定義：「藝術開始於一個人在自己心裏重新喚起他在周圍現實的影響下所體驗過的感情和思想，並且給予它們以一定的形象的表現。」〔註43〕不過，對自己的這個說法，普列漢諾夫在該書原稿中有一處補充說明：「然而由於不是任何思想都可以用生動的形象表現出來（比方說，您試試表現一下這個思想：直角兩邊平方之和等於斜邊的平方），所以黑格爾（我們的別林斯基也和他一起）說藝術的對象是同哲學的對象一樣……時，並不完全對。」〔註44〕但以往人們經常忽略了普列漢諾夫所作的補充說明，把藝術表現思想簡單地理解為可以圖解詮釋各種理論觀念，從而造成了社會主義文藝運動中長期存在的公式化、概念化弊病。

關於文藝創作中情感與理性認識的關係，1998 年出版的童慶炳主編《文

第 816 頁。
〔註40〕轉引自《普列漢諾夫美學論文集》（Ⅰ），曹葆華譯，北京：人民出版社，1983年版，第 307～308 頁。
〔註41〕轉引自《普列漢諾夫美學論文集》（Ⅰ），曹葆華譯，北京：人民出版社，1983年版，第 308 頁。
〔註42〕《普列漢諾夫美學論文集》（Ⅰ），曹葆華譯，北京：人民文學出版社，1983年版，第 308 頁。
〔註43〕《普列漢諾夫美學論文集》（Ⅰ），曹葆華譯，北京：人民文學出版社，1983年版，第 308 頁。
〔註44〕《普列漢諾夫美學論文集》（Ⅱ），曹葆華譯，北京：人民出版社，1983年版，第 927 頁，注 261。

學理論教程》中有如下一段論述：「文學作為意識形態，必然包含認識因素。認識在這裡意味著客觀的、理智的反映。文學不僅表達主觀情感評價，而且也表達客觀理智認識。誠然，這種認識往往並不直接呈現於審美形象世界中，但無可否認地卻又總是可以被歸納出來（儘管也許難以歸納窮盡）。《巴黎聖母院》的形象世界甚至也可以被抽象化為雨果本人的如下認識：『醜就在美的旁邊，畸形靠近著優美，粗俗藏在崇高的背後，惡與善並存，黑暗與光明相共。』（《克倫威爾·序言》）……在文學中，審美情感是直接的，理智認識則是間接的。直接的審美情感的深層往往隱伏著間接的理智認識。」〔註45〕普列漢諾夫的上述論斷沒有說明藝術形象與現實的關係；用形象「表現」感情和思想這一提法也嫌片面。因為藝術創作並不是簡單地給感情和思想穿上形象的外衣，並不是簡單地從邏輯的語言「翻譯」成形象的語言。正因為如此，他的這些不明確的地方，給了後來的庸俗社會學以可乘之機。

事實上，蘇聯時代文學理論家們之所以接過革命民主主義美學家提出的「形象思維」概念，正是看中了其中用藝術表達思想、表現思維的內涵。須知，把「形象」一詞作定語來說明「思維」，形成後來通用的術語「形象思維」（образное мышление），恰恰是鼓吹「辯證唯物論創作方法」是「拉普」派作家法捷耶夫（1901～1956）提出來的。法捷耶夫在他 1930 年所做的題為《爭取做一個辯證唯物主義的藝術家》的演說中批評當時文藝創作的空洞抽象現象時說：「這已經不是形象思維」。他說：「大家知道，科學家用概念來思考，而藝術家則用形象來思考……藝術家傳達現象的本質不是通過對該具體現象的抽象，而是通過對直接存在的具體展示和描繪。」〔註46〕但同時，法捷耶夫又批判了別林斯基所提倡的「直感」，認為這會導致藝術家在現象的表面繞來繞去。而要避免這一點，作家就必須掌握「無產階級的先進世界觀」。他說：「只有先進的革命的世界觀使無產階級藝術家有可能最徹底地揭示現象的本質。」〔註47〕

〔註45〕童慶炳主編：《文學理論教程》，北京：高等教育出版社，1998 年版，第 70 頁。

〔註46〕法捷耶夫：《爭取做一個辯證唯物主義的藝術家》，中國社會科學院外國文學研究所編：《外國理論家、作家論形象思維》，北京：中國社會科學出版社，1979 年版，第 166～167 頁。

〔註47〕法捷耶夫：《爭取做一個辯證唯物主義的藝術家》，中國社會科學院外國文學研究所編：《外國理論家、作家論形象思維》，北京：中國社會科學出版社，1979 年版，第 170 頁。

　　高爾基也是一位正面肯定和積極使用「形象思維」一詞的蘇聯作家。他在 1928 年寫的《談談我怎樣學習寫作》一文中說：「想像在其本質上也是對於世界的思維，但它主要是用形象來思維，是『藝術的』思維。」〔註48〕他在 1935 年寫給亞・謝・謝爾巴科夫的信中，明確使用了「形象思維」一詞，他寫道：「藝術家的形象思維，以對現實生活的廣博知識爲依據，被那想賦予素材以最完美形式的直覺的願望所補充——用可能的和想望的東西來補充當前的東西。」〔註49〕同時，高爾基明確提出了作家創作藝術形象必須遵循的意識形態原則：「科學社會主義的各種預見正愈來愈廣泛和深刻地被黨的活動所實現著，這些預見的組織力量就在於它們的科學性……應該使文學家熟知科學的革命假設。」〔註50〕從中可見當形象思維理論進入了蘇聯國家文論的話語體系之後，關於它的討論就不僅增加了意識形態層面的維度，並且連諸如作家世界觀與創作方法問題、典型與典型化原則問題、文學的黨性與人民性問題等等都囊括其中，變成帶有政治色彩的共產黨領導下的社會主義文藝運動與文藝理論體系建設的綱領性原則，這就引起了上世紀 50 年代蘇聯文藝理論界和美學界關於形象思維的大討論。

　　1951 年，蘇聯美學家 А. И. 布羅夫發表專著《論藝術概括的認識論特性》（中譯單行本由中國社會科學出版社 1979 年出版），對形象思維理論提出了反對意見。他質問道：「『用形象來思考』是什麼意思呢？是否意味著，藝術家只是利用表象，而不是提高到邏輯概括、概念、判斷、推理和抽象呢？」〔註51〕他認爲，形象思維會誤導作家的創作，將創作過程簡化爲「二等」思維，即不需要邏輯概括、概念、判斷、推理和抽象思維。他認爲應該對藝術的審美特性進行探討，但不應以一種「思維」形式來掩蓋藝術的獨特性。

　　蘇聯 1953 年第 6 期《哲學問題》雜誌發表了女作家尼古拉耶娃〔註52〕以

〔註48〕高爾基：《談談我怎樣學習寫作》，《外國理論家、作家論形象思維》，第 146 頁。

〔註49〕高爾基：《致亞・謝・謝爾巴科夫》，《外國理論家、作家論形象思維》，第 156 頁。

〔註50〕高爾基：《致亞・謝・謝爾巴科夫》，《外國理論家、作家論形象思維》，第 156 頁。

〔註51〕布羅夫：《論藝術概括的認識論特徵》，《外國理論家、作家論形象思維》，第 249 頁。

〔註52〕加麗娜・葉甫蓋尼耶夫娜・尼古拉耶娃（眞姓瓦良斯卡婭，1911～1963），蘇聯女作家，著有長篇小說《收穫》（1950 年），1951 年榮獲斯大林文學獎金一等獎。

「作家的意見」為副題的長篇論文《論藝術文學的特徵》，對布羅夫的觀點提出異議。尼古拉耶娃在文章一開篇即指出：「藝術和文學的特徵的定義，『用形象來思維』，是大家公認的……十九世紀卓越的進步活動家所提出的這個公式的生命力，是經過時代考驗的。」「這一美學原理之所以需要特別深刻的正確的研究，是因為它是一個進行尖銳思想鬥爭的場所。」〔註 53〕她說，「為正確理解形象、形象思維的實質而鬥爭，實際上就是為藝術的黨性、為藝術的戰鬥力和效能而鬥爭。」〔註 54〕作者認為，對「形象」和「思維的形象性」這兩個概念的錯誤解釋在於：「一個是把形象與概念、邏輯思維與形象思維荒謬地對立起來，另一個則是把它們等量齊觀。」而這兩種錯誤「都是反對藝術的黨性原則」。〔註 55〕她最後給文學的特殊性做出的定位是：「社會的人及其感情、思想、行為的全部總和」；而形象思維的特徵則是：「在形象思維中對事物和現象的本質的揭示、概括是與對具體的、富有感染力的細節的選擇和集中同時進行的。」〔註 56〕

　　不難看出，被意識形態化了的形象思維理論，實質上是強調藝術的思想性，是要求藝術以形象的方式來表達作者對生活本質規律的理性認識，為藝術的「黨性」服務的。但具有悲劇意味的是，這種已經為政治需要而犧牲了藝術審美特性的觀點，在上世紀 60 年代中蘇分裂、左傾思潮統治中國時期，仍被認為是不革命、不符合馬克思主義的。1966 年，中共中央機關刊物《紅旗》雜誌第五期發表了時任主管文藝工作的中共吉林省委書記鄭季翹的文章《文藝領域裏必須堅持馬克思主義的認識論》。該文根本否認形象思維的存在，認為「形象思維論」是「修正主義文藝思潮的一個認識論基礎。」〔註 57〕作者斷言：「形象思維這種所謂不要概念、不用抽象、不依邏輯、從形象到形象就可以認識事物本質的認識論，顯然是一種直覺主義因而也是神秘主義的

〔註 53〕尼古拉耶娃：《論藝術文學的特徵》，高叔眉譯，北京：人民文學出版社，1954
　　　　年版，第 1 頁。

〔註 54〕尼古拉耶娃：《論藝術文學的特徵》，高叔眉譯，北京：人民文學出版社，1954
　　　　年版，第 2 頁。

〔註 55〕尼古拉耶娃：《論藝術文學的特徵》，高叔眉譯，北京：人民文學出版社，1954
　　　　年版，第 2 頁。

〔註 56〕尼古拉耶娃：《論藝術文學的特徵》，高叔眉譯，北京：人民文學出版社，1954
　　　　年版，第 46 頁。

〔註 57〕鄭季翹：《文藝領域裏必須堅持馬克思主義的認識論》，《文學理論爭鳴輯要》
　　　　（上），上海：上海文藝出版社，1983 年版，第 391 頁。

體系。這種所謂思維，在世界上是根本不存在的。」〔註58〕當年「四人幫」
就利用這篇文章，對「形象思維論」大加撻伐，藉此整了大批美學家和文藝
理論工作者。

1977 年 12 月 31 日，《人民日報》以整版篇幅全文發表了毛澤東於 1965
年 7 月 21 日寫給陳毅同志談詩的一封信，信中明確說：「詩要用形象思維」，
這就激起了理論界重新討論形象思維問題的熱潮。回顧上世紀 70 年代末到
80 年代初那場關於形象思維的大討論，人們都承認了形象思維的存在，但究
竟什麼是形象思維？看法卻有很大分歧。從大的方面看，主要有三種不同
意見：

1）形象思維和抽象思維，是人類認識客觀世界的兩種並列存在的思維方
  式。

2）形象思維只是進行文藝創作的構思、表現的方法，不是一種可以獨立
  存在的思維方式。人的思維方式就只有一種，那就是運用概念來做推
  理、判斷的思維，即邏輯思維或稱抽象思維。

3）形象思維就是藝術想像，它不是與邏輯思維並列存在的思維方式。

這裏第三種觀點介乎於前兩種觀點之間。它不承認形象思維是可以與邏
輯思維並列存在的思維方式，但也不同意把形象思維只看作是表現方法。

當年爭論的焦點是：

1）只用形象，不用概念以作推理判斷，能否認識事物本質？

2）本質化個性化同時進行，還是先認識事物本質然後再給以藝術表
  現？

上世紀 70 年代末到 80 年代初中國關於形象思維理論的論爭，從某種意
義上講是政治意義大於學術意義。理論家們為「形象思維」正名的熱情，
更多來自對「文革」時期極左文藝思潮的義憤，來自對「四人幫」借形象
思維論爭打擊文藝理論工作者的聲討，實際上形象思維理論本身確實存在著
許多懸而未決的疑點，很難在心理學、語言學、美學、文藝學的理論家中
間取得一致。故當年劉叔成的《文學概論四十講》在闡發了編寫者對形象
思維基本肯定的看法之後，還留有餘地地指出：「形象思維的問題，是一個相

〔註58〕鄭季翹：《文藝領域裏必須堅持馬克思主義的認識論》，《文學理論爭鳴輯要》
    （上），上海：上海文藝出版社，1983 年版，第 378 頁。

當複雜的問題。要深入地解決這個問題，還需要我們結合豐富的文學藝術
的創作實踐作過細的研究，還有待於心理學的發展，有待於科學技術的進
步。」〔註59〕其間難能可貴的是，1978 年被任命爲全國人大常委會副秘書長
的鄭季翹於 1979 年年初在《文藝研究》創刊號上發表答辯文章《必須用馬克
思主義認識論解釋文藝創作》，繼續堅持他反形象思維理論的觀點，表現了
一個學者維護學術尊嚴的勇氣。此時關於形象思維的爭論逐漸回歸到正常的
學術爭鳴。

到 20 世紀最後十年至 21 世紀初，中國發行量最大的高校文學理論教
材，如童慶炳主編高等師範學校教學用書《文學理論教程》（高等教育出版
社，1992 年出版）、高等教育自學考試教材《文學概論》（武漢大學出版社，
2000 年出版）、面向 21 世紀課程教材《文學理論教程（修訂版）》（高等教育
出版社，2000 年出版），關於形象思維問題的論述都悄然淡出，代之以「藝
術構思」或「藝術想像」。這說明「形象思維」已然不是理論家們關注的問
題，回歸中外古今共有的「藝術想像」概念，已是文藝理論界共同接受的
共識。

二、文學創作的審美追求——文學典型與典型環境中的典型人物

（一）文學典型

同被政治化了的「形象思維」理論爭議相比，圍繞著「文學典型」與「典
型環境中的典型人物」問題的爭論，其政治色彩要更爲濃厚，在當年特定時
期甚至成爲文藝界整人的大棒。「文革」期間「四人幫」推出「三突出」創
作原則，要求「在所有人物中突出正面人物，在正面人物中突出英雄人物，
在英雄人物中突出主要英雄人物」，從此「滿腔熱情、千方百計地塑造無產
階級英雄形象」，便成了那個時代文藝創作的唯一目標，並且成爲判定作品優
劣和命運的一條不可觸犯的政治紅線。1973 年內部印行的東北地區八院校
（遼寧大學、吉林大學、黑龍江大學、遼寧師範學院、延邊大學、哈爾濱師
範學院、遼寧第一師範學院、通遼師範學院）合編教材《馬克思主義文藝理
論基本問題》，在論述文學藝術中的典型問題時就寫道：「在藝術舞臺上樹
立哪個階級的代表人物，標誌著哪個階級在政治上，在意識形態領域實行專

〔註59〕劉叔成：《文學概論四十講》，北京：中央廣播電視大學出版社，1983 年版，
　　　　第 166 頁。

政。」〔註60〕典型形象塑造與政治掛鈎，可以說達到了登峰造極的地步。

　　文學要創造典型形象的思想最早來自於古希臘的亞里士多德。他在《詩學・第九章》中指出：「寫詩這種活動比寫歷史更富於哲學意味，更受到嚴肅的對待；因為詩所描述的事帶有普遍性，歷史則敘述個別的事。所謂有『普遍性的事』，指某一種人，按照可然律或必然律，會說的話，會行的事，詩要首先追求這目的，然後才給人物起名字。」〔註61〕

　　亞里士多德在他的《修辭學》裏還提出過有別於藝術典型的「類型」。典型的普遍性，是符合事物本質的規律性，而「類型」的普遍性則只是數量上的總結或統計的平均數。他在《修辭學・第三卷・第七節》中指出：「不同階級的人，不同氣質的人，都會有他們自己的不同的表達方式。我所說的『階級』，包括年齡的差別，如小孩、成人或老人；包括性別的差別，如男人或女人；包括民族的差別，如斯巴達人或特沙利人。」他又說：「鄉下人和有知識的人，既不會談同樣的話，也不會以同樣的方式來談。」〔註62〕

　　然而，在西方相當長時期內發生影響的不是亞里士多德《詩學》的傳統，而恰恰是他的《修辭學》傳統。亞里士多德在《修辭學》裏提出的「類型」說，成為古典主義關於人物典型的理論根據，首先發揮他這個思想的是羅馬詩人賀拉斯。賀拉斯在《詩藝》裏說：「我們不要把青年寫成個老人的性格，也不要把兒童寫成個成年人的性格，我們必須永遠堅定不移地把年齡和特點恰當配合起來。」〔註63〕在「類型」之外，賀拉斯還提出「定型」說，也就是古人把一個人物的性格寫成什麼樣，後人借用這個人物性格也還是應該寫成那樣，這就叫「定型」。賀拉斯勸告戲劇家：「你想在舞臺上再現阿喀琉斯受尊崇的故事，你必須把他寫得急躁、暴戾、無情、尖刻，寫他拒絕受法律的約束，寫他處處要訴諸武力。」〔註64〕

〔註60〕東北地區八院校文藝理論編寫組：《馬克思主義文藝理論基本問題》，版地不詳，1973年出版，第120頁。

〔註61〕亞里士多德：《詩學・第九章》，伍蠡甫主編：《西方文論選》（上卷），上海：上海譯文出版社，1979年版，第65頁。

〔註62〕亞里士多德：《修辭學・第三卷・第七節》，伍蠡甫主編：《西方文論選》（上卷），上海：上海譯文出版社，1979年版，第93頁。

〔註63〕賀拉斯：《詩藝》，伍蠡甫主編：《西方文論選》（上卷），上海：上海譯文出版社，1979年版，第106頁。

〔註64〕賀拉斯《：詩藝》，伍蠡甫主編：《西方文論選》（上卷），上海：上海譯文出版社，1979年版，第103～104頁。

　　法國 17 世紀古典主義理論家布瓦洛在他的《詩的藝術》一書中寫道:「你那人物要處處符合他自己,從開始直到終場表現得始終如一。」〔註65〕他說:「寫阿伽曼儂就該寫他驕蹇而自私;寫伊尼就該寫他對天神畏敬之情。凡是寫古代英雄都該保存其本性。」〔註66〕他認為不同年齡段的人有不同的性格特徵,這也是固定不變的。如「年青人經常總是浮動中見其躁急,他接受壞的影響既迅速而又容易……中年人比較成熟,精神就比較平穩,他經常想往上爬,好鑽謀也能審慎……老年人經常抑鬱,不斷地貪財謀利,他守住他的積蓄,卻不是為著自己……」因此,「演員們說話萬不能隨隨便便,使青年像個老者,使老者像個青年。」〔註67〕

　　總的說來,18 世紀以前的西方學者都把典型的重點擺在普遍性(一般)上面,18 世紀以後典型的重點則逐漸移到個性特徵(特殊)上來。這個轉變主要由於資產階級個人主義思想的發展。西方近代美學的奠基人鮑姆嘉通指出:「個別事物是完全確定的,所以個別事物的觀念(意象)最能見出詩的性質。」〔註68〕這句話可以說是風氣轉變的標誌。德國古典哲學家康德在典型問題上超越了過去古典主義派所講的「類型」,把典型叫做「美的理想」,他說:「本來,理念意味著一個理性概念,而理想則意味著一個單一存在物、作為符合某個理念的存在物的表象。因此那個鑒賞原型固然是基於理性有關一個最大值的不確定的理念之上的,但畢竟不能通過概念,而只能在個別的描繪中表現出來,它是更能被稱之為美的理想的,這類東西我們雖然並不佔有它,但卻努力在我們心中把它創造出來。」〔註69〕詩人歌德在這個問題上的認識與康德基本一致,他在 1823 年 10 月 29 日同愛克曼的談話中說:「你現在已經到達這樣一個程度,有必要來突破藝術的原來高度和難點——那就是對於『個別』的領會。」他說:「……理會個別,描寫個別是藝術的真正生命。」〔註70〕。黑格爾也把典型稱為「理想」,他在《美學》第一卷中說:「理念就

〔註65〕布瓦洛:《詩的藝術》,任典譯,北京:人民文學出版社,1959 年版,第 199 頁。
〔註66〕布瓦洛:《詩的藝術》,任典譯,北京:人民文學出版社,1959 年版,第 198 頁。
〔註67〕布瓦洛:《詩的藝術》,任典譯,北京:人民文學出版社,1959 年版,第 206～207 頁。
〔註68〕北京大學哲學系美學教研室編:《西方美學家論美和美感》,北京:商務印書館,1980 年版,第 143 頁。
〔註69〕康德:《判斷力批判》,鄧曉芒譯,北京:人民出版社,2002 年版,第 68 頁。
〔註70〕《歌德和愛克曼的談話》,伍蠡甫主編:《西方文論選》上卷,上海:上海譯文出版社,1979 年版,第 463 頁。

是符合理念本質而現為具體形象的現實，這種理念就是理想。」〔註71〕他認為理念就其本質來說是普遍的，但在藝術中卻轉化為個別的具體形象。顯現了普遍理念的個別形象，就是藝術的美，就是「理想」，也就是典型。由於「理想藝術表現的真正中心」是人物性格，所以黑格爾把典型與人物性格聯繫起來，認為理想的人物性格，一方面「這是一個人」，另一方面「每個人都是一個整體，本身就是一個世界，每個人都是一個完滿的有生氣的人，而不是某種孤立的性格特徵的寓言式的抽象品。」〔註72〕

　　典型問題從歷史發展的角度看，包括兩個問題：①重點是放在一般還是特殊上？這個問題到近代已得到解決，即從一般轉到特殊。②典型化應該從一般出發，還是從特殊出發？在這個問題上，近代美學家們的意見是不一致的。歌德和車爾尼雪夫斯基，都主張從特殊出發，而黑格爾和別林斯基則主張從一般出發。

　　別林斯基對典型的基本觀點是從黑格爾那裡來的，但同時帶有古典主義類型說的影響，比如他說：「什麼叫做作品中的典型？──一個人，同時又是許多人，一個人物，同時又是許多人物，也就是說，把一個人描寫成這樣，是他在自身中包括著表達同一概念的許多人，整類的人。」〔註73〕不過別林斯基也同黑格爾一樣，在重視一般的同時強調個性特徵。他用「似曾相識的不相識者」〔註74〕（國內概述此觀點時一般通譯作「熟悉的陌生人」）一詞生動地說明了典型是共性與個性的統一。別林斯基的特殊貢獻在於指出典型性格應該體現時代精神的特徵，他已約略看出了典型性格與典型環境的密切聯繫。他認識到典型就是理想，可以高於現實。車爾尼雪夫斯基則認為典型化必須以現實的個人為基礎，這又比別林斯基前進了一步，但他力圖否認想

〔註71〕黑格爾：《美學》第一卷，朱光潛譯，北京：商務印書館，1979年版，第92頁。譯者朱光潛先生在這裡的注釋說：黑格爾所用的「理想」（Ideal）與一般所說的「理想」不同，它就是「具體的理念顯現於適合的形象」，也就是真正的藝術作品。黑格爾所說的「理想」包括一般所說的「典型」（見出普遍性與本質的個別事物形象），但比「典型」較廣，因為整個藝術是「理想」，不僅是人物或情境。譯文為清楚起見，有時把「理想」譯為「藝術理想」。

〔註72〕黑格爾：《美學》第一卷，朱光潛譯，北京：商務印書館，1979年版，第303頁。

〔註73〕別林斯基：《現代人》，《別林斯基選集》第二卷，滿濤譯，上海：上海譯文出版社，1979年版，第24頁。

〔註74〕別林斯基：《論俄國中篇小說和果戈里君的中篇小說》，《別林斯基選集》第一卷，滿濤譯，上海：上海譯文出版社，1979年版，第191頁。

像、虛構以及理想化在藝術中的作用，把藝術典型看成只是對現實中原已存在的典型的再現，從而得出了藝術美永遠低於現實美的結論。

馬克思和恩格斯從歷史唯物主義的基本原理出發，並批判地繼承黑格爾的典型觀，建立起馬克思主義的典型觀。這一典型觀包括兩個基本原則，即一，典型與個性的統一；二，典型人物與典型環境有著內在的聯繫。

但原則確立了，人們對它的理解和闡釋卻有著很大的分歧。

1952 年蘇共 19 大上，時任蘇共中央書記的馬林科夫在總結報告中談到文學藝術中的典型問題，他說：「典型不僅是最常見的事物，而且是最充分、最尖銳地表現一定社會力量的本質的事物。……有意識地的誇張和突出地刻畫一個形象，並不排斥典型性，而是更加充分地發掘它和強調它。典型是黨性在現實主義藝術中的表現的基本範圍，典型問題任何時候都是一個政治性的問題。」〔註 75〕這一典型觀實際上是斯大林時代蘇聯文論對於文學典型的標準闡釋。類似的解說在我國同時期的文藝理論著作中也有表現。如林煥平〔註 76〕在他 1950 年寫的《文學論教程》中就說：「所謂典型，最初步最廣泛的說，就是某一個階級階段裏，在某一個地方，某種事象，某種人物，他們的特點最爲顯著，最爲普遍的意思……，典型性，可以說就是普遍性的集中表現。」〔註 77〕巴人〔註 78〕在他的《文學論稿》（原作於 1954 年，1959 年修訂再版）中也說：「藝術作品中的典型性是指它所描寫的生活是現實生活中大量存在的事物，同時又是具有代表性的事物，它是現實生活最集中和最本質的藝術概括。」〔註 79〕

1955 年 12 月，蘇聯《共產黨人》雜誌第 18 期發表專論《關於文學藝術中的典型問題》，批判了馬林科夫的典型理論。《專論》認爲：第一，把典型

〔註75〕《蘇聯文學藝術問題》，曹葆華等譯，北京：人民文學出版社，1953 年版，第138～139 頁。
〔註76〕林煥平（1911～2000），廣東新寧（今台山）人，暨南大學肄業。1930 年參加左聯。1933 年赴日本留學，曾任左聯東京支盟書記。建國後，歷任廣西大學、廣西師範大學教授、中文系主任，廣西文聯副主席等職，1984 年加入中國共產黨。
〔註77〕林煥平：《文學論教程》，廣州：前進書局，1950 年版，第 89 頁。
〔註78〕巴人，本名王任叔（1901～1972），1915 年考入浙江省第四師範，五四運動中任寧波學生聯合會秘書。1920 年畢業，先後執教於鎮海、鄞縣等地小學。1922 年 5 月始發表散文、詩作、小說，由鄭振鐸介紹加入文學研究會。新中國成立後任新中國住印度尼西亞首任大使，文革中被迫害致死。
〔註79〕巴人：《文學論稿》上冊，上海：上海文藝出版社，1959 年版，第 291 頁。

「僅僅規定為和一定社會力量的本質、和一定社會歷史現象的本質相一致的定義」，是「片面的和不完全的」〔註80〕。因為一方面，把典型僅僅看成一定社會力量的本質的體現，就會使藝術作品「失去生活的個性的多樣性」，就會引導藝術家「去圖解一般原理」〔註81〕；另一方面，文學藝術中有許多典型形象，「在任何時代都使不同的社會集團的人感到激動」，這些形象不是「僅僅取決於社會本質」，而且還具有「全人類所共有的特徵」〔註82〕。第二，「把典型和黨性看作是同一的東西，把典型看作是黨性在現實主義藝術中的表現的基本範圍，把典型僅僅歸結為政治」〔註83〕，是把列寧關於哲學中黨性的論述「機械地搬運到文學藝術方面來」〔註84〕。因為在藝術創作中「常有這樣的情形，藝術家所創造的作品的客觀意義跟他的政治觀點和同情是矛盾的」。〔註85〕所以「絕不容許簡單地把一切藝術家劃分為兩個在政治上相對立的黨派。」〔註86〕第三，說「創造典型形象必須有意識地加以誇張，彷彿在任何場合，有意識的誇張都能夠更加充分地發掘和強調典型性」〔註87〕，也是不對的。文學經驗證明，只有在解決單獨的特殊的藝術任務時，藝術家才採用誇張方法。而「無條件地要求誇張」，會「助長了一些粉飾現實的作品的出現」，也就是「誇張現實中的正面現象」，「忽視實際的現實」，「跳過我國建設中的困難，甚至跳過它的階段。」〔註88〕

〔註80〕 《關於文學藝術中的典型問題》，廷超譯，上海：新文藝出版社，1956 年版，第 6 頁。

〔註81〕 《關於文學藝術中的典型問題》，廷超譯，上海：新文藝出版社，1956 年版，第 7 頁。

〔註82〕 《關於文學藝術中的典型問題》，廷超譯，上海：新文藝出版社，1956 年版，第 9 頁

〔註83〕 《關於文學藝術中的典型問題》，廷超譯，上海：新文藝出版社，1956 年版，第 11 頁。

〔註84〕 《關於文學藝術中的典型問題》，廷超譯，上海：新文藝出版社，1956 年版，第 12 頁。

〔註85〕 《關於文學藝術中的典型問題》，廷超譯，上海：新文藝出版社，1956 年版，第 12 頁。

〔註86〕 《關於文學藝術中的典型問題》，廷超譯，上海：新文藝出版社，1956 年版，第 13 頁。

〔註87〕 《關於文學藝術中的典型問題》，廷超譯，上海：新文藝出版社，1956 年版，第 17 頁。

〔註88〕 《關於文學藝術中的典型問題》，廷超譯，上海：新文藝出版社，1956 年版，第 19～20 頁。

蘇聯《共產黨人》「專論」發表後，我國文學理論界開始糾正重在普遍性的典型觀，注意到典型是通過個別反映一般，典型不是平均數。如1956年《文藝報》上發表的張光年、林默涵等人的文章〔註89〕。此後比較流行「共性與個性統一」說，但具體解釋仍有分歧。不少人認爲典型的共性就是階級性（這個觀點在「文革」期間被進一步肯定和提倡）。當時有人提出不同意見，如蔡儀提出「性格核心說」，他說：「作爲階級社會中的人物來說都有一定的階級性，因此階級性是他們的普遍性；但是他們每個人的作爲典型的性格核心是否等於階級性呢？不是的，它雖然和階級性有關係，卻未必全等於他們的階級性。」〔註90〕何其芳在1964年寫的《文學藝術的春天·序》中說：「典型人物的典型性是多種多樣的，是可以從不同的方面來達到高度的概括的。他們的典型性並不一定都是他們的階級、階層或職業的共性，而常常只是突出他們的全部性格的一個方面，整個爲人的一個特點。」〔註91〕然而這些意見後來都受到不公正的批判。

上世紀60年代中期「文化大革命」期間，在所謂「三突出」原則和「滿腔熱情、千方百計地塑造無產階級英雄人物」口號的統治下，典型問題又一次被同政治捆綁到了一起。如前述那本東北地區八院校合編的內部教材《馬克思主義文藝理論基本問題》就明確寫道：「藝術典型是通過鮮明、獨特的個性，深刻地、充分地揭示一定階級本質的藝術形象。在階級社會中，藝術典型首先要充分揭示人物的時代的和階級的本質特徵。」〔註92〕書中說：「我們要著重批判片面追求藝術典型的個性，藉口個性的『複雜性』，甚至抽掉人物的階級性，造成脫離階級本質，把個性和階級性、黨性對立起來的傾向。這實際上是把個性看成單純的人性的資產階級觀點，使藝術典型失去了靈魂，必然歪曲人物的階級本質。」〔註93〕該教材甚至重拾起20世紀50年代

〔註89〕張光年：《藝術典型與社會本質》，林默涵《關於典型問題的初步理解》，載《文藝報》，1956年第8期。

〔註90〕蔡儀：《文學藝術中的典型人物問題》，原載《文學評論》，1962年第6期，引自上海師範學院中文系文藝理論教研室編：《文學理論爭鳴輯要》（下），上海：上海文藝出版社，1983年版，第540頁。

〔註91〕何其芳：《文學藝術的春天·序》，上海師範學院中文系文藝理論教研室編：《文學理論爭鳴輯要》（下），上海：上海文藝出版社，1983年版，第561頁。

〔註92〕東北地區八院校文藝理論編寫組：《馬克思主義文藝理論基本問題》，版地不詳，1973年出版，第128頁。

〔註93〕東北地區八院校文藝理論編寫組：《馬克思主義文藝理論基本問題》，版地不

典型問題討論中早已批判過了的「一個階級只有一個典型」、「典型是現實生活中大量存在的事物」等錯誤觀點，在論述典型是「集中性與普遍性的辯證統一」問題時說：「集中性是指藝術概括的深度，普遍性是指藝術概括的廣度。把社會生活中的千百個人物化爲一個藝術典型，就有了集中性；通過一個藝術典型概括了千百個社會生活中的人物，就有了普遍性。」〔註 94〕這就把蘇聯斯大林時代文藝理論中的典型觀又重新復活了起來。這種把文藝典型政治化、概念化、符號化的解釋，暴露了當時統治中國的「極左」文藝思潮與斯大林模式文藝理論的淵源關係，也使我們更加看清其庸俗社會學的理論實質。

「文革」結束後，文藝理論界撥亂反正，典型問題一度重新回歸討論的熱點。這一時期理論家們得出的基本共識是：典型是以鮮明獨特的個性，顯示出一定歷史階段社會生活某些特定方面的本質和規律，並取得較高成就的藝術形象。在敘事性文學作品中，所謂典型通常是指典型人物，或稱典型性格。

上世紀 80 年代關於典型問題的討論，可以歸納出以下一些基本觀點：

1）文學典型的共性不是哲學意義上的抽象物，不是某種統計的平均數，而是有血有肉地存在於個性之中，並由性格鮮明的個別形象呈現出來的社會生活的眞相、眞理，以至某些特定方面的本質規律。典型固然在一定程度上代表了某一階級、階層或社會集團的某個方面的共同特徵，但它的基本意義主要還不在於這種代表性，而在於通過具有鮮明獨特個性的形象，眞實地反映社會的「現實關係」，深刻地顯示社會生活中某些特定方面的本質規律。

2）在階級社會裏，凡是反映了本質規律的現象或事物，都帶有階級的、時代的特質；人們的「現實關係」，最根本的還是階級關係。作家要塑造出典型形象，就必須把人物放到時代的潮流、歷史的發展中去揭示出人物之間的階級關係，在精確的個性刻畫中對人物做深細的階級剖析。正如恩格斯所說：「主要人物是一定的階級和傾向的代表，因而也是他們時代的一定思想的代表，他們的動機不是從瑣碎的個人欲望中，而正是從他們所處的歷史潮流中

詳，1973 年出版，第 134 頁。

〔註 94〕東北地區八院校文藝理論編寫組：《馬克思主義文藝理論基本問題》，版地不詳，1973 年出版，第 143 頁。

得來的。」〔註95〕他並且指出，這是文學創作的「正路」。

3）但是，典型的共性與階級性並不能等同。因為，人的階級性是由階級地位所規定的實際生活對人的思想意識，性格的影響，實際生活是多方面的，影響也是多方面的，因此階級性，也隨各方面的實際生活而表現成為種種特點。現實生活中的個人，也往往不能通過各種實際生活，全面地體現其所屬階級的全部階級性。至於文藝作品，只能在某些生活方面去描寫人物性格的某些特點；而且由於作者的意匠經營，往往按照一定的意想更強烈更集中地描寫人物性格中的某一特點，以便於創造更高更理想的藝術典型。因此，不能要求以一個典型形象概括地體現一個階級的全部本質特徵。

4）馬克思主義認為，「人的本質是一切社會關係的總和」。階級關係儘管是極為重要的一種社會關係，但它畢竟不能等同於人的全部社會關係。同理，階級性只是人的社會屬性中的一種，而不是其全部。人除了階級性之外，還有民族性、時代性，以及由其他非階級性的社會關係所決定的其他社會屬性等等，它們也都可以被體現於典型的共性之中。

5）社會上各階級，包括敵對階級在內，並不是互相絕緣的，而是相互聯繫、相互影響，共存於一個社會統一體之中的。由於「統治階級的思想在每一時代都是占統治地位的思想」，以及某些特定社會歷史條件的作用，有時會使某一階級的人身上體現出其他階級的某些特點，從而使一些典型形象的思想性格特徵超出了其一個階級的範圍。比如中國的阿Q，俄國的奧勃洛莫夫。列寧曾經說過：「在俄國生活中曾有過這樣的典型，這就是奧勃洛莫夫。他老是躺在床上，制定計劃。從那時起，已經過去很長一段時間了。俄國經歷了三次革命，但仍然存在著許多奧勃洛莫夫，因為奧勃洛莫夫不僅是地主，而且是農民，不僅是農民，而且是知識分子，不僅是知識分子，而且是工人和共產黨員。」〔註96〕

6）至於典型的個性，比較公認的看法是：所謂典型的個性是人物在特定環境中形成的，不同於其他人的獨特而又鮮明的思想性格特徵，它體現在人物的一舉一動，一言一行上。具有典型意義的個性，應該有以下三個特點：

〔註95〕恩格斯：《致斐·拉薩爾》，《馬克思恩格斯選集》第四卷，北京：人民出版社，1972年版，第343～344頁。

〔註96〕列寧：《論蘇維埃共和國的國內外形勢》，中國社會科學院文學研究所文藝理論研究室編：《列寧論文學與藝術》，北京：人民文學出版社，1983年版，第367頁。

即一、獨特性，個性具有不可重複性，是極不尋常的；二、豐富性，人物個性應該是豐滿複雜的，不是乾癟單一的；三、突出性，即在豐富複雜的性格中，需要有一個突出的特徵，以作為性格的主導方面和主要標誌，體現出性格的統一性。比如曹操這一形象的主導特徵就是「奸雄」。

上世紀 80 年代關於典型問題的討論，澄清了自蘇聯斯大林時代至中國「四人幫」統治時期彌漫在典型理論上的種種謬誤和迷障，使典型問題的研究回歸到美學、文藝學的立場，促進了典型理論研究在科學軌道上的深化。但這次討論的最終結果，不是提升而是降低或曰弱化了典型問題在文學理論中的地位。首先，典型的涵蓋範圍不再是一切文學形象，而被縮小到只指敘事性作品中的人物形象。其次，典型由所有文學形象中一家獨大的最高形態，變成與意境和象徵意象並列的三分天下。加之上世紀 80 年代中期以後西方現代文藝理論的引進，文藝美學的語言學轉向，各種探索性文學新浪潮的興起，文學創作和批評出現多元格局和風格，典型逐漸失去了往日的主導地位和榮光，不再在文學理論中佔據話語中心的地位。正如懷化學院中文系副教授、武漢大學博士研究生潘桂林在她的《揚棄：反本質主義語境中「文學典型」的命運——文藝學學科建設中「文學典型」的定位思考》一文中所說：「『認識論』趣味、本質主義思維以及對宏大敘事的張揚，是文學典型理論萌芽出場和發展成熟的思想基礎。無論是邏各斯中心主義、歷史理性還是人文主義，都是本質主義思維的演繹，這種整體性思維、深度追求和價值宣揚構成了典型理論的核心依據。」〔註 97〕而一旦時代社會審美趣味和藝術的個性化追求導致了思維範式的變更之後，典型理論存在的根基就被動搖了。

但是，我們又應看到，無論社會生活和大眾審美趣味如何變化，敘事文學與現實主義創作類型始終佔據著文學的主流。因此，作為敘事性文學和現實主義創作最高追求的典型形象，還是具有「永久的魅力」，還需要我們為之努力研究和探索。山東師範大學文學院教授周波在他 2014 年發表的論文《關於文學典型問題的當代思考》中指出：「只要敘事文學與敘事藝術仍然存在，文學和藝術敘事的規律就不會被取消；只要在文學藝術創作與審美接受中形象與典型仍然受到關注甚至普遍歡迎，典型理論就不可能廢除。文學典型問題與典型理論將會在對不斷發展的文學藝術的全面觀照中，尋求更為合理的

〔註 97〕潘桂林：《揚棄：反本質主義語境中「文學典型」的命運——文藝學學科建設中「文學典型」的定位思考》，《廣西社會科學》，2011 年第 2 期，第 104 頁。

解答和科學的闡釋。」〔註98〕

（二）典型環境中的典型人物

如果說，「典型」問題曾經是政治化語境下一種意識形態性很強的文藝理論範疇和話語，那麼，「典型環境中的典型人物」理論比之「典型」更是有過之而無不及，更具有本質主義藝術觀所特有的不可質疑性與強制性。在某些特定時期，它甚至成爲文學批評中一根可以任意揮舞的大棒，成爲文學作品合格或不合格的裁判。如當年電影《被愛情遺忘的角落》在獲得1981年中國國家文化部「金雞獎」之後，就有人引用恩格斯的「典型環境」理論，指責影片編導者「這樣地表現社會主義農村的陰暗面，這樣地表現建國三十年來農民生活的社會環境，只抓住它的特殊性，不考慮它的普遍性，是不典型的，不能給人民以鼓舞和向上的力量。」〔註99〕由此可見「反映生活的本質眞實」這樣的文學反映觀和典型觀的何等僵化與頑固。筆者在本編第一章開頭部分曾指出：「一種可以突破作家個人的政治偏見、寫出『卓越的現實主義歷史』的現實主義，在斯大林的理論中就被改造成了爲他的『社會主義』服務的現實主義；一種本來包含著表現『工人階級對他們四周的壓迫環境所進行的叛逆的反抗』的富有批判精神的現實主義，就變成了只能正面歌頌『社會主義偉大成就』的肯定性的現實主義。」〔註100〕在筆者2016年發表在俄羅斯聖彼得堡大學東方系「遠東文學研究」國際學術研討會論文集中的《蘇聯模式文學理論核心觀點辨析》一文中，又通過引證列寧《哲學筆記》中對本質與現象關係的論述，指出：「本質不是先驗的抽象存在，而是不可分割地存在於鮮活的生活現象之中……『反映歷史的本質規律』雖然是每一個有社會責任感、有宏大抱負的作家追求的目標，但能否做到這一點，全在於對生活現象觀察、體驗、研究、分析的深刻、熟稔、透徹和精闢，而不在於某些理論家、政治家所預言或授意表現的『生活本質』。」〔註101〕因此，要科學地理解「典型環

〔註98〕 周波：《關於文學典型問題的當代思考》，《山東師範大學學報（人文社會科學版）》，2014年第5期，第42頁。
〔註99〕 碩華：《暴露有餘歌頌不足──對影片〈被愛情遺忘的角落〉的異議》，《電影評介》，1982年第4期，第18頁。
〔註100〕 拙文《社會主義現實主義：背景探秘與主旨辨析》，《徐州工程學院學報》，2014年第2期，第70～71頁。
〔註101〕 拙文《蘇聯模式文學理論核心觀點辨析》，載《遠東文學研究》第7屆國際學術研討會論文集，第2卷，聖彼得堡：НП-Принт 出版工作室，2016年出

境中的典型人物」問題，必須突破本質主義思維的藩籬，還原這一馬克思主義文藝美學重要命題的本來面目。

前面第二章曾提到，俄蘇文論提出「典型環境中的典型人物」命題，始於上世紀 30 年代初期蘇聯公佈了一批馬克思、恩格斯關於文藝問題的通信。1932 年 3 月，「拉普」派的《在文學崗位上》雜誌第 7 期以《未發表的瑪·哈克奈斯的信》為題，刊登了恩格斯在 1888 年 4 月寫給英國女作家瑪格麗特·哈克奈斯的信。隨後，蘇聯共產主義學院刊物《文學遺產》在 1932 年 4 月總第 2 期上發表了塞勒爾的文章《馬克思恩格斯論巴爾扎克和文學上的現實主義》，介紹了恩格斯給哈克納斯的信和恩格斯關於巴爾扎克的論述兩方面內容。

按照從蘇聯到中國一般文藝理論教科書上的解釋，典型環境既指作品中人物所生活、所活動的那個具體環境，同時也指支配人物行動和形成人物性格的時代的、社會的總的發展趨勢。但典型環境在作品中總是體現為個別的環境，它總是具體的，有其獨具特色的。典型環境理論之所以引起爭論，並且在某些時候成為裁決作品「合格」與「不合格」的大棒，應該說與對恩格斯原文的翻譯和理解有關。

現在我們知道，蘇聯在 1932 年第一次發表恩格斯給哈克納斯信時的譯文是：「現實主義除了指細節的真實性之外，就是指傳達典型環境中典型性格的正確性（верность передачи）」，而到 1940 年出版第一部馬克思恩格斯文集時，這段譯文才被改作「再現……的真實性（правдивость воспроизведения）」。在 1956 年我國出版的《關於文學藝術中的典型問題》單行本中，恩格斯這段引文用的是根據蘇聯國家政治書籍出版局 1947 年版《馬克思恩格斯通訊選集》。我國人民文學出版社 1951 年版《馬克思恩格斯列寧斯大林論文藝》上的譯文也是「現實主義除了細節的真實之外，還要正確地表現出典型環境中的典型性格。」〔註102〕

蘇聯時期著名文學理論家、莫斯科大學教授 Г. Н. 波斯彼洛夫在他的《文學原理》一書中指出：「恰好應該把恩格斯用英文寫的這封信中的『truth』這個詞翻譯成『正確性』，就是說再現『性格』對環境而言的『正確性』，應把

版，第 78～79 頁。
〔註102〕《關於文學藝術中的典型問題》，廷超譯，上海：新文藝出版社，1956 年版，第 2 頁。

『正確性』理解為前者要符合於後者，這個詞的德文譯法：『diegetrene
Wiedergabe』是完全正確的。但在俄文中『正確性』（верность）和『眞實性』
（правдивость）〔註103〕這兩個詞遠不是同義詞。」他寫道：「『眞實性』這個
詞應該用於說明文藝作品的思想感情傾向性方面的優點，而不能用來表示反
映生活的長處。正如前面所說的那樣，作品傾向性的歷史眞實性就在於作品
中表現出來的，對於所描寫的性格的思想肯定或否定，要符合這些性格在當
時國家生活中所具有的客觀意義──進步作用或者保守和反動作用。因此，
把現實主義確定為再現性格的『眞實性』，這必然會導致這些完全不同的概念
的混淆，從而也導致作品內容的完全不同方面的混淆。因為從反映生活的原
則來說即便非現實主義的作品也可能在它們的傾向性上是歷史的、眞實的。」
〔註104〕我們說，所謂「正確性」是說作品在反映生活的時候，要按照生活實
有的樣子去反映，這是現實主義的外部特徵。只要做到了這一點，就可以說
作品屬於現實主義類型的創作，但不意味著一定要反映出什麼「生活的本
質」。作品是否反映了生活的本質，要經過歷史和廣大人民群眾社會生活實踐
的檢驗，是不能憑一時一事輕易下判斷的。

　　目前我國習見的恩格斯這段論述的譯文是：「據我看來，現實主義的意思
是，除細節的眞實外，還要眞實地再現典型環境中的典型人物」。〔註105〕這裡
問題的要害，就在「眞實」二字上。按照從俄蘇到中國通行的文藝理論教科
書上的解釋，所謂藝術眞實是以生活眞實為基礎，通過概括、集中、提煉創
造出來的具體生動的藝術形象，表現出社會生活某些方面的本質和規律性。
童慶炳主編的面向 21 世紀課程教材《文學理論教程》上說：「藝術眞實是對
社會生活的內蘊的認識和感悟，並表現在假定情境之中。」〔註106〕他主編的
全國高等教育自學考試教材《文學概論》說：「文學人物形象反映了一定的社

〔註103〕Г. Н. 波斯彼洛夫《文學原理》譯者注：「『眞實性』（провдивость）這個詞具
　　　　有某種道德含義，這是正確性（верность）這個詞所沒有的。可以說眞實地
　　　　評價某個性格或事件，但不能說眞實地解答數學題，應該說正確地解答數學
　　　　題，（這裡我們把「верность」譯成「正確性」，應把它理解為符合實際的意
　　　　思。」見《文學原理》，北京：三聯出版社，1985 年版，第 378 頁。
〔註104〕Г. Н. 波斯彼洛夫：《文學原理》，王忠琪、徐京安、張秉眞譯，北京：三聯出
　　　　版社，1985 年版，第 378 頁。
〔註105〕《馬克思恩格斯選集》第四卷，北京：人民出版社，1972 年版，第 462 頁。
〔註106〕童慶炳主編：《文學理論教程》，北京：高等教育出版社，1998 年版，第 137
　　　　頁。

會關係，通過他們揭示出來某方面的社會本質與歷史發展的規律，……只有創造出這樣的典型人物的作品才算是真正達到了歷史真實。」〔註107〕那麼，什麼是社會生活「內蘊」？什麼是社會的「本質」或歷史發展的「規律」？儘管從歷史長河和人民大眾社會生活實踐的總體把握中，這「內蘊」與「本質」是有客觀標準可言的，但就生活在現實生活中的人們所處的具體時段來說，何為「本質」何為「不本質」？卻往往是見仁見智，見解不一的，最後往往聽命於掌握了話語霸權者的裁定。這也就是為什麼在諸如中國「文化大革命」這樣的特殊時期，當時被宣佈為「反映了歷史本質真實」的「優秀作品」，待到時過境遷，被斥為「陰謀文藝」而被掃入歷史垃圾堆；而當年在「反右」時期被打成「毒草」的一批作品，「文革」後又以「重放的鮮花」〔註108〕重新問世的原因。面對如此翻雲覆雨的文壇巨變，人們對「典型環境」理論產生質疑，可以說是理所當然的。

　　早在改革開放和思想解放運動初期，當時的《上海文學》曾在1981年第1期發表過徐俊西的文章《一個值得重新探討的定義——關於典型環境和典型人物的定義》，作者認為恩格斯當年對瑪·哈克奈斯《城市姑娘》的批評是「欠準確和公正的」。理由有兩條：「第一，在現實生活中不僅是十九世紀八十年代的工人階級中存在著『消極群眾的形象』，即使在二十世紀八十年代的今天，工人階級中也存在著『消極群眾的形象』。作為現實生活真實反映的文藝作品，描寫這些『消極群眾的形象』為什麼就不可能是典型的和正確的呢？第二，耐麗作為恩格斯所曾經說過的『這一個』的獨特的典型人物，她應該成為『一定的階級和傾向的代表』，但卻並不一定非要成為十九世紀八十年代工人階級積極的、革命傾向的代表。因此，把耐麗描寫成『消極群眾的形象』，也並不等於就是把當時整個英國工人階級都描寫成了『消極的群眾』。」〔註109〕文章指出：「很久以來，人們不無根據地從恩格斯給哈克奈斯

〔註107〕童慶炳主編：《文學概論》，武漢：武漢大學出版社，2000年版，第493頁。
〔註108〕1979年，上海文藝出版社以《重放的鮮花》為題，出版了一部多人作品合集。其中收錄了1956年至1957年上半年「百花齊放，百家爭鳴」政策鼓舞下一批眼光敏銳、關注社會問題的青年作家和詩人創作的一批張揚個性的詩歌和揭露社會弊端的特寫及小說。後來由於「反右」鬥爭擴大化，這些青年作家遭到嚴厲批判，他們的作品被打成「反黨反社會主義的大毒草」，直至20多年後才得以重新結集發表。
〔註109〕原載《上海文學》，1981年第1期，引自上海師範學院中文系文藝理論教研室編：《文學理論爭鳴輯要》（下），上海：上海文藝出版社，1983年版，第

的這封信中得出了這樣一種認識，即只有當『環繞著這些人物並促使他們行動的環境』能夠直接反映出時代的主流和社會力量的本質，才能算得上是『典型環境』，否則就不算。例如在十九世紀八十年代，只有反映『工人階級對他們四周的壓迫環境所進行的叛逆的反抗』，才能算是正確反映了這種『主流』和『本質』的典型環境，而像《城市姑娘》中所描寫的倫敦東頭工人群眾的『不能自助』的消極落後的環境，則不能算是『典型環境』了。我們知道，這種在典型問題上的『主流論』或『本質論』的觀點在我國文藝界是很有影響的，究其原因，恐怕不能不說是和恩格斯的上述觀點有關。」〔註 110〕徐俊西的文章最後指出：「總之，我們認為《恩格斯致瑪·哈克奈斯》的這封信作為一九三二年從恩格斯的遺稿中發現的一份不完全的草稿，其中有些觀點和論述並不具有科學定義的性質，因而如果作為定義來使用，顯然有不完善之處。」〔註 111〕

　　徐俊西文章發表後，隨即在《上海文學》1981 年第 4 期上刊登了程代熙的反駁文章《不能如此輕率地批評恩格斯》。該文維護了恩格斯這封文藝通信的歷史地位，認為恩格斯對小說《城市姑娘》的批評是正確的，連哈克奈斯本人都表示接受；並且不能把教條主義的文藝「寫本質」觀歸咎於恩格斯。作者指出：「把過去流行的那種『主流論』或『本質論』歸之於恩格斯的說法，不僅在理論上是毫無根據的，錯誤的，而且在態度上、做法上也是相當輕率的。」〔註 112〕

　　長期以來，中國文學理論家們對恩格斯提出的「典型環境中的典型人物」這一命題做出過種種理論上的界定和解讀，都表現出反對公式化、概念化創作傾向的良好願望。在近年來流行的文學理論教科書上，更對「典型環境」這一概念做出了力求符合文學藝術審美特徵的解說，如童慶炳主編的《文學理論教程》就對「典型環境」做了這樣的補充闡釋：「我們要求典型環境要充分體現現實關係。並不等於說典型環境只能有一種模式、一種風貌。由於上

　　　　585 頁。
〔註 110〕上海師範學院中文系文藝理論教研室編：《文學理論爭鳴輯要》（下），上海：
　　　　　上海文藝出版社，1983 年版，第 587 頁。
〔註 111〕上海師範學院中文系文藝理論教研室編：《文學理論爭鳴輯要》（下），上海：
　　　　　上海文藝出版社，1983 年版，第 591 頁。
〔註 112〕上海師範學院中文系文藝理論教研室編：《文學理論爭鳴輯要》（下），上海：
　　　　　上海文藝出版社，1983 年版，第 600 頁。

述『現實關係總情勢』的隱匿性，而它所聯繫的現象又無比豐富，所以作家完全有可能選擇富有特徵性的細節、場面和場景，加工成獨特的典型環境。其次，每個時代的現實關係，都是通過個別的具體的社會環境體現出來的。比如辛亥革命時期的現實關係，可以在廣州反映出來，也可以在北京反映出來，可以通過市民生活環境反映出來，也可以如魯迅那樣通過中國南方農村的一個村莊反映出來。具體環境的個別性和特殊風貌，也會加強典型環境的個性特色。因此，所謂典型環境，也是特定的『這個』，是富有特徵的個別性和概括性的有機統一，任何公式化、概念化的描寫，都不算是典型環境。」〔註113〕

儘管理論家們在經典解讀上做了種種努力和意在糾正創作上的公式化、概念化傾向的具體闡釋，但「典型環境」必須體現「社會生活本質」的觀念，在文學評論和創作實踐中還是有著相當頑強的影響力，並在相當長時間內造成了社會歷史題材文學敘事的模式化。河北大學教授閻浩崗在他與李秋香合寫的論文《茅盾鄉村敘事對「典範土地革命敘事」的「修正」》中，就曾以「典範土地革命敘事」概念，提出了一個在中國現當代革命文學中具有代表性意義的問題。文章指出：「所謂『典範土地革命敘事』，是指直接而充分地體現無產階級革命意識形態對中國鄉村社會結構、階級關係的分析和認識，以宣傳鼓動暴力革命為宗旨、突出其必要性與合理合法性，或可作為範本向全民普及並指導實際革命行動的文學敘事文本。其基本特徵是：1）充分展示鄉村貧富之間的尖銳對立、矛盾不可調和；2）作品中的地主集惡霸與基層官僚於一身，道德敗壞、流氓成性，常常公然違反日常倫理；3）與之相應，除個別變質分子外，貧苦農民大多品德高尚，人窮志不窮；4）農民與地主之間的武裝衝突不可避免，革命暴力代表民意，大快人心。」〔註114〕文章列舉了諸如「中國最早的『典範土地革命敘事』」文本——華漢的《暗夜》，其後蔣光慈的《咆哮了的土地》、葉紫的《豐收》和《火》、丁玲的《東村事件》、賀敬之等執筆的歌劇《白毛女》、周立波的《暴風驟雨》，直至1949～1976年間的土地革命敘事等等，都屬於「典範土地革命敘事。」〔註115〕文章指出，茅盾則

〔註113〕童慶炳主編：《文學理論教程》，北京：高等教育出版社，1998年版，第191頁。

〔註114〕《遠東文學研究——第七屆國際學術研討會論文集》第一卷，聖彼得堡：НП-Принт工作室出版社，2016年版，第155頁。

〔註115〕《遠東文學研究——第七屆國際學術研討會論文集》第一卷，聖彼得堡：

與此不同，儘管「在接受馬列主義後，茅盾的世界觀有了變化，其創作思想
卻保持一貫性。」「他重視寫實性的『農村三部曲』在發表之初即被左翼批評
界某些人指為未能『在雜多的現實中，去尋出革命的契機』，『純客觀主義的
態度，是不斷的妨害了作者』。」兩位論者認為：「而在今天看來，正因講究
反映現實的全面性、客觀性」，茅盾的「鄉村敘事才具有 1920 年代『鄉土小
說』以及 1930 年代非左翼作家及其他左翼作家所不具備的社會科學視野，又
不似『典範土地革命敘事』那樣內涵單一片面。這使它除了獨特的藝術價值，
還具備一定的文獻價值。」〔註116〕我們認為，閻浩崗、李秋香論文中提出的
觀點，恰恰有助於說明本質主義的「典型環境」觀如何閹割了現實主義必須
忠於生活實況的「正確性」精神，而使其倒向公式化、概念化的偽現實主義。
這對於今天正確理解「典型環境」的內涵，以及科學總結和正確評價以往中
國革命文學作品中存在的不足，都是有積極意義的。

НП-Принт 工作室出版社，2016 年版，第 155 頁。

〔註116〕《遠東文學研究——第七屆國際學術研討會論文集》第一卷，聖彼得堡：
НП-Принт 工作室出版社，2016 年版，第 159 頁。

第三編　個案析論

第一章　費德林論中國文學史研究的經驗與問題

　　尼古拉・特羅菲莫維奇・費多連科（Николай Трофимович Федоренко，1912～2000），漢名費德林，是蘇聯時期外交官和著名漢學家。他 1912 年出生於北高加索地區著名的溫泉療養勝地皮亞季戈爾斯克（Пятигорск，意為五峰山城），1937 年畢業於莫斯科東方學院，1943 年獲語文學博士學位，1939～1968 年在蘇聯外交部工作。曾任蘇聯駐華使館參贊（1950～1952）、駐日本大使（1958～1962），蘇聯常駐聯合國及安理會代表（1963～1968）。自 1957 年起兼任科學院東方學研究所研究員，1958 年晉升為高級研究員並被選為蘇聯科學院通訊院士。專著有《〈詩經〉及其在中國文學中的地位》（1958）、《中國文學研究問題》（1974）、《中國古代文學作品》（1978）、《中國文學遺產與現代性》（1981）、《屈原：創作淵源與問題》（1986）等。1988 年，費德林在蘇聯《遠東問題》雜誌上發表論文《研究中國文學的原則（經驗與問題）》，對以往中國本國的中國文學史著作和包括俄羅斯在內的西方學者編寫的中國文學史，作了全面的梳理和點評。同時對擬議中的蘇聯科學院遠東所和東方所的漢學家們集體編著中國文學史的規劃作了介紹，並提出自己的一些設想。但可惜世事不遂人願，兩年多後，蘇聯解體，政治動盪、經濟滑坡，俄羅斯社會遭遇的種種困難使費德林在文中提出的「將於 10 年內問世」的俄文版 40 卷集《中國文學叢書》沒能實現。但他對今後編寫中國文學史所應遵循的原則、所應創新的方面提出的建設性意見，還值得我們參考和吸納。

　　費德林指出：「在 20 世紀之前的舊中國並不存在成系統地論述本國文學發展過程的文學史。」他說，問世於 1910 年「被認爲是建立中國文學史的首次嘗試」的京師大學堂教授林傳甲的《中國文學史》，「在結構上特別是在方法論上都很鬆散」。〔註1〕後出的著作，如「謝无量的《中國大文學史》、曾毅的《中國文學史》、顧實的《中國文學史大綱》、葛尊禮的《中國文學史》，還有王夢曾、張之純、趙景深、鄭振鐸、胡小石等其他許多人的一些同名的著作」，除了「魯迅的《中國小說史略》和鄭振鐸的《中國文學史》這樣的作品，包含著非常珍貴的材料和作者們對重要文學現象的觀點，無疑是中國文藝學和文藝批評向前邁出的重大一步」之外，其餘大部分著作「存在著共同的缺點」，即「缺乏科學的方法，以及在選擇和評價文學作品時作者的主觀性。」他說：「在這些著作中沒有研究工作本身的主要對象——文學的明確的概念和定義，缺少對研究對象的客觀觀點和應有標準，而導致作者們對文學現象和事實的隨意態度和對語言藝術領域問題的主觀解釋等等。」〔註2〕在這些早期的文學史研究者中，費德林最推崇的是魯迅。他寫道：「魯迅的文學著作具有特別重要的意義。他在第一批研究者中間開始創立科學的中國文學史。對歷史遺產問題的原則性的新闡釋以及對在語言藝術的一般過程中民間創作的作用的正確評價，都應歸功於他。這些創作在過去的許多世紀中一直爲官僚地主貴族所鄙視，並不被看作是有價值的文學。」他說：「由魯迅完成的研究中國文學史的工作，爲在新中國條件下對其進行眞正的馬克思主義研究奠定了基礎。」〔註3〕這些觀點，與我國當時對魯迅的評價是完全一致的，是當年中蘇兩國文藝學有共同理論淵源、共同評價標準的表現。

　　費德林認爲：「就前面提到的大部分作者的著作來說，文藝學分析的方法論體系、研究工作的具體方法，沒有跳出形式主義的、食古不化地羅列古代文獻和傳統注釋的框子。」他說：「在這些著作中沒有包含對不同歷史時期的作品中形象和性格的意義的說明。在這裡沒有試圖分析文學作品的結構、確

〔註1〕Н. Т. Федоренко: Принципы изучения китайской литературы (опыт и проблемы) // Проблемы Дальнего Востока. г. 1988 №3. с.128.
　　　　Н. Т. 費德林：《研究中國文學的原則（經驗與問題)》，《遠東問題》，1988 年第 3 期，第 128 頁。
〔註2〕Н. Т. 費德林：《研究中國文學的原則（經驗與問題)》，《遠東問題》，1988 年第 3 期，第 128～129 頁。
〔註3〕Н. Т. 費德林：《研究中國文學的原則（經驗與問題)》，《遠東問題》，1988 年第 3 期，第 129 頁。

立主人公與社會生活、與時代的思想和風尚的聯繫等等。更沒有哪一部舊中
國作者的著作能從文學理論、美學、文學史與批評史的綜合的觀點來對語言
藝術進行研究。」〔註 4〕他寫道：「這些著作中的大部分所涉及的問題，與其
說是專門的文學運動，不如說是中國學術的傳統部門：歷史（史部）、經典文
集（經部）、哲學（子部）和文學（雜部）。這樣一來，就同專門的文學史一
起提出了哲學史、儒家學者的經典和邏輯學等等問題。」〔註 5〕

　　被費德林在文中逐一點評的新中國成立之前中國文學史研究者的著作有
胡懷琛（1886～1938）的《中國文學史略》（新文化書社，1935 年出版）、胡
雲翼（1906～1965）的《中國文學史》（上海北新書局，1932 年出版）、鄭賓
于（1898～1986）的《中國文學流變史》（四卷本）（上海北新書局，1936 年
出版）、譚正璧（1901～1991）的《中國文學進化史》（光明書局，1929 年出
版）、梁乙眞（1900～1950 年代）的《中國民族文學史》（三友書店，1943 年
出版）、譚丕模（1899～1958）的《中國文學史綱》（上海北新書局，1933 年
出版）等。這些著作各具特色，各有千秋，但也都存在著一定問題。比如胡
懷琛的《中國文學史略》，「完全沒有哪怕是多多少少的作者對文學歷史發展
過程的概括的觀點」，該書「經常引用各種類型的過去時代的歷史和文學史料
中所包含的見解，援引古代文學家的文章段落和句子，但卻沒有作者自己的
分析和注釋。」〔註 6〕因此被胡雲翼批評爲「簡直是一部流水帳簿」。〔註 7〕
而胡雲翼自己的《中國文學史》，卻又「表現出對『純文學』也就是文學創作
的興趣。」他把文學定義爲『由情感引起』並且是『美感的作品』。從這個
觀點出發，「胡雲翼把與文學沒有任何關係的東西，不僅是經典的、歷史的、
哲學的、自然的以及科學的文獻，而且甚至還有《左傳》《史記》《資治通鑒》
等文集中的文學篇章，都從文學的概念中排除出去。」〔註 8〕費德林對此評論
道：「在胡雲翼的上述觀點中，不能不看到僞科學的唯美主義，對『純藝術』

〔註 4〕H. T. 費德林：《研究中國文學的原則（經驗與問題）》，《遠東問題》，1988 年
　　　　第 3 期，第 129 頁。
〔註 5〕H. T. 費德林：《研究中國文學的原則（經驗與問題）》，《遠東問題》，1988 年
　　　　第 3 期，第 130 頁。
〔註 6〕H. T. 費德林：《研究中國文學的原則（經驗與問題）》，《遠東問題》，1988 年
　　　　第 3 期，第 130 頁。
〔註 7〕胡雲翼：《中國文學史》，上海：北新書局，1936 年版，第 4 頁。
〔註 8〕H. T. 費德林：《研究中國文學的原則（經驗與問題）》，《遠東問題》，1988 年
　　　　第 3 期，第 130 頁。

極端熱情的表現。這種觀點的過分片面性導致對那些卓越文獻，如《左傳》《史記》等等的文學價值的否定。」〔註9〕

費德林引用鄭振鐸在《研究中國文學的新途徑》一文中所說，一些文學史舊著的作者們「通常只限於公式化地和形式主義地敘述作家履歷和家族譜系中他一生的各種活動、親屬及朋友聯繫的情況等等〔註10〕，極少注意對作家創作的分析和評論」〔註11〕，指出：「文學過程的發展、各種體裁和風格產生的根源和原因、藝術創作與物質和精神生活條件的相互關係等問題，經常被遺忘在舊學派作者們的視野之外。」〔註12〕也就是說，許多文學史舊著是把文學史變成按文學線索串聯起來的社會發展史和作家個人生平史。費德林舉鄭賓于的《中國文學流變史》為例，說：「在這部著作中，語言創作的運動是從各種體裁、風格的產生和發展的觀點來加以研究的。」他寫道：「在自己著作的第一頁作者就強調指出，從詩的體裁產生了『賦』，以後是『唐律』、『宋詞』、『元曲』等體裁；而在散文中相應產生了『古文』、『雜文』、『小說』，同樣也是演進、變化和創造。在這裡鄭賓于指出，每一種體裁都同一定的朝代相適應：『敘詩止於唐，詞止於宋，曲止於明而流於清』，等等。」費德林評論說：「這樣一來，鄭賓于僅只是作為與這個或那個王朝政體相適應的創作形式的演變來研究中國文學的演變歷史，而忽略了文學的內容、創作的思想傾向和在一定歷史文化條件下產生的社會歷史意義。」〔註13〕

費德林指出：「舊學派的中國文學史家的研究著作中包含著矛盾的和完全是主觀的文學與文學史任務的定義。」〔註14〕這裡被他用作例證的是譚正璧的《中國文學進化史》。譚正璧在該書中寫道：「用心理學上的分析，來說明世間一切學術的性質，我們可以說：哲學是屬於意志的，科學是屬於知

〔註9〕H. T. 費德林：《研究中國文學的原則（經驗與問題）》，《遠東問題》，1988年第3期，第130～131頁。

〔註10〕鄭振鐸：《研究中國文學的新途徑》，《中國文學研究》，北京，1957年版，第三卷，第1140頁。

〔註11〕H. T. 費德林：《研究中國文學的原則（經驗與問題）》，《遠東問題》，1988年第3期，第131頁。

〔註12〕H. T. 費德林：《研究中國文學的原則（經驗與問題）》，《遠東問題》，1988年第3期，第131頁。

〔註13〕H. T. 費德林：《研究中國文學的原則（經驗與問題）》，《遠東問題》，1988年第3期，第131～132頁。

〔註14〕H. T. 費德林：《研究中國文學的原則（經驗與問題）》，《遠東問題》，1988年第3期，第132頁。

識的，而文學是屬於情感的；哲學是求『善』，科學是求『眞』，而文學是求
『美』。所以文學的性質，必須具有美的情感。」他進一步解釋說：「所謂美
的情感者，是脫離現實生活的利害是非等而藝術化過了的東西，是與個人當
前的實際利害無關係的東西，他能使人起一種快感。就是他的情是痛苦時也
可以起一種快感。」〔註15〕基於這一觀點，譚正璧斷言：「爲什麼山水花月幾
乎成了文學基本的材料？正因彼等是超出現實生活的利害是非，而令人容易
感受一種美感的緣故。反之，道德、金錢、名譽所以被擯棄於文學材料之
外，正因彼等已被執著實際的利害是非，而使人起憎惡之感。」〔註16〕譚正
璧還強調：「文學是情感的產物，歷史爲社會科學之一，是知識的產物；文學
求美，歷史求眞；文學是偏於主觀的，歷史完全是客觀的；……所以凡是好
的歷史，他絕不是文學；反之，好的文學，也決不是歷史。」〔註17〕在譚正
璧 1940 年寫成的另一本書《中國文學史大綱》中，他表示贊同《中國文學史》
一書作者張之純給文學下的定義：「文學是我的情感的宣揚、我的理想的展
示、我的語言的表現——借助於象形文字符號的相互聯繫創作出的作品。」
〔註18〕對譚正璧的這些觀點，費德林一方面表示承認「借助於理性原則不是
永遠能夠把一切都理解和解釋清楚的。」「在藝術創作中，特別是在中國傳統
詩歌中，並非一切都是合乎理性的，也遠不是一切都只有一個意義。」〔註19〕
但同時又批評道：「譚正璧的觀點是極爲主觀和不科學的。他僅只是作爲情感
的產物來研究文學，而忽略了瞭解作家的內部感覺，他的創造性想像的必要
性。」〔註20〕

　　除了對文學性質的認識有分歧和誤區之外，費德林認爲中國舊文學史著
作還存在著不能「客觀地提供語言藝術創作活動的正確畫面」的問題。比如
梁乙眞的《中國民族文學史》，儘管作者在書中正確地指出：「文學是人生的
反映，也是時代的映畫。政治的良污，時代的治亂，民生的苦樂，國民的思
想，都可以從文學中表現出來。我們欲知某一時代的眞像，要研究那時代的

〔註15〕譚正璧：《中國文學進化史》，上海，1932 年版，第 6 頁。
〔註16〕譚正璧：《中國文學進化史》，上海，1932 年版，第 6 頁。
〔註17〕譚正璧：《中國文學進化史》，上海，1932 年版，第 13 頁。
〔註18〕譚正璧：《中國文學進化史》，上海，1932 年版，第 3 頁。
〔註19〕H. T. 費德林：《研究中國文學的原則（經驗與問題）》，《遠東問題》，1988 年
　　　　第 3 期，第 132 頁。
〔註20〕H. T. 費德林：《研究中國文學的原則（經驗與問題）》，《遠東問題》，1988 年
　　　　第 3 期，第 133 頁。

文學作品；欲研究文學作品，也要研究產生那作品的時代真像。」〔註 21〕但費德林批評這本書的實際情況是：「由於作者極為主觀地和隨意地敘述文學創作的事實，因此這本書提供的只是中國民族文學扭曲了的畫面。」〔註 22〕

　　儘管上述中國人自己編寫的中國文學史舊著存在著種種問題，但費德林對它們的態度並不是一概地鄙夷和否定，而是客觀歷史地予以相當寬容的評價。他寫道：「我們不能不注意到，中國的作者們，其中包括老的作者，對事物有著傳統的觀點，這些觀點以他們自己本身的世界觀、獨特的感受為根據。我們有權從現代方法學的觀點來判定它是否是主觀的。但在這裡不應當憑猜測輕率地下結論。當然，最簡單的是說這種解釋具有非理性的性質。但是，由這個結論出發未必能改變其中包括我們剛才引證過的那些在中國文學史料中記錄下來的東西。在這裡必須有更寬宏的歷史態度，它承認在中國不同的歷史條件下的民族世界觀的獨特發展。」〔註 23〕

　　在中國文學史舊著中費德林給予較高評價的，除了魯迅和鄭振鐸的著作外，還有譚丕模的《中國文學史綱》。他寫道：「在語言藝術研究的道路上向前邁出了一步的是譚丕模的《中國文學史綱》，其中作出了以進步的文藝學科學的觀點來說明文學的最主要現象的嘗試。在論述文學史的意義的時候，譚丕模在『緒論』中指出，它是社會歷史過程的一部分，不能把它從社會生活的發展中分離出來。文學的歷史，一般說來同不停頓的歷史運動一樣，任何時候也不會停止自己的向前發展。譚丕模進一步強調指出，新風格的產生、新運動的開始、新的偉大作家的誕生，所有這一切都是社會歷史過程中的現象，對它們的因果聯繫的說明就成為文學史的任務。」〔註 24〕當然，這裡也不難看出當年在「社會主義現實主義」文學觀念統御下蘇聯漢學——文藝學家的思維定勢，即偏重強調文學與社會生活、文學與歷史發展的聯繫。

　　大約是由於上世紀 60～70 年代中蘇交惡，蘇聯漢學家對當時中國國內的文學史研究動態瞭解有限或不屑理會的緣故，費德林對新中國成立以後的中

〔註 21〕梁乙真：《中國民族文學史》，重慶：三友書局，1943 年版，第 10 頁。
〔註 22〕H. T. 費德林：《研究中國文學的原則（經驗與問題）》，《遠東問題》，1988 年第 3 期，第 133 頁。
〔註 23〕H. T. 費德林：《研究中國文學的原則（經驗與問題）》，《遠東問題》，1988 年第 3 期，第 132 頁。
〔註 24〕H. T. 費德林：《研究中國文學的原則（經驗與問題）》，《遠東問題》，1988 年第 3 期，第 133 頁。

國文學史著作的介紹和評論，僅限於北京大學在 1958 年集體編著、1959 年修訂再版的《中國文學史》，而對上世紀 60 年代曾作爲中國國家教育部部頒教材的由游國恩領銜主編、在中國高等學校延續使用了 20 多年的四卷本《中國文學史》，以及在當年也產生過重大影響的中國科學院文學研究所編三卷本《中國文學史》，居然隻字未提，這不能不說是在資料佔有、考察視域上的重大欠缺。對北京大學這部《中國文學史》，費德林雖然也有局部的批評，但總的來說評價是相當高的。這恐怕是由於那個時期尙屬中蘇蜜月期，兩國文藝學研究的指導思想高度一致，使他對中國在這一時期編寫的文學史感到一拍即合，產生符合自己經驗期待視野的閱讀快感所致。費德林寫道：「1958 年問世的《中國文學史》是北京大學中國文學專門化學生的集體著作。對語言藝術創作過程的新解釋是它的原則上的特點。作者們給自己提出了對中國文學史的馬克思主義研究的任務。」他說：「在這部著作中，中國共產黨關於科學地闡釋文化和藝術問題、科學地研究豐富的古代遺產問題的決議，得到了實際的體現。由《中國文學史》的作者們完成的巨大的研究工作，引用了大量獨特的材料，並使它們得到全面的分析評論。」〔註 25〕同時費德林也指出了這一版本的缺點，那就是「其中論述民間口頭創作與文學的關係問題的方法就令人懷疑。民間口頭創作在這本書裏被賦予了一些被誇大了的作用，儘管作者們是從列寧主義的關於兩種文化、關於每一種文學中都有兩種潮流的無可爭議的論點出發的。」〔註 26〕

對於 1959 年修訂補充的新版四卷本《中國文學史》，費德林的評價則完全是正面的、高度肯定的。他寫道：「總的來說，這本書證實了在研究中國文學史問題方面嚴肅的方法論改革，並且是對在中國建立馬克思主義文藝學的實際貢獻。作者們在序言中正確地強調指出，文學史的任務就是在正確地運用馬克思列寧主義的世界觀和方法論的同時，深入地掌握各個時代文學的豐富材料，研究文學發展的過程，發現其規律性，客觀地評價作家及其創作在總的歷史格局中的位置。」他指出：「作者們從歷史宏觀的角度來研究文學創作的思想的和藝術的意義，並且顧及到各個時代社會發展、哲學和美學觀點的特點。同樣重要的還有在《中國文學史》中比其他著作更爲詳盡地研究了

〔註 25〕 H. T. 費德林：《研究中國文學的原則（經驗與問題）》，《遠東問題》，1988 年
　　　　第 3 期，第 133 頁。

〔註 26〕 H. T. 費德林：《研究中國文學的原則（經驗與問題）》，《遠東問題》，1988 年
　　　　第 3 期，第 133～134 頁。

作品內容的藝術體現的手段。本書的作者們力圖指出，作家的形象思維處於同他們對概括周圍現象的方法的磨練、語言工具的完善、體裁風格的發展的一定的相互聯繫之中。所有這些，使這本書成為中國學者和外國漢學家同類研究中最為詳盡的著作。」

在逐一點評了中國人自己編寫的中國文學史著作之後，費德林回顧了西方和俄羅斯人編寫中國文學史的歷程。他首先否定了英國人 H. A. 翟里斯（Herbert. Allen. Giles，1845～1935）自稱其 1901 年出版的《中國文學史》是世界上第一部中國文學史的說法，指出：「在此之前 20 年，俄國科學院院士，B. П. 瓦西里耶夫在 1880 年就寫成了用石印出版的《中國文學史綱要》一書，並在同一年完成了《中國文學史論集》。」〔註27〕但他緊接著指出：「B. П. 瓦西里耶夫的這部著作雖然是系統研究中國文學史的第一次嘗試，但很快就能發現他用的是經驗主義的而不是嚴格的科學方法。」費德林寫道：「這正是經驗主義地研究中國文學的時代，當時的工作基本上被歸結為對個別文學事實的記敘，而沒有理論的認識與概括。同時這完全是大概地作出的。所看到的是局部的，而不是一般的和整體的。沒有對語言藝術運動過程的全面概括，沒有文學發展、體裁與風格更替的總的畫面，等等。」〔註28〕

費德林指出：「只是到了更晚的時期，革命以後，在我國才開始了對中國文學的科學研究。但研究的對象已經不是單個的、局部的現象，而是在其全部特點、特性的有機聯繫之中的統一的整體。」他說：「這方面的功勳屬於蘇聯漢學的奠基人 B. M. 阿列克謝耶夫。任務在於研究的不是個別的事實，雖說它們就其本身來說是有意義的，不是派生的或再生的，而是最初的現象。換言之，要努力再現在其整體性之中的、在其同一性和制約性的複雜多樣性中的畫面，同時不忽略通過深刻地瞭解個別來認識整體。從這些觀點出發，合理地達到對中國文學在全世界文學過程中的地位和作用的確定。」〔註29〕從中可見，費德林是把 B. M. 阿列克謝耶夫奠定的蘇聯漢學——文藝學研究的原則，作為俄羅斯漢學家今後編寫中國文學史所應遵循的圭臬。

〔註27〕H. T. 費德林：《研究中國文學的原則（經驗與問題）》，《遠東問題》，1988 年第 3 期，第 134 頁。

〔註28〕H. T. 費德林：《研究中國文學的原則（經驗與問題）》，《遠東問題》，1988 年第 3 期，第 134 頁。

〔註29〕H. T. 費德林：《研究中國文學的原則（經驗與問題）》，《遠東問題》，1988 年第 3 期，第 134～135 頁。

　　但是，蘇聯文藝學長期存在著的用機械唯物論和庸俗社會學觀點來研究作家作品，以及忽視對象的特殊性和歷史條件，將其主觀武斷地納入某種先驗模式的公式化傾向，也深刻影響到漢學——文學研究。正如進入 21 世紀後俄羅斯科學院東方學研究所女漢學家 К. И. 戈雷金娜在她與 В. Ф. 索羅金合著的《中國文學研究在俄羅斯》一書中所指出的：「在戰後年代特別展示了這種情況，此時在俄羅斯文學和文藝學中占統治地位的是總體現實主義（Тотальный реализм）的思想，而在哲學和美學中是全面唯物主義和馬克思列寧主義。」〔註 30〕她說：「現實主義的觀點被轉用到古代和中世紀文學文獻。促使忘卻了許多此前說過的有價值的思想，破壞了已經習慣了的術語辭典上的說法，某種程度上用類似於『人民詩人』、『封建文學』、『貴族上層和被壓迫下層的文學』等等抽象定義來評價。在漢學中也興起了相應的文學現象起源的觀念和相應的文學事實評價。」〔註 31〕在上世紀 60～70 年代的蘇聯漢學——文學研究中，甚至一度出現過拿中國文學的歷史進程與西方文學發展階段簡單類比和套搬的觀點。如在蘇聯東方學中享有盛譽的日本學家 Н. И. 康拉德（Николай Иосифович Конрад，1891～1970），就在他 1966 年出版的《東方與西方》一書中「提出了東西方文學之間存在著類型學平行，其中之一是文藝復興的思想。」〔註 32〕費德林在自己的文章中對蘇聯時期中國文學研究中存在的這種現象提出了批評。他寫道：「從我們的觀點來看，不能容許把在研究標準的歐洲文學中確定的東西轉移或擴展到中國文學中來（比如，風格的時期劃分或更替——古典主義、浪漫主義、現實主義、自然主義、象徵主義、先鋒主義等等）。把這一公式機械地擴展到東方文學，其中包括中國文學，恐怕未必是科學的論證。」他提出：「把文學現象、語言藝術作品、體裁與風格、文學流派、整個時代的藝術創作過程並列起來加以比較，絕不能不時刻考慮到國家歷史運動的社會的和思想的現實的特殊條件。」〔註 33〕他

〔註 30〕 К. И. Голыгина В. Ф. Сорокин: Изучение китайской литературы в России. Москва: изд. фирма《Восточная литература》РАН, 2004. с.10.
К. И. 戈雷金娜、В. Ф. 索羅金：《中國文學研究在俄羅斯》，莫斯科：俄羅斯科學院東方文學出版公司，2004 年版，第 10 頁。
〔註 31〕 К. И. 戈雷金娜、В. Ф. 索羅金：《中國文學研究在俄羅斯》，莫斯科：俄羅斯科學院東方文學出版公司，2004 年版，第 10～11 頁。
〔註 32〕 К. И. 戈雷金娜、В. Ф. 索羅金：《中國文學研究在俄羅斯》，莫斯科：俄羅斯科學院東方文學出版公司，2004 年版，第 12 頁。
〔註 33〕 Н. Т. 費德林：《研究中國文學的原則（經驗與問題）》，《遠東問題》，1988 年

批評蘇聯當年的中國文學史研究「不是在全部多樣性中和發展的特點與矛盾性中深入地研究具體文學的相應作品，而是爲了分類本身的某種類似分類的東西。」〔註34〕

費德林指出：「在我們的習慣中對過去、現在和將來的通常的時期劃分完全是有條件的。時間的運動是不停頓的。這是一條統一的長河。因此，時期界限本身是相對的。所以人爲地或是科學地對它進行劃分都是證據不足的。」〔註35〕他批評當年蘇聯一些漢學家熱衷於論證中國也有「啓蒙運動」、「文藝復興」等觀點，指出：「中國自己的研究者們，甚至是具有最不受約束的想像力的人，任何時候在任何一本著作中也沒有暗示過在中國存在過『文藝復興』。」〔註36〕他批評持這種觀點的人「經常是全人類的意義給帶有偏見的搜集工作增添了某些憑主觀意志強加的『特徵』和空間的想像。這種方法輕易地確信，可以在隨便什麼地方發現文藝復興，甚至是在那些無論是誰、無論什麼時候都沒有想到過它的地方。簡言之就是似乎要證明，各地全有文藝復興，其中之一出現在意大利。」費德林指出：「我們一點兒也不想否定學者們探索和發現的神聖權利，絕對不是。可是，發現——如果這是眞的發現的話，應該是有證據的和具有必須的歷史具體性，否則這不過是完全沒有包含必須的眞相的假說，是失去了準確性的假說。沒有有分量的和客觀的材料就不可能有準確的評價或說明。按照學者們的觀點去尋找他們想要的東西是非常危險和冒險的，這會引起空想的牽強附會。」〔註37〕他分析這種不顧事實的大膽假說的產生原因說：「開拓性的觀念是建立在早就被創造出來的、主要是歐洲中心起源的公式上的，按照『古典的』、『中世紀的』、『文藝復興的』、『巴洛克的』等模式，而不去全面地研究產生於具體的社會歷史條件之中的各民族文學的特點。」〔註38〕

第 3 期，第 135 頁。

〔註34〕H. T. 費德林：《研究中國文學的原則（經驗與問題）》，《遠東問題》，1988 年第 3 期，第 135 頁。

〔註35〕H. T. 費德林：《研究中國文學的原則（經驗與問題）》，《遠東問題》，1988 年第 3 期，第 135 頁。

〔註36〕H. T. 費德林：《研究中國文學的原則（經驗與問題）》，《遠東問題》，1988 年第 3 期，第 136 頁。

〔註37〕H. T. 費德林：《研究中國文學的原則（經驗與問題）》，《遠東問題》，1988 年第 3 期，第 136 頁。

〔註38〕H. T. 費德林：《研究中國文學的原則（經驗與問題）》，《遠東問題》，1988 年

在批評了蘇聯以往中國文學研究中存在的問題之後，費德林提出了他自己對今後中國文學史研究的設想。他指出：「在中國文學史家們面前，存在著許多問題性的和局部性的任務。這首先是研究文學發展過程的規律性，研究創作與風格的特殊性，藝術表現手段與作家的語言，研究中國文學的民俗學基礎和民間創作的作用，研究語言創作的基本流派、現實主義創作中的民主性和貴族性的表現等等。」〔註39〕

費德林文中提出的對今後蘇聯編寫中國文學史的設想，概括起來有以下8點：

1）重視對民族文學遺產的繼承與創新。費德林指出：「每一個民族、每一個時代都造成自己對事物的觀點。而隨後的每一代人實際上僅只是繼續從前所作的。同時，每一個新的貢獻絕不是永遠與過去同等意義或同等價值的。這裡沒有相同性，但毫無疑問，存在著運動的前進性。無論是在科學的關係中還是文化的關係中，這都是正確的。在這裡社會活動與精神生活發展不平衡的法則發揮著作用。」〔註40〕

2）堅持在內容與形式、思想與藝術的統一中研究文學作品。費德林寫道：「我們所遵循的文藝學是有重大價值的人文科學之一，它在對社會的精神遺產的科學研究中佔有重要地位，在規律性與觀點的闡述之後正確地顯示獨具一格的現象、風格和語彙的獨特個性。對文學作品的研究應該在內容與形式、思想性與藝術手法的不可分割的相互聯繫中進行。同時應該奉行以科學的方法論體系和研究方法來表述的內容與形式的研究的客觀性。」〔註41〕

3）把文藝學看作語言藝術的一部分，把科學性與藝術性統一起來。費德林寫道：「我們是把文藝學作為文學、語言藝術不可分割的一部分來加以研究的。從我們的觀點來看，關於語言藝術的科學和藝術本身不是互相干擾的，而更多的是在認識人與生活的領域中的補充。而如果這樣的著作還很少或者完全沒有，我們認為，致力於寫出這樣的書是合理的。與此同時很明顯的是，

第 3 期，第 136 頁。
〔註39〕H. T. 費德林：《研究中國文學的原則（經驗與問題）》，《遠東問題》，1988 年第 3 期，第 137 頁。
〔註40〕H. T. 費德林：《研究中國文學的原則（經驗與問題）》，《遠東問題》，1988 年第 3 期，第 137 頁。
〔註41〕H. T. 費德林：《研究中國文學的原則（經驗與問題）》，《遠東問題》，1988 年第 3 期，第 137 頁。

許多東方學的文藝學著作是用呆板的語言寫成的，枯燥而又晦澀。」〔註42〕

4）堅持馬克思主義的社會歷史研究方法，重視文學與社會生活、作家世界觀與創作的聯繫。費德林寫道：「建立馬克思主義的中國文學史，這是蘇聯漢學——文藝學家們的主要任務。批判地掌握過去時代的科學遺產將有助於這一問題的解決。我們認為，中國文學史研究中的重要任務在於全面地研究作家與自己時代生活、與圍繞他的社會歷史現實的聯繫，在於在內容的思想性與藝術性的有機統一之中研究作家的世界觀與創作。」〔註43〕

5）把握中國文學最本質、最卓越的現象，費德林指出：「在歷史——文學的過程中，最為重要的是區分出中國藝術創作的最本質的、在文學運動的歷史過程中起了特別卓越作用的現象。同時應當對最大量的文學文獻和卓越的語言藝術家的創作給予深切的關注，在一般的文學發展中特別顯著的作用是屬於它們的。文學史家的重大任務之一也正在這裡。」〔註44〕

6）揭示作家個人創作與時代、與民族文學發展歷程的有機聯繫。費德林寫道：「我們從這一點出發，即每一個重大的現象都應該被看作不是孤立的、絕緣的，而是同以其歷史時代為特點的一般的文學創作直接地、活生生地相互聯繫在一起的。每一個單個作家的個性特點應該被揭示為處於同創作的客觀規律性相互聯繫之中的一般的文學過程的不可分割的有機組成部分。」〔註45〕

7）指出中國文學與世界各民族文學的相互聯繫與相互作用，從而揭示世界文學發展的共同規律。費德林寫道：「文學史的任務最終在於指出中國的語言藝術在同其他民族的文學、同世界文學史的相互聯繫與相互作用中的發展。這裡所作的努力應該是致力於說明對於各國文學有代表性的、與對中國文學的民族特色的具體分析結合在一起的一般的規律性。」〔註46〕

〔註42〕H. T. 費德林：《研究中國文學的原則（經驗與問題）》，《遠東問題》，1988 年第 3 期，第 137 頁。

〔註43〕H. T. 費德林：《研究中國文學的原則（經驗與問題）》，《遠東問題》，1988 年第 3 期，第 137～138 頁。

〔註44〕H. T. 費德林：《研究中國文學的原則（經驗與問題）》，《遠東問題》，1988 年第 3 期，第 138 頁。

〔註45〕H. T. 費德林：《研究中國文學的原則（經驗與問題）》，《遠東問題》，1988 年第 3 期，第 138 頁。

〔註46〕H. T. 費德林：《研究中國文學的原則（經驗與問題）》，《遠東問題》，1988 年第 3 期，第 138 頁。

　　8）吸納中國文藝學家和批評家對文學作品的注釋和評論，其中包括中國古代文論的寶貴思想資料。費德林指出：「研究中國藝術創作的資料中有一些是由更爲晚近的文藝學家和批評家們對其所作的注釋和評價。在這方面像《文選》、《文心雕龍》等等一類的資料是有很大意義的。」〔註47〕從費德林的這個意見中，我們看到了他在中國文學史研究方面力圖突破傳統的歐洲中心主義的努力，看到了他對中國文學史研究應注意聽取中國本國學者意見，包括吸納中國古代文論重要性的強調。這不僅對俄羅斯漢學家的中國文學史研究有指導意義，對於中國本國的文學史研究和古代文論研究工作者也是一個鼓舞。

〔註47〕H. T. 費德林：《研究中國文學的原則（經驗與問題)》,《遠東問題》，1988 年
　　　　第 3 期，第 138 頁。

第二章 索羅金論中國現代文學在
俄羅斯的傳播與研究

　　俄羅斯科學院遠東研究所高級研究員弗拉迪斯拉夫・費多羅維奇・索羅金（Владислав Фёдорович Сорокин，1927～2015）是一位多年從事中國現代文學研究的漢學家。他 1927 年生於薩馬拉（蘇聯時期名古比雪夫），1950 年畢業於莫斯科東方學院。1958 年以論文《魯迅創作道路的開始和小說〈吶喊〉》獲語文學副博士學位。1950～1957 年任教於莫斯科東方學院、莫斯科大學歷史系、莫斯科國際關係學院。1957 年進入蘇聯科學院東方學研究所，1967 年後調任遠東研究所中國文化組從事研究工作。1962 年晉升為高級研究員。在中國現代文學研究方面著有《魯迅世界觀的形成：早期政論與〈吶喊〉（Формирование мировоззрения Лу Синя（Ранняя публицистика и сборник "Клич"）》（莫斯科：蘇聯科學院中國研究所，1958 年出版）、《茅盾的創作道路（Творческий путь Мао Дуня）》（莫斯科：東方文學出版社，1962 年版）等專著。2004 年，他與俄羅斯科學院東方學研究所女漢學家 К. И. 戈雷金娜合作，出版了《中國文學研究在俄羅斯（Изучение китайской литературы в России）》（莫斯科：俄羅斯科學院東方文學出版公司，2004 年版）一書，其中「中國現代文學」部分由他撰寫。2008 年，該文以「新文學與現代文學研究」（Изучение новой и современной литературы）為題，收入俄羅斯科學院遠東研究所編輯出版的《中國精神文化大典（Духовная культура Китая）》（莫斯科：俄羅斯科學院東方文學出版公司，2008 年版）第三卷。這裡輯納其比較重要的敘述和評論，供國內研究者參考。

　　索羅金指出：「開始於 1917 年的『文學革命』進程，並處於 1919 年社會政治民主運動『五四運動』強大影響之下」的中國「新文學」，「其最明顯的標誌是近乎全面地使用口語——白話（此前僅只是在通俗小說和民歌中使用），更為重要的是，來自於西方和日本的思想、新的文學形式與風格的普及。」他說，對於中國文學發展的這個階段，「在 В. И. 謝曼諾夫〔註 1〕的著作中已經得到非常充分的研究」。〔註 2〕

　　索羅金寫道：「В. И. 謝曼諾夫在專著《18 世紀末到 20 世紀初中國小說的進化（Эволюция китайского романа. Конец ⅩⅧ- начало ⅩⅩ в.）》（莫斯科：科學出版社，1970 年版）中特別詳盡地研究了新傾向的發展。他認為重點是啟蒙的傾向，它的起源明顯看出是在 18 世紀後半期的古典長篇小說，而其繁榮是在 19 世紀末到 20 世紀初最初 10 年的小說中。」索羅金指出，謝曼諾夫「這本書的大部分用於研究它的最顯著代表李寶嘉和吳沃堯。由他們和他們的同時代人創立的『譴責小說』，其中李寶嘉的《官場現形記》、吳沃堯的《二十年目睹怪現狀》、曾樸的《孽海花》反映了中國封建君主制的衰落，官僚機器的崩潰，個人同社會環境的衝突。在其中可以在某種程度上感受到 19～20 世紀之交的改良思想——康有為、梁啟超、章太炎、嚴復的思想的影響。」索羅金說：「我國從事社會思想研究的歷史學家對這些改良主義者都予以了深入研究。」他寫道：「正如 В. 謝曼諾夫所說，開始出現了西方文化，其中包括文學對中國文化的影響。一系列哲學、政治著作和經過改編的歐洲作家的小說、戲劇和詩歌，開始用古典文學的語言翻譯出版。」雖然「這些改編的仿古形式並不能使讀者充分認識西方文學的變化，以及它與所有中國傳統東西的原則區別。」但正如 В. 謝曼諾夫在為曾樸的長篇小說所寫的序言中所指出的：「西方現實第一次成為中國小說的描寫對象。」〔註 3〕

〔註 1〕 弗拉基米爾・伊萬諾維奇・謝曼諾夫（Владимир Иванович Семанов）1933 年出生於聖彼得堡，2010 年卒於以色列。1955 年在列寧格勒大學東方系畢業，1962 年以論文《19 世紀至 20 世紀初的中國文學與魯迅》獲語文學副博士學位。1970 年獲語文學博士學位，論文題為《18 世紀末至 20 世紀初中國長篇小說的進化》。自 1973 至 2005 年在莫斯科大學亞非學院中國語文教研室工作。

〔註 2〕 К. И. Голыгина, В. Ф. Сорокин: Изучение китайской литературы в России. М.: Издательская фирма《Восточная литература》РАН, 2004, с.33.
К. И. 戈雷金娜、В. Ф. 索羅金：《中國文學研究在俄羅斯》，莫斯科：俄羅斯科學院東方文學出版公司，2004 年版，第 33 頁。

〔註 3〕 К. И. 戈雷金娜、В. Ф. 索羅金：《中國文學研究在俄羅斯》，莫斯科：俄羅斯

　　索羅金寫道，對「新文學」誕生前夜、新舊交替時期作家作品進行過研究的，還有 H. A. 彼得羅夫〔註4〕的副博士學位論文，他研究了「在詩歌中講述其他國家的生活、世界上的政治事件的詩人兼外交官黃遵憲」的創作。此外還有遠東大學中國語文教研室副教授 T. C. 札伊茨〔註5〕的著作《秋瑾，生平與創作（Цю Цзинь. Жизнь и творчество）》（符拉迪沃斯托克：遠東大學出版社，1984 年版），在她的書中描繪了「這一時代詩歌的另一位女代表人物、因反滿活動而被處決的秋瑾的面貌」。〔註6〕

　　索羅金指出：「從我國作者的著作中可以看出，19 世紀末至 20 世紀初文學所具有的創新特點僅只是表現在它個別的不同樣式上（『譴責小說』、『現代事件小說』、政治詩歌、通俗讀物等等），並且主要是在思想與社會主題的範圍內。藝術結構、出場人物描寫和語言還是建立在傳統文學的框子裏。這更多地依賴於那些普及性的體裁，如冒險的、言情的、幻想的小說，抒情詩。」他寫道：「眞正的『新』文學興起的時代是隨後才到來的。」〔註7〕

　　索羅金說，對中國「五四」新文化運動，由於當時「俄國國內戰爭引起的社會動盪」，「並且那時來自中國的出版物也很稀少和遲緩」，在俄國並不是「馬上察覺和予以評價的」。當時在俄國能夠看到的僅只是「一些來自北京的通訊和對新書的評論」。索羅金寫道：「這些文獻之一歸功於 B. M. 阿列克謝耶夫教授。他的文章《你研究新詩了嗎？》（1925 年），是對胡適第一部白話詩集《嘗試集》的批評」。索羅金指出，阿列克謝耶夫對胡適新詩的「評論是嚴厲的，但一般來說又是公允的。」他寫道：「著名學者胡適並不具備詩歌才

　　　　科學院東方文學出版公司，2004 年版，第 33～34 頁。
〔註4〕尼古拉・亞歷山大洛維奇・彼得羅夫（Николай Александрович Петров，1908～），1933 年畢業於列寧格勒東方學院，1935 至 1937 年在中國工作。1955年以論文《黃遵憲——19 世紀末中國的愛國詩人》通過答辯，獲語文學副博士學位。1938 至 1940 年、1961 至 1965 年任蘇聯科學院東方學研究所研究員。1953 至 1961 年在蘇聯軍隊工作，曾榮獲蘇聯獎章。
〔註5〕塔季揚娜・謝緬諾夫娜・札伊茨（Татьяна Семеновна Заяц，1945～），1963～1969 年在遠東大學語文系東方部學習。1969～1971 年任遠東大學中國語文教研室教師，1971～1974 年在莫斯科大學亞非學院讀研究生，1975 年答辯通過語文學副博士論文《革命女詩人秋瑾的創作》。結束研究生學業後，繼續回到遠東大學中國語文教研室工作。1978 年晉升爲副教授。
〔註6〕К. И. 戈雷金娜、В. Ф. 索羅金：《中國文學研究在俄羅斯》，莫斯科：俄羅斯科學院東方文學出版公司，2004 年版，第 34 頁。
〔註7〕К. И. 戈雷金娜、В. Ф. 索羅金：《中國文學研究在俄羅斯》，莫斯科：俄羅斯科學院東方文學出版公司，2004 年版，第 34 頁。

能，作爲古典詩歌的評論家，他的詩作不能不說表現得笨拙，有時甚至具有諷刺意味。」〔註8〕

索羅金認爲，可能就是由於阿列克謝耶夫這篇文章的負面評價，「轉移」了蘇聯漢學家對中國「新詩」的興趣，「直到 30 年代末，在我國惟一知名的中國詩人，是生活在蘇聯但代表中國進入國際左翼文學運動的埃彌·蕭（蕭三）〔註9〕。」1929 年，在莫斯科和列寧格勒同時出版了兩部帶有序言和後記的中國現代作家的中短篇小說集，「由此我們的讀者才知道了魯迅、郁達夫、張資平和其他比較著名的新文學代表的名字。」索羅金寫道：「在 1930～1931 年間，發表了 Б. 瓦西里耶夫〔註10〕和 Г. 卡拉－穆爾札〔註11〕寫的雜誌評論，其中有 Г. 卡拉－穆爾札爲五卷本《文學百科全書》寫的文章。這可以被看作是嚴肅地研究中國新文學的開始。」〔註12〕

索羅金評價這一時期蘇聯發表的中國現代文學研究論著說：「在這些文獻中，基本的注意力放在了與革命運動和外國文學影響相聯繫的新文學的思想政治觀點上。在概述的形式中介紹了主導創作社團和組織，主要散文家和詩人，左派運動的主要形式、新文學的國際聯繫，指出了俄羅斯和蘇聯文學對其發展的影響。百科全書中單篇文章是介紹魯迅和茅盾的，他們是 30 年代在我國被翻譯特別多的中國作家。這裡特別需要一提的是 В. 魯得曼（Владимир Рудман）〔註13〕爲 1937 年出版的茅盾的長篇小說《子夜》（俄譯名 Перед

〔註 8〕 К. И. 戈雷金娜、В. Ф. 索羅金：《中國文學研究在俄羅斯》，莫斯科：俄羅斯科學院東方文學出版公司，2004 年版，第 34 頁。

〔註 9〕 蕭三（1896～1983），現代著名詩人、翻譯家。湖南湘鄉縣人，原名蕭子暲（一作子嶂，或云原名蕭克森，字子暲），筆名有天光、埃彌·蕭、愛梅等。早在 20 世紀初就投身革命運動。1920 年到法國勤工儉學，曾作爲中國左翼作家聯盟的代表於 1930 年秋出席在蘇聯哈爾科夫舉行的國際革命作家代表會議，並被選爲國際革命作家聯盟書記處書記。新中國成立以後，主持我國國際文化交流工作，兩次出席亞非作家會議。

〔註10〕 鮑里斯·亞歷山大洛維奇·瓦西里耶夫（Борис Александрович Васильев，漢名王希禮，1899～1937），傑出的蘇聯漢學－語文學家，魯迅《阿 Q 正傳》俄文譯本的第一位譯者。蘇聯 30 年代肅反期間被槍決。

〔註11〕 格奧爾基·謝爾蓋耶維奇·卡拉－穆爾札（Георгий Сергеевич Кара-Мурза，1906～1945），蘇聯漢學－歷史學家。

〔註12〕 К. И. 戈雷金娜、В. Ф. 索羅金：《中國文學研究在俄羅斯》，莫斯科：俄羅斯科學院東方文學出版公司，2004 年版，第 35 頁。

〔註13〕 В. 魯得曼的生平事蹟現已無從查考，只知他翻譯過茅盾的《子夜》。據俄羅斯友人介紹，沒有發現他被鎮壓的記載，估計死於衛國戰爭——譯者。

рассветом）寫的長篇序言。它實際上不僅是揭示作品思想和社會觀點的第一次嘗試，還展示了它在中國革命文學中的地位，通過分析看出，它是一個無可爭議的高峰（儘管不總是證據確鑿的），它的藝術的細膩，給了讀者關於革命文學美學水平的概念。」〔註14〕

1936 年 10 月中國新文學奠基人魯迅逝世，這在中蘇兩國都掀起了紀念浪潮。但索羅金指出，這種浪潮「依據的是社會政治，而非文藝學性質。」〔註15〕過了兩年，1938 年蘇聯出版了由阿列克謝耶夫領導和參加編寫的大型紀念文集《魯迅》。〔註16〕「其中大部分收錄的是魯迅小說的譯文，還有主要是思想評論性質的中國共產黨人王明、蕭三的文章。只有 A. 施普林欽〔註17〕的文章《魯迅與中國語言文字問題》談的是純文學問題。」〔註18〕

B. M. 阿列克謝耶夫還在 1940 年主持出版了大部頭著作《中國：歷史、經濟、文化，為民族獨立而進行的英勇鬥爭》〔註19〕。索羅金寫道：「在這本著作中有兩篇文章涉及文學問題：H. 彼得羅夫的《中國新的和最新的文學》和埃彌·蕭的《在民族獨立鬥爭中的中國文學與藝術》。前者乃是簡略的（並且由於含糊而不連貫）從 18 世紀到抗日戰爭開始的中國文學發展的概況，並帶有對特別著名的作家的簡短介紹。後者則生動具體地講述了中國知識分子

〔註14〕 К. И. 戈雷金娜、В. Ф. 索羅金：《中國文學研究在俄羅斯》，莫斯科：俄羅斯科學院東方文學出版公司，2004 年版，第 35 頁。

〔註15〕 К. И. 戈雷金娜、В. Ф. 索羅金：《中國文學研究在俄羅斯》，莫斯科：俄羅斯科學院東方文學出版公司，2004 年版，第 35 頁。

〔註16〕 Лу Синь. 1881~1936. М.-Л.: Издательство АН СССР. 1938.
《魯迅，1881～1936》，莫斯科－列寧格勒：蘇聯科學院出版社，1938 年出版。

〔註17〕 亞歷山大·格里高利耶維奇·施普林欽（Александр Григорьевич Шпринцин，1907～1974）漢學語言學家，出生於聖彼得堡醫生家庭，1924 至 1929 年在列寧格勒大學社會科學系東方部中國分部學習。從學生時代起就多次被派到遠東地區工作。1930 年起任蘇聯科學院東方學研究所研究員。1938 年末被捕，被關押在克里木直到 1952 年，釋放後流放至 1957 年。1958 至 1974 年任全俄地質科學研究所情報資料員，負責中文和日文地質文獻的翻譯。

〔註18〕 К. И. 戈雷金娜、В. Ф. 索羅金：《中國文學研究在俄羅斯》，莫斯科：俄羅斯科學院東方文學出版公司，2004 年版，第 35 頁。

〔註19〕 Китай: история, экономика, культура, героическая борьба за национальную независимость Сборник статей под ред. Акад. В. М. Алексеева, Л. И. Думана и А. А. Петрова-М.-Л.: АН СССР, 1940г..
《中國：歷史、經濟、文化，為民族獨立而進行的英勇鬥爭》（論文集），B. M. 阿列克耶夫院士等主編，莫斯科－列寧格勒：蘇聯科學院出版社，1940 年出版。

——散文家、詩人、戲劇家、音樂家、電影工作者在與日本帝國主義鬥爭的最初年代的愛國熱情和創作成就。」他說:「這個題目引起了我國出版物的較大注意,特別是《外國文學》雜誌。」〔註20〕

中國的抗日戰爭和隨後而來的解放戰爭使中蘇兩國的文化聯繫停頓了幾乎十年。這就結束了蘇聯讀者認識中國新文學的初期階段。但索羅金認為:「它的結果不能說是微不足道的。我們的讀者得到了關於與政治、社會變化直接聯繫的文學中的急劇變化的概念,關於新的思想進程和新的主題的概念。能說出它的一系列作者的名字,對他們做了簡要的介紹,翻譯了一些——不總是優秀的——作品。但上述所有這些都只是同這種文學的左翼陣線相聯繫,一般而言也就是同自身具有革命性的文學組織直接聯繫。剩下的作家,包括那些無疑是民主、愛國觀點的擁護者,還不說自由主義者、親西方主義者、現代主義者,全被排斥在視野之外。明確地說,無疑屬於20年代末至30年代大作家之一的、幾十部長篇小說和大量其他作品的作者、1938年主持「中華全國文學藝術家抗敵聯合會」的老舍,僅只是在1944年才第一次被介紹給我們的讀者(一篇短篇小說和生平介紹)〔註21〕。」〔註22〕

索羅金說,俄蘇對「現代中國文學研究的新階段開始於40年代末,中華人民共和國成立之前。這以 O. 費什曼〔註23〕(發表在《列寧格勒大學學報》)、Л. 艾德林〔註24〕(《旗幟》雜誌,《科學院學術公報》)、Н. 費德林〔註25〕(《布

〔註20〕 К. И. 戈雷金娜、В. Ф. 索羅金:《中國文學研究在俄羅斯》,莫斯科:俄羅斯科學院東方文學出版公司,2004年版,第35~36頁。

〔註21〕 據現有資料,老舍的名字最早在蘇聯出現,是1943年《外國文學》月刊第一期上發表的《中國作家對十月革命25週年的賀信》俄譯文,上面有老舍的簽名。一年以後,1944年莫斯科出版了《中國短篇小說選》,其中收有女漢學家 Л. 波茲德涅耶娃(Людмила Дмитриевна Позднеева,1908~1974)翻譯的老舍抗戰期間寫的短篇小說《人同此心》,但譯者將這篇小說的標題改作《在被侵佔的城市中》,這無疑符合戰時蘇聯方面宣傳的需要。

〔註22〕 К. И. 戈雷金娜、В. Ф. 索羅金:《中國文學研究在俄羅斯》,莫斯科:俄羅斯科學院東方文學出版公司,2004年版,第36頁。

〔註23〕 奧列加·拉札列芙娜·費什曼(Ольга Лазаревна Фишман,1919~1986),1919年生於敖德薩。1941年畢業於列寧格勒大學語文學系。1946年以論文《歐洲對李白的學術研究》獲語文學副博士學位。1965年以論文《啓蒙時期的中國長篇小說》獲博士學位。1946~49年在列寧格勒大學任教。1958年起為科學院東方研究所列寧格勒分所研究員,1962年晉升為高級研究員。

〔註24〕 列夫·札爾曼諾維奇·艾德林(Лев Залманович Эйдлин,1910~1985),生於契爾尼戈夫市。1937年畢業於莫斯科東方學院。1942年以論文《白居易的

爾什維克》雜誌），還有當時還是學生的 B. 彼得羅夫〔註26〕（《星》雜誌）的
一系列論文爲標誌。當時出現了以近年來在由中國共產黨人控制的解放區創
作的作品爲基礎的翻譯潮流。它們中有丁玲、趙樹理、周立波的長篇小說，
還有大量小型體裁，如短篇小說、詩歌、特寫等作品。一般說來，譯文都帶
有引言和評論。1953 年出版了第一部關於中國現代文學的書，即 H. T. 費德林
的《現代中國文學概論（Очерки современной китайской литературы）》（莫斯
科：國家文學出版社，1953 年版）。」〔註27〕

　　索羅金評論費德林的上述著作說：「該書的前半部分由 20～40 年代新文
學的奠基人和大師的肖像——魯迅、茅盾、郭沫若構成。如果說魯迅和茅盾
的名字在俄羅斯已經或多或少地爲人所共知，那麼詩人、劇作家、學者和社
會活動家郭沫若的名字被詳細敘述還是第一次。」而「那些年代的其他著名
作家被注意力忽略了。接下來的一章《新階段》以相當概略的形式敘述了從
抗日戰爭開始到中華人民共和國成立的政治及與其相應的文學環境的發展，
關於文學解放戰線的形成，關於 1949 年夏天召開的文學藝術工作者第一次代
表大會以及新的創作機構的建立。」索羅金寫道，與當時中國的官方路線相
適應，費德林這本書「強調了毛澤東關於文學藝術的講話的綱領性意義，確
定它『依據列寧、斯大林的美學原則。』」因此「該書的作者充滿信心地得出
結論：中國文學是沿著社會主義現實主義的道路發展的。」〔註28〕索羅金寫

　　　　四行詩》獲語文學副博士學位，1969 年獲博士學位。1937～1952 年先後在莫
　　　　斯科東方學院、軍事外語學院任教。1944 年起爲蘇聯科學院東方學研究所研
　　　　究員。

〔註25〕　尼古拉・特洛菲莫維奇・費多連科（Николай Трофимович Федоренко，漢名
　　　　費德林，1912～2000），出生於皮亞吉戈爾斯克。1937 年畢業於莫斯科東方學
　　　　院。1943 年獲語文學博士學位。1939～1968 年在蘇聯外交部工作，曾任蘇聯
　　　　駐華使館參贊（1950～1952）、駐日本大使（1958～1962），蘇聯常駐聯合國
　　　　及安理會代表（1963～1968）。1957 年起兼任科學院東方學研究所研究員，1958
　　　　年升任高級研究員並被選爲蘇聯科學院通訊院士。

〔註26〕　維克多・瓦西里耶維奇・彼得羅夫（Виктор Васильевич Петров，1929～1987），
　　　　出生於列寧格勒，1951 年畢業於列寧格勒大學東方系，1959 至 1960 年在中
　　　　國進修。自 1957 年起爲蘇聯作家協會會員。從 1951 至 1987 年一直任列寧格
　　　　勒大學東方系教師。

〔註27〕　К. И. 戈雷金娜、B. Ф. 索羅金：《中國文學研究在俄羅斯》，莫斯科：俄羅斯
　　　　科學院東方文學出版公司，2004 年版，第 36 頁。

〔註28〕　К. И. 戈雷金娜、B. Ф. 索羅金：《中國文學研究在俄羅斯》，莫斯科：俄羅斯
　　　　科學院東方文學出版公司，2004 年版，第 36～37 頁。

道：「接下來的各章按主題分類的原則設立：《改造農村的主題》、《工人階級的主題》等等。《詩歌與歌曲》《蘇聯文學在中國》講述了解放區的文學。發生在現代文學之前的一切，都只能在關於上述三位傑出大師（即魯迅、茅盾、郭沫若——譯者）的論述中找到反映。」索羅金指出：「在選擇作家和作品，以及對他們的評價上，本書作者是緊隨中國官方評價的，因爲此時的中國已經沒有其他可供選擇的答案了。」〔註29〕

又過了三年，1956 年，H. 費德林在上一部著作的基礎上又出版了新的概論——《中國文學：中國文學史概論（Китайская литература：Очерки по истории китайской литературы)》（莫斯科：國家文學出版社，1956 年版）。這一版的規模比上一本書加大了兩倍，增加了很長的一章《文學傳統》，對近三千年中國文學史做了簡要概括。索羅金評論這一章說：「作者特別強調了它的著名代表人物所具有的愛國主義、愛人民、同情被壓迫者，以及高度的藝術技巧、多樣的形式、情節和形象。按照作者的觀點：『這是新文學珍貴的傳統』。」但他又指出這一章的缺點是：「更具體的繼承性的題目在書中沒有展開。」〔註30〕

索羅金認爲：「（費德林）書中新的東西是《文學革命》一章，講了新文學最初的兩個十年。某種程度上，論述它的傑出作家的是最後幾章，這裡講的是主要發生在左翼陣線的文學過程。在這一部分佔據明顯位置的是丁玲的創作，但她的名字過了一年就成爲忌諱，很快從我們的出版物和圖書目錄中被刪除了。」「在《反對文學和文藝學中的資產階級影響的鬥爭》一章裏，敘述了第一批思想清洗。」「在對個人給予專門介紹的藝術家中，補充了老舍、小說家趙樹理和詩人艾青。」索羅金對費德林這部書總的評價是：「在不同時代的限制下，費德林的書都表現爲不只是對當時中國文學的最有代表性的概論，而且直到今天它仍是在現代中國文學方面惟一的一部概括性的著作。」〔註31〕

索羅金還介紹了在費德林書之前不久問世，「在敘述性質上略有不同的」

〔註29〕 К. И. 戈雷金娜、В. Ф. 索羅金：《中國文學研究在俄羅斯》，莫斯科：俄羅斯科學院東方文學出版公司，2004 年版，第 37 頁。

〔註30〕 К. И. 戈雷金娜、В. Ф. 索羅金：《中國文學研究在俄羅斯》，莫斯科：俄羅斯科學院東方文學出版公司，2004 年版，第 37 頁。

〔註31〕 К. И. 戈雷金娜、В. Ф. 索羅金：《中國文學研究在俄羅斯》，莫斯科：俄羅斯科學院東方文學出版公司，2004 年版，第 38 頁。

Л. 艾德林的《論我們今天的中國文學（О китайской литературе наших дней）》
（莫斯科：現代作家出版社，1955 年版）。索羅金寫道，這本書「包括論古代
和現代文學（20～30 年代）的部分，而後一部分談的幾乎只是魯迅。」他指
出：「在《我們今天的文學》的基本部分……敘述以單一的線索進行，沒有劃
分時代和體裁，沒有單個人物的區分。它從屬於社會進程的飛快旋律，（中國）
國內發生並反映到文學中的這樣或那樣的事件。按作者的觀點，這些現象在
他所選擇的作品中，都能找到特別眞實的反映。」索羅金寫道：「但無論是他
所提到的得到公認的作家們的長篇小說，還是短篇小說，後來都沒能看出這
一點。」不過，他肯定了艾德林這部書的優點是：「單純的文學巡禮被寫得很
生動，觀察清楚，注意細節。」〔註 32〕

　　索羅金認爲，艾德林這部著作「明顯地被塞進反映了寫作時的 50 年代初
期那種現實意識形態的東西……黨的領導及其對文學創作的有益影響的主題
貫穿全書。引用黨的活動家的言論，黨的出版物的意見，並且任何批評意見
都是無爭議地被接受，很多引文都來自思想運動的材料。」他指出：「從另一
方面說，作者本人也沒有發現他所選擇的作品的缺點，沒有看到在年輕的中
華人民共和國文學中的『成長的病態』。」他說：「在書中，在大量翻譯作品
的序言中，在評論中，關於新文學都是正面的，除非說點『囉嗦』、『結構鬆
散』等等。只是在那樣一種情況下有例外，即當這個或那個作家或文學現象，
遭到中華人民共和國官方批評的時候，但對此儘量少寫。」〔註 33〕

　　筆者曾在以前寫的一篇文章裏，提到 20 世紀中蘇文學交流存在著一種
「錯位式」接受的情況，具體說來就是如「中國文藝『反修』期間除了以毛
澤東關於無產階級專政和防止資本主義復辟的理論爲評價標準，對蘇聯文論
做出『逆反』式接受以外，還時常融入斯大林時期的一些傳統文論觀點，作
爲批判『蘇修』的理論武器，從而實際上又形成了對蘇聯文論的『錯位式』
接受。」〔註 34〕索羅金對蘇聯漢學家上世紀 50～60 年代有關中國當代文學著
作的評論，也體現了這種交流特點。我們說，中國 20 世紀社會主義文學運動

〔註 32〕К. И. 戈雷金娜、В. Ф. 索羅金：《中國文學研究在俄羅斯》，莫斯科：俄羅斯
　　　　科學院東方文學出版公司，2004 年版，第 38 頁。
〔註 33〕К. И. 戈雷金娜、В. Ф. 索羅金：《中國文學研究在俄羅斯》，莫斯科：俄羅斯
　　　　科學院東方文學出版公司，2004 年版，第 38 頁。
〔註 34〕筆者《中國文藝「反修」時期對蘇聯文論的「逆反－錯位式」接受》，《湘南
　　　　學院學報》，2013 年第 6 期，第 33 頁。

從一開始就受到蘇聯文學的深刻影響。儘管自 40 年代延安解放區文藝運動以來，中共對蘇聯文壇經驗做了一定的選擇性吸納和本土化改造，但在 50～60 年代的新中國文藝中，蘇聯影響仍是主流。而當蘇聯在 50 年代出現「解凍文學」思潮，提出「寫眞實」「揭露陰暗面」「干預生活」等文學口號的時候，雖然中國方面也有所呼應，出現了一些「離經叛道」的作品，但隨即被反右鬥爭壓制下去，中國文壇實際上秉承的還是蘇聯 30～40 年代「社會主義現實主義」文藝路線所提倡的創作原則。而這時的蘇聯漢學家，一方面由於自己習慣的思維定勢，延續「社會主義現實主義」的評價標準，認爲這樣的創作才是文學正路；另一方面也由於當時中蘇兩國的蜜月關係，出於政治和外交的需要，對中國當代文學儘量做出肯定性的評價，於是只能隨著中國國內的政治導向來決定對作家作品的褒貶。因此這一時期的蘇聯漢學家對新中國文藝做出充分肯定的評價，實在是雙方思想觀念和審美趣味高度契合共鳴的結果。這在今天文藝觀念已經發生劇變的如索羅金這樣的俄羅斯漢學家看來，自然就歸於謬誤了。索羅金對 50 年代蘇聯漢學家評論中國文學的著作所作的批評，正反映了 20 世紀中蘇文學交流嚴重受政治干擾和影響的歷史實況。

索羅金接下來寫道：「除了上述著作和大量的文章、小冊子之外，50 年代還出版了兩本關於新詩的著作：B. 彼得羅夫寫的簡短的生平概要《艾青》（1954 年）〔註35〕和 C. 馬爾科娃〔註36〕的論抗日戰爭時期詩歌的研究專著〔註37〕，這樣就在文藝學中開始了關於單個作家、戲劇家、詩人的研究專著的時期。」〔註38〕

索羅金指出：「位於研究者關注中心第一位的自然是魯迅。在 10 年時間內（從 1949～1960 年）出版了一些文章和四部關於偉大作家的書：首先是

〔註35〕 В. В. Петров: Ай Цин: Критико-библиографический очерк Москва: Гослитиздат, 1954.

В.В. 彼得羅夫：《艾青評傳》，莫斯科：國家文學出版社，1954 年版。

〔註36〕 斯維特蘭娜‧達尼洛夫娜‧馬爾科娃（Светлана Даниловна Маркова，漢名馬雪蘭，1923～2001），漢學家，1955 年獲語文學副博士學位，中國知識分子問題研究專家。

〔註37〕 Маркова С. Д.: Китайская поэзия в период национально-освободительной войны 1937~1945 гг.-М.: Из-во Восточной литературы, 1958.

С. Д. 馬爾科娃：《1937～1945 年民族解放戰爭期間的中國詩歌》，莫斯科：東方文學出版社，1958 年版。

〔註38〕 К. И. 戈雷金娜、В. Ф. 索羅金：《中國文學研究在俄羅斯》，莫斯科：俄羅斯科學院東方文學出版公司，2004 年版，第 38～39 頁。

Л. Д. 波茲德涅耶娃〔註 39〕發表的系列論文〔註 40〕和她爲《優秀人物生平（Жизнь Замечательных Людей）》寫的《魯迅（Лу Синь）》（莫斯科：青年近衛軍出版社，1957 年版），然後是 В. 索羅金論作家早期創作的專著《魯迅世界觀的形成（Формирование мировоззрения Лу Синя）》（莫斯科：東方文學出版社，1958 年版）和 Л. 波茲德涅耶娃的大部頭專著《魯迅：生平與創作（1881～1936）（Лу Синь：Жизнь и творчества）》（莫斯科：莫斯科大學出版社，1959 年版），最後是 В. В. 彼得羅夫的著作《魯迅：生活與創作概論（Лу Синь：Очерк жизни и творчества）》（莫斯科：國家文學出版社，1960 年版）。」他寫道：「正如後兩本書的標題所顯示的，這兩部書是同類型的：它們掌握了作家生活與創作道路的基本階段，敘述了他的思想進化，參加文學和思想鬥爭，揭示了他的藝術作品的形象層面，他的政論文章的主題，與世界、特別是與俄羅斯及蘇聯文學的聯繫。無論是立場還是評價基本上都是相似的，都與當時中國建立的那套東西相一致。」〔註 41〕

　　索羅金比較了波茲德涅耶娃和彼得羅夫論魯迅專著的區別，他認爲這兩部著作的區別表現「在重點上，在對魯迅多方面的創作活動、他的單個作品不同重點的理解上。」他說：「波茲德涅耶娃特別注意作家的政論，有時在時代精神中（本書寫作於 50 年代前半期）無根據地突出某些點。如書中用 20 多頁的篇幅寫了《魯迅對美國生活方式的揭露》，而實際上只是對美國政府的遠東政策和美國電影的批評意見。同時談論魯迅的『藝術方法』只用了 4 頁。

〔註39〕柳鮑芙・德米特里耶夫娜・波茲德涅耶娃（Любовь Дмитриевна Позднеева，1908～1974），出生於聖彼得堡，1932 年畢業於列寧格勒大學。1946 年以論文《元稹的〈鶯鶯傳〉》獲語文學副博士學位。1932～1939 年在中國列寧學校及國立遠東大學任教。1944 年以後在莫斯科大學歷史系任教，1949～1959 期間爲該校附屬東方語學院語文學系漢語文學教研室主任。

〔註40〕Из публицистических произведений Лу Синя. —— ученые записки Тихоокеанского института Академии наук. Т.3, 1949. / Великая Октябрьская социалистическая революция и творческий путь китайского писателя Лу Синя. —— Вести. МГУ. Филология.1951, №7. / Борьба Лу Синя за культуру новой демократии в Китае. —— Вести. МГУ. Филология. 1952, №11. и т. д.
《魯迅雜文選》（《科學院太平洋研究所學術公報》第 3 卷，1949 年）；《偉大的十月社會主義革命和中國作家魯迅的創作道路》（《莫斯科大學學報》，語文學卷，1951 年第 7 期）；《魯迅爲中國新民主主義文化的鬥爭》（莫斯科大學學報，語文學卷，1952 年第 11 期）等。

〔註41〕К. И. 戈雷金娜、В. Ф. 索羅金：《中國文學研究在俄羅斯》，莫斯科：俄羅斯科學院東方文學出版公司，2004 年版，第 39 頁。

在 B. 彼得羅夫的書中吸引人的是說明的深思熟慮和準確性，立論細緻的文獻性，特別是在描述魯迅在當年文學論爭中的傾向和把他的作品說成是俄蘇文學在中國的宣傳者的時候。他還特別細緻而又有說服力地分析了一些如《野草》那樣的複雜作品。」〔註42〕

索羅金對他自己的專著《魯迅世界觀的形成》做了這樣的介紹：「書中第一次對魯迅早期的科學政論和歷史文學作品進行了細緻的分析，還有他最初的藝術嘗試，其中包括鮮為人知的短篇小說《往事》。」他認為自己這樣來「說明天才小說《阿 Q 正傳》是恰當的」，即「它是『對有歷史原因的中國人的民族性格缺點懷著愛國主義悲痛的描寫。』」〔註43〕

蘇聯在上世紀 60 年代還出版了一部很有分量的魯迅研究專著，那就是 B. И. 謝曼諾夫的《魯迅和他的前驅（Лу Синь и его предшественники）》（莫斯科：科學出版社，1967 年版）。索羅金評論此書說：「在這本書裏，魯迅的創作被同世紀初被稱為『譴責小說』的那些作品進行比較。這是細緻的、同時也是機敏的在不同水平上的比較：思想主題的、形象的、語言的，並能明確指出作家的創新，以及他與傳統聯繫的線索。」索羅金指出，這本書「第一次提出了西方美學對早期魯迅影響的問題。」他寫道：「這本書引起知識界的興趣，並在美國和中國翻譯〔註44〕出版。」〔註45〕

在魯迅研究方面，索羅金還提到 Л. 艾德林為《世界文學書庫》「魯迅」卷寫的序言——《論魯迅的小說（О сюжетной прозе Лу Синя）》（莫斯科：藝術文學出版社，1971 年版）。他寫道：「這是我們這裡把魯迅作為一個藝術家和人來寫的一篇優秀文章，在不可避免的壓縮中全篇被寫得很優美細緻，富於想像和具有說服力。」〔註46〕

蘇聯在上世紀 60 年代出版的中國現代文學研究著作，還有 M. E. 施涅傑

〔註42〕K. И. 戈雷金娜、B. Ф. 索羅金：《中國文學研究在俄羅斯》，莫斯科：俄羅斯科學院東方文學出版公司，2004 年版，第 39 頁。

〔註43〕K. И. 戈雷金娜、B. Ф. 索羅金：《中國文學研究在俄羅斯》，莫斯科：俄羅斯科學院東方文學出版公司，2004 年版，第 39 頁。

〔註44〕中譯本《魯迅和他的前驅》，李明濱譯，長沙：湖南文藝出版社，1987 年出版。

〔註45〕K. И. 戈雷金娜、B. Ф. 索羅金：《中國文學研究在俄羅斯》，莫斯科：俄羅斯科學院東方文學出版公司，2004 年版，第 39～40 頁。

〔註46〕K. И. 戈雷金娜、B. Ф. 索羅金：《中國文學研究在俄羅斯》，莫斯科：俄羅斯科學院東方文學出版公司，2004 年版，第 40 頁。

爾〔註 47〕寫的《瞿秋白的創作道路（1899～1935）（Творческий путь Цюй
Цюбо）》（莫斯科：科學出版社，1964 年版）。索羅金寫道，在這本書中「瞿
秋白被以 30 年代初左翼文學運動的著名理論家、同文學的階級性與黨性的
反對者進行論戰的馬克思主義美學和蘇聯文學的宣傳家而加以介紹。作者強
調指出，在瞿秋白宣稱的『無產階級現實主義』方法中，他提出了建立在現
實主義之上的，描寫生活真相的觀點，但同時對中國古典文化的意義認識不
足。」〔註 48〕

　　索羅金本人在 1962 年出版了一部專著《茅盾的創作道路（Творческий
путь Мао Дуня）》（莫斯科：科學出版社，1962 年版），他評價自己的這本著
作說：「注意到茅盾文學活動的巨大和多方面性質。」他說：「儘管藝術家的
面貌在這本書中被介紹得還不是十分全面的，由於當時在莫斯科缺少更多的
材料，而且就是在中國本國對作家創作的研究也很薄弱，並且被簡化了。」
索羅金寫道，他「這本書的中心主題是『茅盾是現實主義藝術的宣傳者』、
『有意義的』藝術理論的創立者，並試圖將其付諸實踐。書中主要以思想主
題方面的形式劃分，介紹了作家在 20～40 年代的基本作品（後來他就放棄了
藝術創作）。」〔註 49〕

　　1966 年中國爆發「文化大革命」，現代文學大師之一老舍在這場動亂中被
迫害致死，這一悲劇反向刺激了當時正值中蘇交惡的蘇聯追思、紀念老舍和
翻譯研究老舍作品的熱情。1967 年出版了時任蘇聯科學院東方學研究所研究
員的 А. А. 安季波夫斯基（Александр Андреевич Антиповский，1923～？）
的專著《老舍的早期創作：主題、人物、形象（Раннее творчество Лао Ше）》
（莫斯科：科學出版社，1967 年版）。索羅金寫道：「其中介紹了他（老舍）
直到抗日戰爭之前最初 10 年的創作，當時作家創作了自己小說中最有分量的
部分。」索羅金說：「安季波夫斯基通過轉述帶有注釋的內容，介紹了它們中
的每一部作品，他在研究中努力展示（作家創作的）穩定性，儘管體裁和主
題多樣，但無論是人道精神還是揭露傾向，在其作品中都有。」索羅金特別

〔註 47〕馬爾克·葉甫謝耶維奇·施涅傑爾（Марк Евсеевич Шнейдер，1921～1981），
　　　　東方學家、翻譯家。1977 年獲語文學博士學位。
〔註 48〕К. И. 戈雷金娜、В. Ф. 索羅金：《中國文學研究在俄羅斯》，莫斯科：俄羅斯
　　　　科學院東方文學出版公司，2004 年版，第 40 頁。
〔註 49〕К. И. 戈雷金娜、В. Ф. 索羅金：《中國文學研究在俄羅斯》，莫斯科：俄羅斯
　　　　科學院東方文學出版公司，2004 年版，第 40 頁。

指出：「作者第一次論述了被認爲是（老舍）早期思想的不被接受的諷刺小說
《貓城記》，它被 B. 謝曼諾夫翻譯，成爲我們這裡最受讀者關注的中國作品，
讀者們從中看到了『文化革命』悲劇的預言，而它的作者也成了犧牲品。老
舍在安季波夫斯基的書中被列入與那個時代的文學和思想進程相脫離的『孤
立的和被限制的作家』。」他還說：「對於外國人來說，揭示作家藝術技巧獨
創性的任務是十分複雜的，因爲它首先包含在活生生的北京口語的藝術掌握
中。」〔註50〕

　　1983 年，蘇聯出版了遠東國立技術大學（ДВГТУ）東方學院教師奧列
加・彼得羅夫娜・博洛京娜（Ольга Петровна Болотина，漢名羅金蘭，？～
2011）的《老舍戰爭年代的創作（1937～1949）（Лао Шэ. Творчество военных
лет）》（莫斯科：科學出版社，1983 年版），這本書「論述的是他在戰爭期間，
不只是作爲作家，而且作爲公民的活動」。書中第一次向蘇聯讀者介紹了老舍
作爲「中華全國文學藝術工作者抗敵大同盟」領導人的詳細情況。索羅金評
論道：「書中第一次分析了（老舍）其他小說作品中的三卷本《四世同堂》，
不僅是篇幅，而且是思想上的巨大意義。她還對這本書未被俄國讀者所知表
示了遺憾，儘管這只是作者簡略的一說。」〔註51〕

　　索羅金寫道：「在我國文藝學中對 30～40 年代文學中心人物之一的巴金
瞭解較少，儘管他的書在我國的譯本早就有了。除了對他譯本的序言（主要
是 B. 彼得羅夫寫的）以外，問世的只有一部關於巴金的小冊子，即尼科里斯
卡婭〔註52〕的《巴金：創作概論（Ба Цзинь：Очерк творчества）》（莫斯科：
莫斯科大學出版社，1976 年版），提供的僅只是關於這位多產的和多方面的作
家的簡要介紹。」〔註53〕

〔註50〕К. И. 戈雷金娜、В. Ф. 索羅金：《中國文學研究在俄羅斯》，莫斯科：俄羅斯
　　　　科學院東方文學出版公司，2004 年版，第 41 頁。

〔註51〕К. И. 戈雷金娜、В. Ф. 索羅金：《中國文學研究在俄羅斯》，莫斯科：俄羅斯
　　　　科學院東方文學出版公司，2004 年版，第 41 頁。

〔註52〕麗吉婭・亞歷山大洛夫娜・尼科里斯卡婭（Лидия Александровна
　　　　Никольская）。1948 年畢業於莫斯科大學東方學院，隨即被派到中東鐵路任漢
　　　　語翻譯。回國後任莫斯科大學語系中國現代文學教授 Е. 濟寧的翻譯。後被
　　　　推薦到高爾基世界文學研究所做研究生。讀研期間翻譯了一系列中國現代文
　　　　學作品。1961 年在東方研究所答辯通過副博士學位論文。自 1958 年起任莫
　　　　斯科大學亞非學院中國語文文學教師。

〔註53〕К. И. 戈雷金娜、В. Ф. 索羅金：《中國文學研究在俄羅斯》，莫斯科：俄羅斯
　　　　科學院東方文學出版公司，2004 年版，第 41 頁。

蘇聯時期出版的對中國新文學開始時期的研究著作，還有 B. 阿德日馬穆多娃的（Виола Сергеевна Аджимамудова）《郁達夫與文學社團「創造社」（Юй Дафу и литературное обшество〈творчертво〉)》（莫斯科：科學出版社，1971年版）。索羅金評論這部書說：「專著由大小相當、各有特點的兩部分組成。第一部分是對傾向於浪漫主義的社團『創造社』活動的詳細的文學史研究（如作者所說，帶有很大的矯揉造作成分）。第二部分，是關於小說家、隨筆作家、詩人郁達夫的專論，他直到 30 年代中期都在文學舞臺上佔據重要位置。作者確定作家創作的性質特點是酷愛『懺悔體裁』，和『帶有自發性和言不盡意性的感傷抒情小說』。」索羅金指出：「阿德日馬穆多娃的觀點既令人信服又有獨創性，在她之前關於這種情節沒有誰寫過詳細和基本的東西。」〔註 54〕他還指出，由於阿德日馬穆多娃寫作此書正值中國「文化大革命」期間，這使她無法獲得更多的來自中國方面的參考資料，因此更顯得難能可貴。

索羅金說，儘管中國「文化大革命」期間中蘇兩國關係降到冰點，兩國文化交往也幾近中斷，但「我國學者的反應沒有停留在等待——開始是在雜誌上，以後是在圖書出版物上」出現了大批評論中國當時文學路線和狀況的文章。除了當時站在蘇聯官方立場上攻訐中國文藝路線政策的理論著作之外，「對新文學的實證研究絕不是停止了，繼續出版書籍、文章、譯著，召開學術討論會。」他說，這中間「特別值得一提的是 Л. 切爾卡斯基〔註 55〕論 20～30 年代詩歌的大作《中國新詩（Новая китайская поэзия：20～30-е годы）》（莫斯科：科學出版社，1972 年版)」。索羅金寫道：「切爾卡斯基重現了廣闊同時又詳細的中國新詩在最初兩個十年——從它誕生到抗日戰爭前——發展的畫面。介紹了所有主要的傾向和流派，其中有：現實主義者（徐玉諾、汪靜之等等）、浪漫派詩人（朱自清、王獨清）、象徵主義者（李金發）、『新月派』（徐志摩、朱湘）、『民族戰線』詩歌（蒲風）。」他說，作者「對每一個詩人都或多或少地盡可能展開客觀的說明，展示其『面貌的與眾不同』。」索

〔註 54〕К. И. 戈雷金娜、В. Ф. 索羅金：《中國文學研究在俄羅斯》，莫斯科：俄羅斯科學院東方文學出版公司，2004 年版，第 41～42 頁。

〔註 55〕列昂尼德‧葉甫謝耶維奇‧切爾卡斯基（Леонид Евсеевич Черкасский，漢名車連義，1925～2003），1925 年生於基輔省契爾卡斯市。1961 年畢業於軍事外語學院，1965～1966 年在中國進修。1962 年以論文《曹植的詩》獲語文學副博士學位。1971 年以論文《20 年代的中國新詩》獲博士學位。1960 年起任科學院東方研究所研究員，1973 年晉升為高級研究員。1992 年移居以色列，任耶路撒冷希伯來大學教授，2003 年逝世。

羅金寫道：「必須指出的是，這些詩人中的許多人在當時的中國抑或是全然被忽略，抑或是在消極意義上被提到。」他指出，這本書的作者「詳細分析了基本的體裁——從小型詩歌到史詩性的長詩，基本的形式——從自由體詩到歐洲格律詩。」〔註56〕

Л. Е. 切爾卡斯基在 1980 年出版了繼續這方面研究工作的專著《戰爭年代的中國詩歌：1937～1949（Китайская поэзия военных лет 1937～1949）》（莫斯科：科學出版社，1980 年版），這是一部論中國抗日戰爭和國內革命戰爭時期詩歌的著作。索羅金指出：「嚴酷的年代給詩歌打上烙印。首先出現的是不同色調的愛國主義詩歌，從英雄氣概的到犧牲的。政論因素經常代替抒情的，過去年代的詩歌流派消失了。這很自然是在研究的性質上說的，在這種研究中，公民激情排擠掉了美學的分析，儘管詩歌形式還是被注意到了。看來對戰爭詩歌悲劇的一面注意不夠，部分的是因為缺少當年最有力量的作品之一——黃寧嬰的長詩《潰退》（它僅只在書目中提到）。」索羅金寫道：「在 1993 年出版了 Л. 切爾卡斯基的書《艾青——太陽的使者（Ай Цин——подданный Солнца）》（莫斯科：科學出版社，1993 年版），用作者的話來說，這位著名的詩人通過漫長的、飽經考驗的一生，保持了對善與道德純潔的信念。」〔註57〕

索羅金在文中還介紹了蘇聯和後來俄羅斯出版的研究中國現代戲劇家創作的情況。其中有 Л. 尼科里斯卡婭的《曹禺：創作概論（Cao Юй .Очерк творчества）》（莫斯科：莫斯科大學出版社，1984 年版）。他說：「而材料範圍更廣泛的是 B. 阿德日馬穆多娃論另一位著名的和多樣化的劇作家田漢的書《田漢——時代背景上的肖像（Тянь Хань. портрет на фоне эпохи）》（莫斯科：俄羅斯科學院東方文學出版公司，1993 年版）。在這部著作中詳細分析了田漢創作的進化（從 20 年代到 60 年代），展示了與國內社會政治、特別是戲劇生活的緊密聯繫。在著作中介紹了作為（中國）話劇史上大師之一的田漢的大量材料，引起了對綜合的、戲劇文學研究的評價。」索羅金還介紹了 H. 斯別什涅夫〔註58〕的創新性研究巨著《中國俗文學：說唱體裁（Китайская

〔註56〕К. И. 戈雷金娜、В. Ф. 索羅金：《中國文學研究在俄羅斯》，莫斯科：俄羅斯科學院東方文學出版公司，2004 年版，第 42～43 頁。

〔註57〕К. И. 戈雷金娜、В. Ф. 索羅金：《中國文學研究在俄羅斯》，莫斯科：俄羅斯科學院東方文學出版公司，2004 年版，第 43 頁。

〔註58〕尼古拉·阿列克謝耶維奇·斯別什涅夫（СпешневНиколай Алексеевич，漢名

простонародная литература：Песенно-повествовательные жанры)》（莫斯科：
科學出版社，1986 年出版）。他說：「關於這種沒有音樂伴奏和戲劇因素就不
存在的文學文本的特殊現象，斯別什涅夫以個人實感和筆記爲基礎做了詳細
具體的講述。」〔註 59〕

　　索羅金介紹說：「在 80～90 年代再版了許多作品，還補充了早先沒有翻
譯的革命前著名作家的作品，並且在相應的文章中內容更充分和客觀地說明
了它們。」他說，這其中「第一位的就是引起讀者興趣的文學家和藝術理論
家錢鍾書的創作〔註 60〕。同時還有一些那個時代文學中存在的現象處於未被
研究狀態，如以沈從文爲首的『京派小說』、鄉土文學和現代主義傾向文學等
等。」〔註 61〕

　　以上屬於俄蘇研究中國「文化大革命」之前文學的情況。對於「文革」
之後 70 年代末興起的「新時期」文學在俄蘇的研究情況，索羅金在文中也做
了簡要介紹。他說：「我們的文學工作者……表現出了對他們應有的興趣：出
版了譯文集《當代中國小說（Современная китайская проза）》（莫斯科：虹出
版社，1988 年版）等等。」索羅金指出，這一時期俄蘇方面的評論與研究
「在序言和批評論文中指出了（中國）出版書籍和文學雜誌數量的大量增
長，主題的前所未有的擴展，對不久前發生的事件的尖銳批評觀點，體裁、
風格和形式的多樣。」他指出這一時期中國文學的特點是：「在那些年的文藝
學出版物上出現了大量新的名字，也重現了一些在那個時代被推入陰影的
老作家的名字。沒有忽略潛在的傾向與主題的更替，出現了新的類型定義，
諸如『傷痕文學』、『尋根文學』、『最初的先鋒派體驗』、『新現實主義』等
等。」他說：「不能不看到文學隊伍中所謂保守派與革新派的爭論，以及意識
形態領導者觀點的改變——從宣佈『創作自由』到反對『資產階級自由化』

司格林，1931～2011），出生於中國北京，1947 年初隨家人回到祖國，中學畢
業後進入列寧格勒大學東方系中文專業學習，同時擔任對大學生的漢語口語
實踐課。從 1957 年開始做助教，1968 年以論文《中國元音的發音特點》獲語
文學副博士學位，1974 年晉升爲副教授。1986 年出版專著《中國俗文學》，
1987 年獲語文學博士學位，1989 年晉升爲教授。

〔註 59〕К. И. 戈雷金娜、В. Ф. 索羅金：《中國文學研究在俄羅斯》，莫斯科：俄羅斯
科學院東方文學出版公司，2004 年版，第 43 頁。

〔註 60〕俄譯本《圍城》（Осажденная крепость），В. 索羅金譯，莫斯科：藝術文學出
版社，1989 年出版。

〔註 61〕К. И. 戈雷金娜、В. Ф. 索羅金：《中國文學研究在俄羅斯》，莫斯科：俄羅斯
科學院東方文學出版公司，2004 年版，第 43～44 頁。

的鬥爭。國際接觸和視野的擴展得到確證，西方文學和文藝學流派的影響得到增強。」〔註62〕

　　索羅金指出：「上述這些問題首先是在 1983 年以後問世的當時著名的『新時期文學』代表作品譯文的序言中談到，如王蒙、古華、劉心武、馮驥才、張辛欣、張潔，還有在雜誌上的文章中，如出自 Л. 艾德林、Б. 李福清、В. 謝曼諾夫、В. 索羅金、А. 熱洛霍夫釆夫、Е. 法捷耶娃等人之手的文章。關於當前文學生活的信息和作品內容概述的嘗試在遠東研究所出版的信息公報和《中華人民共和國年鑒》中都有。」〔註63〕在這裡，索羅金承認了目前俄羅斯研究中國當代文學面臨的兩大困難，即一，研究隊伍老化和人員不足，「他們的隊伍變得稀疏，並幾乎沒有得到補充」；二是「因圖書交換的減少和在中國本國概括性的著作數量很少而有困難」。因此他說：「這僅只是嚴肅地研究今日中國文學的開始」。不過，他也滿懷信心地表示：「眼下的困難能被扔在後面，我們同革新的中國文化的接觸將重新充滿力量。」〔註64〕

〔註62〕К. И. 戈雷金娜、В. Ф. 索羅金：《中國文學研究在俄羅斯》，莫斯科：俄羅斯科學院東方文學出版公司，2004 年版，第 44 頁。

〔註63〕К. И. 戈雷金娜、В. Ф. 索羅金：《中國文學研究在俄羅斯》，莫斯科：俄羅斯科學院東方文學出版公司，2004 年版，第 44 頁。

〔註64〕К. И. 戈雷金娜、В. Ф. 索羅金：《中國文學研究在俄羅斯》，莫斯科：俄羅斯科學院東方文學出版公司，2004 年版，第 44 頁。

第三章 20世紀俄蘇《文心雕龍》研究述略

俄羅斯是歐美國家中研究《文心雕龍》較早的一個，差不多與中國本國的現代《文心雕龍》研究同時開始。大約在 1918 年，後來成爲科學院院士的聖彼得堡大學教授、現代俄羅斯新漢學奠基人瓦西里‧米哈伊洛維奇‧阿列克謝耶夫（Василь Михайлович Алексеев，1881～1951）就在他爲出版《世界文學》而擬定的中文翻譯計劃中列入了《劉勰的詩學》〔註1〕。1920 年，他在爲世界文學出版社出版的《東方文學》一書撰寫的《中國文學》一章中，談到中國古代儒家的文道關係學說時，翻譯了《文心雕龍‧原道》篇的片段〔註2〕。這段文字也可以說是《文心雕龍》最早的俄文節譯文本。這時的阿列克謝耶夫首先注意到劉勰所謂「文」這個概念的複雜內涵，爲此他沒有把「文」簡單地譯成諸如「文學（литература）」、「文字（письмена）」或「文化（культура）」一類俄語中現成的術語，而只是音譯爲「Вэнь」，表現出他對解讀和翻譯這個概念的謹愼。他指出，劉勰「賦予文的概念更深刻的意思」，他

〔註1〕 Алексеев В. М. Труды по китайской литературе: В 2кн. Кн.1 / В. М. Алексеев; [Сост. М. В. Баньковская; Отв. ред. Б. Л. Рифтин]. М: Вост. Лит., 2002. с.91.
В. М. 阿列克謝耶夫：《中國文學著作集》，2 卷本第 1 卷，М.В. 班科夫茨卡婭編，責任編輯，Б. Л. 李福清，莫斯科：東方文學出版社，2002 年版，第 91 頁。

〔註2〕 Алексеев В. М. Китайская литература. Избранные труды. М. Наука, 1978, с.51~52.
В. М. 阿列克謝耶夫：《中國文學論文選》，莫斯科：科學出版社，1978 年版，第 51～52 頁。

把它理解爲「道的表現，準確地說，是某種與不可見的、受大自然支配的創造力相關聯的一切可見的東西。這樣一來，文就是高度智慧的表現，是溝通我們與絕對正確思想的聯繫的卓越的文辭。」〔註3〕

B. M. 阿列克謝耶夫是在中國傳統的「藝術批評」框架中來研究劉勰的《文心雕龍》的，這種批評框架包括諸如鍾嶸《詩品》的品第劃分、司空圖《二十四詩品》的詩性言說，以及後世各類詩話、詞話及小說評點的「由讀者和文學家建立的批評草稿和標記」，再有就是劉勰《文心雕龍》式的「整體、協調的結構」。〔註4〕阿列克謝耶夫認爲，在所有這些批評模式中，佔優勢的原則是「歷時性」，這也成爲由他奠定的俄羅斯《文心雕龍》研究的方法論基礎。阿列克謝耶夫指出，劉勰的著作「是作者在評價文學現象時表現出的，在深刻性上……最優秀的。」〔註5〕

B. M. 阿列克謝耶夫認爲，劉勰的功績在於他作爲一個中世紀的文學理論家而對中國文學歷史發展本質的精闢理解，這種文學表現在「（儒家的）幻影與（道家的）幻想的交替」。他寫道：「（劉勰）使用了道家的術語，它們來自那個時代，無疑影響到詩學詞典，稱外部的美、華麗的想像爲『繁彩』，同時作爲『果實』，它具有相反的因素——堅實的果實，它出自於花開之後，——這自然是染上儒家想像色彩的教諭性的古典主義。這樣一來，劉勰就一方面辨別出了帶有人性印記的古典美的詩人，和另一方面的，抽象的、形而上學美的詩人。」〔註6〕阿列克謝耶夫指出，這種中國文學的內部矛盾在中世紀隱藏在外部的「世界觀……二重性」之後：「用於正統標籤的儒家和內部理想探索的道家。」〔註7〕

阿列克謝耶夫對《文心雕龍》研究雖然著力不多，但作爲俄羅斯《文心雕龍》研究的開創者，他提出了許多啓發後人思考的問題，如他以劉勰的理論前驅——陸機《文賦》爲例提出了一個問題，即中世紀中國詩學存在著一個矛盾：它的理論家們「勉強區分散文和詩歌」。中國詩學中所說的「文」，「既

〔註3〕 B. M. 阿列克謝耶夫：《中國文學著作集》第 1 冊，第 68～69 頁。

〔註4〕 B. M. 阿列克謝耶夫：《中國文學著作集》第 1 冊，第 63 頁。

〔註5〕 B. M. 阿列克謝耶夫：《中國文學著作集》第 1 冊，第 87 頁。

〔註6〕 B. M. 阿列克謝耶夫：《中國文學著作集》第 1 冊，第 130、141 頁。

〔註7〕 Алексеев В. М. Китайская поэма о поэте: Стансы Сыкун Ту (837~908). Петроград, 1916. с.28.
B. M. 阿列克謝耶夫：《中國論詩人的長詩：司空圖〈詩品〉》，彼得格勒，1916 年版，第 28 頁。

是詩，又是散文，既不局限於形式，也不是體裁」；但「在談到散文和詩的體裁的時候，又強力擴展和強調了這種要求。」〔註8〕他對中國詩學中「文」的概念內涵的這一追問，後來成為許多研究中國古代文學理論的俄羅斯漢學家重點探索的課題。如蘇聯科學院東方學研究所女漢學家基拉‧伊萬諾夫娜‧戈雷金娜（Кира Ивановна Голыгина，1935～2009）在她 1971 年出版的專著《19 世紀至 20 世紀初中國的美文學理論》一書中，就以劉勰《文心雕龍》對各種文章體裁的定義，來說明中國古代「文」的各種體裁。2002 年答辯通過的莫斯科大學亞非學院教師 А. Б. 札哈里應（Алексей Борисович Захарьин）的文化學副博士論文，也以《古代中國「文」（文化）範疇的形成》〔註9〕為題，對自遠古至近代中國「文」的概念，作了相當全面的梳理和探討。此外，阿列克謝耶夫還把劉勰的《文心雕龍》歸入「藝術創作領域」，認為它「絕對有美的、合韻律的敘述特點」，「完整的、合韻律的結構」，它們全都存在於無論說是「論文」還是「理論」之中。〔註10〕對《文心雕龍》自身藝術性的探討，雖然現在還沒有看到有人做這方面工作，但相信今後也會成為包括俄羅斯在內的世界各國「龍學」傳人感興趣的話題。

　　進入 20 世紀 50 年代，中華人民共和國成立初期中蘇兩國的蜜月關係，使俄蘇中國文學研究一度出現高潮，《文心雕龍》自然也受到俄蘇漢學家的重視。1959 年，蘇聯科學院院士、著名東方學家尼古拉‧約瑟夫維奇‧康拉德（Николай Иосифович Конрад，1891～1970）在為 Р. М. 馬馬耶夫主編的《中國文學選集：古代、中世紀、新時代》撰寫的《中國文學史簡論》一文中，指出了《文心雕龍》研究前景的廣闊性，他寫道：「在這部論著中表達了對藝術文學的觀點的極為多樣和系統化的樣式，用我們的術語來說，作者從創作心理、美學和哲學方面研究了藝術文學的問題。」〔註11〕在 60 年代蘇聯出版

〔註 8〕　В. М. 阿列克謝耶夫：《中國文學著作集》第 1 冊，第 356、360、362 頁。

〔註 9〕　Захарьин А. Б. Формирование концепции 《культура》(вэнь) в Древнем Китае. Дис. канд. культурологии. М., 2002. http://cheloveknauka.com/formirovanie-kontseptsii-kultura-ven-v-drevnem-kitae.
　　　　А. Б. 札哈里應：《古代中國「文」（文化）範疇的形成》，文化學副博士論文，莫斯科，2002 年。

〔註 10〕В. М. 阿列克謝耶夫：《中國文學著作集》第 1 冊，第 63、87 頁。

〔註 11〕Конрад Н. И. Краткий очерк истории китайской литературы // Китайская литература. Хрестоматия: Древность; Средневековье; Новое время / Сост. Р. М. Мамаева. Общ. Ред. и вступ. Ст. Н. И. Конрада. Т.1. М., 1959. с.25.
　　　　Н. И. 康拉德：《中國文學史簡論》，《中國文學選集：古代、中世紀、新時代》，

的《簡明文學百科全書》《蘇聯大百科全書》《中國文學》等大中型工具書中，都有關於劉勰和《文心雕龍》的詞條。〔註12〕

1970 年，莫斯科大學出版了由該校教授、女漢學家柳鮑芙‧德米特里耶芙娜‧波茲德涅耶娃（Любовь Дмитриевна Позднеева，1908～1974）主編的教科書《中世紀東方文學》，其中有長達 10 頁的篇幅論述早期中世紀中國的詩歌理論，主要介紹的就是劉勰。這是蘇聯最早出現的比較全面論述《文心雕龍》的著作，儘管作者對《文心雕龍》的分析和闡釋不一定完全準確和深刻，但由於這是一部國立大學的教科書，有一定的權威性，對《文心雕龍》在俄蘇的傳播產生了重要影響。

這裡有必要插敘一下 20 世紀中期蘇聯《文心雕龍》研究所置身的兩大學術語境，即「道家唯物主義」說和「東西方文學類型學平行」說。

從 20 世紀 30 年代起，蘇聯就出現了努力把中國道家學說解釋成「進步的和革命的」所謂「新道家」。他們的推理邏輯是：因爲儒家是中國歷代反動統治階級的思想武器，而在中國意識形態中，道家是與儒家對立的。所以如果說儒家是反革命的，那麼道家就是革命的；如果反革命利用儒家思想，那麼革命者就應該傾向道家學說。1938 年《聯共（布）歷史簡明教程》問世，這本書在當時被奉爲「達到了辯證唯物主義的新高度，是馬克思列寧主義哲學思想的眞正高峰。」從此把歷史進步與唯物主義聯繫起來的觀點，開始統治蘇聯社會科學研究的各個領域。漢學家中如阿列克謝耶夫的弟子阿波龍‧亞歷山大洛維奇‧彼得羅夫（Аполлон Александрович Петров，1907～1949）在 1940 年發表的《中國哲學概論》，就提出了道家學說中有唯物主義和辯證法的觀點。〔註13〕以後，蘇聯在 1947 年召開了由當時主管思想政治工作的蘇共中央政治局委員安德列‧亞歷山大洛維奇‧日丹諾夫（Андрей

P. M. 馬馬耶夫主編，H. И. 康拉德撰「編輯說明」與「序言」，第 1 卷。莫斯科，1959 年版，第 25 頁。

〔註12〕《文心雕龍》，《簡明文學百科全書》，總編輯 A. A. 蘇爾科夫，莫斯科《蘇聯大百科全書》，1962～1978 年，第一卷，1962 年版，第 1078～1079 欄。B. Ф. 索羅金《中國文學》，同上，第 3 卷，1966 年，第 552～553 欄（論劉勰和他的論文）。И. C. 李謝維奇：《劉勰》，同上，第 4 卷，1967 年，第 477 頁。

〔註13〕Петров А. А. Очерк философии Китая // Китай. История, экономика, культура, героическая борьба за национальную независимость. М.-Л., 1940. С. 251~252.

A. A. 彼得羅夫：《中國哲學概論》，《中國：歷史、經濟、文化，爭取民族獨立的英勇鬥爭》，莫斯科－列寧格勒，1940 年版，第 251～252 頁。

Александрович Жданов，1896～1948）親自組織的對 Г. Ф. 亞歷山大洛夫《西歐哲學史》的討論會，日丹諾夫在大會發言中斷言：哲學史主要是唯物主義的歷史，唯心主義哲學僅只是被作爲唯物主義批評的對象而允許出現在哲學史著作中。〔註 14〕這就進一步促使認爲道家是唯物主義的、進步的觀點成爲俄蘇漢學研究中的主流意見。

在上世紀 60 年代的蘇聯文學學術中，還出現了套用西方文學理論的一般法則和範式去解讀特殊模式的中國文學與文化的傾向。如 Н. И. 康拉德院士在他 1966 年出版的專著《西方和東方》中就提出了東西方文學之間存在著類型學平行、其中包括「文藝復興」的思想。這一觀點一度影響了 1960～1970 年代蘇聯的漢學－文學研究。許多研究論著中充斥著諸如「民間詩人」「現實主義」「中國文藝復興」「中國啓蒙運動」等等來自西方的術語。Л. Д. 波茲德涅耶娃在 1970 年代發表的一系列涉及《文心雕龍》研究的論文，就鮮明體現了上述學術背景的影響。

1971 年，Л. Д. 波茲德涅耶娃在《莫斯科大學學報》上發表論文《3～6 世紀中國詩學論著和它們的哲學基礎》，在這篇文章裏，她繼承了當年由 В. М. 阿列克謝耶夫提出的中國文學發展的推動力量是「道家想像」的思想，提出：「中國中世紀詩歌藝術理論家觀點的基礎，是由道家哲學組成的，儘管在這裡或那裡摻雜了儒學。」〔註 15〕Л. Д. 波茲德涅耶娃認爲，古代中國哲學的思想內容與表述方式是同時形成的，「研究形式——修辭的方法，很難與內容——這一或那一學派的理論觀點分開。」而「世界觀原則是建立在修辭原則之上的。」〔註 16〕站在這一立場上，通過對《文心雕龍》話語系統作追根溯源的

〔註 14〕Дискуссия по книге Г. Ф. Александрова 《История западноевропейской философии》16~25 июля 1947 г. Стенографический отчёт // Вопр. философии. 1947. №1. с.257.

《Г. Ф. 亞歷山大洛夫〈西歐哲學史〉討論會紀要（1947 年 7 月 16～25 日）》，蘇聯《哲學問題》，1947 年第 1 期，第 257 頁。

〔註 15〕Позднеева Л. Д. Трактаты о китайской поэтике Ⅲ-Ⅵвв. и их философская основа // Вестник Московского университета. М., №2. с.45.

Л. Д. 波茲德涅耶娃：《3～6 世紀中國詩學論著和它們的哲學基礎》，《莫斯科大學學報》，莫斯科，1971 年，第 2 期，第 45 頁。

〔註 16〕Позднеева Л. Д. Ораторское искусство и философские школы // Литература древнего Востока. Учебник / Под ред. Н. И. Конрада. Изд-во Московского университета, 1971. с.313, 316.

Л. Д. 波茲德涅耶娃：《演說藝術與哲學學派》，《遠東文學》（教材），Н. И. 康拉德主編，莫斯科：莫斯科大學出版社，1971 年版，第 313、316 頁。

考索，Л. Д. 波茲德涅耶娃得出自己的結論是：雖然長期以來人們沒有「懷疑劉勰各章文本源頭的儒家學說屬性」，但其實它的「源頭的或者原始版本卻是屬於道家的」。〔註17〕

　　從現代語義學的觀點來看，詞語所指稱的意義並不是凝固恒定的。並且，中國儒道兩家的理論，本來就有相通的一面，起碼道家經典《周易》同時也是儒家經典。筆者當年曾寫過一篇題為《〈周易〉哲學與〈文心雕龍〉理論體系的建構》〔註18〕的論文，論述了《周易》思維模式和語詞系統成為劉勰文學理論話語武庫的問題。僅憑劉勰使用了《周易》話語就斷言他的理論源頭屬於道家，我們認為是說服力不足的。聯繫上文所說的蘇聯學術界長期以來認為中國道家是唯物主義的、是進步力量思想武器的主流觀點，可以說 Л. Д. 波茲德涅耶娃得出的這一結論明顯是受了這種學術背景的影響。

　　蘇聯 20 世紀 60～70 年代流行的用西方文論觀點解讀中國文學與文化的傾向，也表現在 Л. Д. 波茲德涅耶娃的《文心雕龍》研究中。1974 年和 1977 年，蘇聯《遠東文學研究的理論問題》論文集先後發表了她的兩篇論文：《喜劇性及其在中國的理論理解》和《悲劇性及其在中國的理論理解的最初嘗試》。作者在這兩篇論文中以西方美學的兩個重要範疇「喜劇性」和「悲劇性」為線索，探討了古代中國人對這兩個範疇的理解，尤其著重分析了劉勰對這兩個問題的理論貢獻。她指出，劉勰在《諧隱》篇中說：「並嗤戲形貌，內怨為俳也」，與希臘人對可笑的是醜陋的理解有相同之處。但除此之外，還「可以領會為笑有一定的緩和刺激的作用。」她特別分析了《諧隱》篇末尾所說的「古之嘲隱，振危釋憊」，指出：「在『釋』（筆者按：波氏譯作 Снимать，意即提取、取出）這個詞中可以看到『清洗』（Очищение）。它與希臘的『淨化』（筆者按：Katharsis，俄譯 Катарсис）的區別在於與其相聯繫的不只是悲劇的影響，而且還有喜劇。」〔註19〕波茲德涅耶娃總結說：「對笑的釋放作

〔註17〕Л. Д. 波茲德涅耶娃：《3～6 世紀中國詩學論著和它們的哲學基礎》，《莫斯科大學學報》，莫斯科，1971 年，第 2 期，第 40～45 頁。

〔註18〕最初發表於《溫故知新集——天津師範大學文學院建院五十週年紀念文集》，南開大學出版社，2008 年出版。後收入中國文心雕龍學會主編：《文心雕龍研究》（第八輯），河北大學出版社，2009 年出版。

〔註19〕Позднеева Л. Д. Комическое и его теоретическое осмысление в Китае. // В кни. Теоретические проблемы изучения литератур Дальнего Востока. М., 1974, с.88.

Л. Д. 波茲涅耶娃：《喜劇性及其在中國的理論理解》，《遠東文學研究的理論

用的確定，它作爲人的自然本性，由此構成劉勰對中國喜劇觀念的貢獻。」
〔註20〕關於悲劇性問題，波茲涅耶娃指出，孔子對悲劇性的要求是「哀而不
傷」，而劉勰在《哀弔》篇的「贊」中則肯定哀弔類作品的重要意義在於「千
載可傷」。她說：「這樣一來，劉勰就反駁了孔子，……恢復了『傷』的權
利。」〔註21〕按照上文 Л. Д. 波茲德涅耶娃本人提出的「世界觀原則是建立在
修辭原則之上的」觀點，應該說一定的話語系統總是與一定的世界觀體系相
聯繫，所以用不同民族語言表述的思維意旨，嚴格說來是無法做到全息對譯
的。當年俄羅斯漢學的早期泰斗 Н. Я. 比丘林神父在寫作《中國哲學》時就坦
白地承認：「我爲淺顯地說明概念而搜索枯腸。」〔註22〕所以我們認爲，Л. Д.
波茲德涅耶娃對中西文論術語的這種簡單比照和聯想，實在還有進一步辨析
和商榷的必要。但無論如何，她在中西比較詩學方面所做的開創性工作，還
是應該充分肯定的。

　　蘇聯第一篇從美學角度研究《文心雕龍》的論文，是時任蘇聯科學院遠
東研究所副所長的弗拉基米爾·阿列克謝耶維奇·克利夫佐夫〔註23〕
（Владимир Алексеевич Кривцов，1921～1985）於1978年發表在《遠東問題》
雜誌上的《論劉勰的美學觀點問題》〔註24〕。作者在文中對《文心雕龍》的

　　　問題》，莫斯科，1974年版，第88頁。

〔註20〕Л. Д. 波茲涅耶娃：《喜劇性及其在中國的理論理解》，《遠東文學研究的理論
　　　問題》，莫斯科，1974年版，第88頁。

〔註21〕Позднеева Л. Д. Трагическое и первые попытки его теоретическое
　　　осмысление в Китае. // В кни. Теоретические проблемы изучения литератур
　　　Дальнего Востока. М., 1977, с.79.
　　　Л. Д. 波茲涅耶娃：《悲劇性及其在中國的理論理解的最初嘗試》，《遠東文學
　　　研究的理論問題》，莫斯科，1977年版，第79頁。

〔註22〕轉引自 К. И. 戈雷金娜、В. Ф. 索羅金著：《中國文學研究在俄羅斯》，俄羅斯
　　　科學院東方文學出版公司，莫斯科，2004年版，第4頁。

〔註23〕В. А. 克利夫佐夫，1921年出生於莫斯科，1949年畢業於莫斯科東方學院。
　　　1958年進入蘇聯外交部高等外交學院，1963年以論文《古代中國的美學思想
　　　（公元前6世紀至公元2世紀）》獲哲學副博士學位，1970年獲歷史學博士學
　　　位。自1950年起至1968年在蘇聯外交部工作，曾於1951～55年、1963～66
　　　年任蘇聯駐華大使，1958至1960年任蘇聯駐日本大使，1960～62年任蘇聯
　　　駐上海總領事，1968年起任蘇聯科學院遠東研究所副所長、蘇中友協副主
　　　席。

〔註24〕中國《文學研究動態》，1980年第24期有李少雍、齊天舉的摘譯；《古代文學
　　　理論研究》叢刊第十一輯有李慶甲、汪湧豪的全譯。這裡摘引的譯文係筆者
　　　據《遠東問題》雜誌原文譯出。

產生背景、劉勰生平及《文心雕龍》全書內容作了概括的介紹，同時著重探討了劉勰美學觀的幾個重點問題：即內容與形式的關係、「風骨」概念、文學作品的藝術美、創作論與文學發展規律、批評的原則等。其中特別值得中國學者注意的有以下兩點：

一是對劉勰關於文學內容與形式關係觀點的論述。克利夫佐夫指出，劉勰一方面認為形式決定於作品的內容，另一方面「他又發現，在和內容的關係中，形式就其本身而言，也不是消極被動的東西。它擁有自己內在的力量，並給內容以影響。這種影響作用，他是用『勢』這個概念來表達的，並提出『即體成勢』的思想。」〔註 25〕克利夫佐夫評論道：「儘管（筆者按：指劉勰）對形式和內容的聯繫的考察論述得還很簡單，但他這方面的觀點是深刻的、有益的」。〔註 26〕

二是對劉勰提出的「風骨」概念的闡釋。「風骨」是《文心雕龍》研究中爭論頗多的一個問題。傳統理解都是把「風」和「骨」分別歸屬於作品的內容或形式，如「風即文意，骨即文辭」，或「風是文之情思，骨是文之事義」等等。克利夫佐夫則認為，「風」和「骨」這兩個範疇均包含有對作品內容與形式的要求，只不過各有所指，各有側重。他指出：「『風』這個概念是和另外一個在中國哲學和美學中非常有名的概念『氣』聯繫著的。……『風』是運動著的『氣』在藝術中的體現」。〔註 27〕他說：「劉勰的這個觀點，是在創作的熱情洋溢的理論基礎上產生的。……但情感世界和理智世界是不可分割的，所以『風』又包含著文學作品的思想方向。」同時，「思想與情感的表達同樣也借助於依其所表現的情感而變化的語言的幫助。因此，語言及其音律的概念也包括在『風』內」。〔註 28〕對於「骨」，克利夫佐夫認為：「『骨』這個詞意味著骨骼。適用於文學作品，『骨』被劉勰解釋為『力』，即語言和按

〔註 25〕Кривцов В. А. К вопросу об эстетических взглядах Лю Се // Проблемы Дальнего Востока №1, 160.
В. А. 克利夫佐夫：《論劉勰的美學觀點問題》，《遠東問題》，莫斯科，1978年第一期，第 160 頁。

〔註 26〕В. А. 克利夫佐夫：《論劉勰的美學觀點問題》，《遠東問題》，莫斯科，1978年第一期，第 160 頁。

〔註 27〕В. А. 克利夫佐夫：《論劉勰的美學觀點問題》，《遠東問題》，莫斯科，1978年第一期，第 160 頁。

〔註 28〕В. А. 克利夫佐夫：《論劉勰的美學觀點問題》，《遠東問題》，莫斯科，1978年第一期，第 160 頁。

照一定的觀點在某一方面敘述的內容的豐富。」他說：「『骨』和『風』一樣，意味著內容和它的表達工具——語言，但已經不是從生動性和靈活性的觀點出發，而是出於表達的力量、準確性和均勻性的觀點。」〔註29〕我們認爲，克利夫佐夫的這個解釋，對於《文心雕龍》研究中長期爭論的「風骨」問題，是有一定啓發甚至突破意義的。

1979 年，蘇聯科學院東方學研究所研究員伊戈爾‧薩莫伊洛維奇‧李謝維奇（Игорь Самойлович Лисевич，1932～2000）出版專著《古代與中世紀之交的中國文學思想》。這本書的宗旨是向俄國和西方讀者介紹中國古代文學思想中一些獨特的概念範疇，並非專門研究《文心雕龍》。但書中論及《文心雕龍》的地方約 40 多處。涉及到的篇章有《原道》、《詮賦》、《頌讚》、《諧隱》、《神思》、《風骨》、《通變》、《情采》、《比興》、《時序》等。所引原文大都由作者參考英譯本譯出，有些還向中國學者進行過諮詢。其大部分譯文準確、通暢、易爲俄文讀者所理解，從中可見作者深厚的漢學功底。

И. С. 李謝維奇專著中對《文心雕龍》的徵引，有些帶有研究性質，體現了作者對《文心雕龍》文學思想的理解。李謝維奇解讀《文心雕龍》的一個特點，是他特別注意糾正以往《文心雕龍》研究中存在的庸俗社會學與機械唯物論傾向，努力對劉勰的文學思想作出實事求是的解釋。比如對劉勰《原道》篇中表述的基本文學觀念問題，李謝維奇特別強調了「文」（花紋、文字）這一範疇的重要性，指出在劉勰那裡「文」和「文學」的本體論之根，從而揭示了劉勰文學觀的美學基礎。他寫道：「劉勰研究文學是把它看作某種『文學觀念』的具體化，這種『文學觀念』自原始以來就爲世界所固有，並僅只是在以後的宇宙逐漸進化的過程中，在它的『自我意識』的過程中顯現出來」。〔註30〕在引述了劉勰「人文之元，肇自太極」的說法之後，李謝維奇解釋道：「這就是說，文章的本源就存在於現實世界的邊緣之外，它好似未來美麗蝴蝶的蛹。按照劉勰的觀點，文學觀念已存在於自己的繭——太極之中」。〔註31〕關於劉勰的「道」，李謝維奇認爲這是中國傳統觀念與佛教「法則」觀

〔註29〕В. А. 克利夫佐夫：《論劉勰的美學觀點問題》，《遠東問題》，莫斯科，1978 年第一期，第 160 頁。

〔註30〕Лисевич И .С. Литературная мысль Китая на рубеже древности и средних веков. М.: Наука, 1979, с.18.
И. С. 李謝維奇：《古代與中世紀之交的中國文學思想》，莫斯科：科學出版社，1979 年版，第 18 頁。

〔註31〕И. С. 李謝維奇：《古代與中世紀之交的中國文學思想》，莫斯科：科學出版

念的結合。他指出：「劉勰是在佛寺裏開始自己的創作生涯，並且以和尚的身份辭世的——這不能排除，在他的意識中，傳統的中國的『道』也同佛教的『法則』概念結合在一起。」﹝註32﹞他還表示反對中國某些論者根據劉勰的一些表面言論就判定他是唯物主義者的做法，不認為指出劉勰理論的唯心主義性質就是貶低其歷史價值。他引用列寧的話說：「聰明的唯心主義比愚蠢的唯物主義更接近聰明的唯物主義。」﹝註33﹞

　　李謝維奇書中對劉勰的「神思」論、「風骨」論、文學發展觀等問題，發表了一些頗有創意、對中國本國的「龍學」學者也有一定啟發意義的見解（這方面內容，筆者以前曾撰文做過介紹，讀者可自行參閱，這裡不擬贅述）。﹝註34﹞他在專著中還提出了一個研究中國古代文論的重要的方法論原則，那就是要「選擇從那些由許多個世紀形成並適用於中國本國的、由被研究的文獻的作者所使用的範疇出發」，而不是從被西方文論過濾、翻譯過的西化範疇出發。他說：「因為所有其他的態度意味著已經在出發點上設置了為我們所習慣的意識形式。」﹝註35﹞為了保證研究中國古代文論概念範疇的準確性，對有些屬於「最重要之列」的「分析對象」，他甚至從「最古老的」原始字形分析入手來解析其原意，如「文」「德」「風」等等。這一原則直到今天仍被俄羅斯年輕一代學者所採用。如不久前答辯通過的莫斯科大學亞非學院莉吉婭‧弗拉基米洛夫娜‧斯捷任斯卡婭（Лидия Владимировна Стеженская）的語文學副博士學位論文《劉勰文學思想的範疇》﹝註36﹞，就是繼承和借鑒了他的這一方法。

　　20世紀60年代，匈牙利漢學家F. 托凱伊（Tokei Ferenc，漢名杜克義，1930～2000）出版了一部用匈牙利文寫的論述中世紀中國文學體裁理論的著作，其中引用了不少劉勰《文心雕龍》中的材料。以後杜克義在1971年出版

社，1979年版，第19頁。

﹝註32﹞ И. С. 李謝維奇：《古代與中世紀之交的中國文學思想》，莫斯科：科學出版社，1979年版，第128頁。

﹝註33﹞ И. С. 李謝維奇：《古代與中世紀之交的中國文學思想》，莫斯科：科學出版社，1979年版，第128頁。

﹝註34﹞ 筆者：《〈文心雕龍〉在俄羅斯》，載《天津師大學報》，1994年第二期，第66～69，64頁。

﹝註35﹞ И. С. 李謝維奇：《古代與中世紀之交的中國文學思想》，莫斯科：科學出版社，1979年版，第6頁。

﹝註36﹞ Стеженская Л. В. Категория литературной концепции ЛЮ Се .Москва, 2014. http://dibase.ru/article/23102014_178529_stezhenskaja

了這部著作的英文版，副標題爲《劉勰的詩歌體裁理論》〔註37〕，這就在歐
洲漢學界掀起了研究中國古代文學體裁的熱潮。與此相呼應，蘇聯科學院東
方學研究所女漢學家基拉・伊萬諾夫娜・戈雷金娜在1971年也出版了自己的
專著《19～20世紀初中國的美文學理論》〔註38〕，該書首先以劉勰《文心雕
龍》對各體文章的定義爲依據，來說明中國古文的各種體裁。她認爲文學的
定義總是一定體裁的，而文學理論就是自己種類的體裁理論，同時也是文學
批評。〔註39〕不過 К. И. 戈雷金娜在這裡也遇到了一個難以解決的問題，那
就是她經常在劉勰那裡遇到體裁範疇本身定義的不清楚和不合邏輯，並由此
產生了一個明顯的矛盾：劉勰是如何在完全不嚴格的體裁概念上建立起自己
相當嚴整和嚴格的理論體系？

　　後來，俄羅斯科學院高爾基世界文學研究所首席研究員鮑里斯・利沃維
奇・李福清（Борис Львович Рифтин，1932～2012）在1994年發表論文《中
國中世紀文學中的體裁》〔註40〕。他一方面並不否定研究中國傳統文學體裁
理論的重要性，但另一方面又指出：「用現代標準來看，最終很難理解劉勰的
分類原則。」〔註41〕 Б. Л. 李福清引用中國學者的傳統解釋，引導人們注意來

〔註37〕 Tokei F. Genre theory in China in the 3rd-6th centuries (Liu Hsieh`s theory of
poetic genres). Budapest: Akademiai Kiado. 1971.
杜克義：《3～6世紀中國的體裁理論（劉勰的詩歌體裁理論）》，布達佩斯：科
學院出版社，1971年。

〔註38〕 Голыгина К. И. Теория изящной словесности в Китае XIX-начала XX в.
М.1971, она же Определение изящной словесности-вэнь в средневековой
теории литературы // Историко-филологические исследования. Вып.2. М.,
1972.
К. И. 戈雷金娜：《19～20世紀初中國的美文學理論》，莫斯科：科學出版社，
1971年版。又見她的《在中世紀文學理論中的文——美文學的定義》，《歷史
語文學研究》第2冊，莫斯科，1972年版。

〔註39〕 К. И. 戈雷金娜：《19～20世紀初中國的美文學理論》，莫斯科：科學出版社，
1971年版，第3頁。

〔註40〕 該文漢譯文本由筆者全文譯出，發表於《漢學研究》第十五集。北京：學苑
出版社，2013年4月版，第109～137頁。另有筆者概述性文章《李福清論中
國中世紀文學體裁》，發表於馮驥才主編：《永存的記憶——李福清中國文化
研究國際學術研討會文集》，天津：天津社會科學院出版社，2013年8月版，
第163～176頁。

〔註41〕 Рифтин Б. Л. Жанр в литературе китайского средневековья. // Историческая
поэтика: Литературные эпохи и типы художественного сознания М.:
Наследие, 1994. с.282.
Б. Л. 李福清：《中國中世紀文學中的體裁》，《歷史詩學・文學時代與藝術知

自於《尚書》並經常被劉勰使用的「文體」概念，指出：「『體』這個術語可以理解爲極不同的概念，首先是風格的，還有一些更一般的概念……」〔註42〕甚至可以讓它用於文學樣式、風格、形式、主題等更廣闊的範疇。

在 20 世紀 70 年代 И. С. 李謝維奇、К. И. 戈雷金娜等人的中國古代文論研究中，還都探討了中國古代文學理論思想發展的特點問題。И. С. 李謝維奇指出：「中國人的文學觀念不是單獨建立起來的，而是有限制地進入他們甚至在一切可能的選擇中都是合乎法則的世界觀念的一般系統。」〔註43〕他在分析中國古代文學術語的發展道路時看到了「中國文學思想進化的局限性」，指出：「不應模稜兩可地看待這些術語的歷史性和中國文學思想整體上的歷史性。」〔註44〕爲此他劃分出「使一切文化傳統不中斷的特別功能性的文化密碼標誌（例如道和德──作者自注）」，「它們實際上擁有極大的慣性」，而下一個層面的概念，（如文──作者自注），則「得到變異」。李謝維奇同時又呼籲不要把這種變異過渡地絕對化，因爲它們全是外國研究者帶進來的，是他們被迫在分析統一的傳統概念時，尋找對他們「或多或少適合的術語」〔註45〕造成的。李謝維奇寫道：「對於古代和中世紀的中國人，文永遠是文──活的樹，它可以長出新的嫩芽，但不能離開自己的根。」他說：「中國人的意識是掌握它的整體，把它的意義放在華麗的花紋中，而如果他的眼光僅只是停留在某一朵花上，這朵花就完全等同於樹的一部分。」И. С. 李謝維奇還指出了中國傳統文學理論的「套版」性，他寫道：「老的術語意義繼續活著，但新的是由老的前提決定的。」與此同時，「一切都存在著那種界限，它的轉換意味著對那些從未存在過的基礎的破壞。」〔註46〕這就是說，當一個中國古代文論術語已經不適應、不能涵蓋其指稱對象的時候，它就要補充或更換新的內涵，但這術語本身卻依然不變，而其原始意義的某些部分也仍舊保存在這

覺的類型》，莫斯科：遺產出版社，1994 年版，第 282 頁。

〔註42〕 Б. Л. 李福清：《中國中世紀文學中的體裁》，《歷史詩學‧文學時代與藝術知覺的類型》，莫斯科：遺產出版社，1994 年版，第 267 頁。

〔註43〕 И. С. 李謝維奇：《古代與中世紀之交的中國文學思想》，莫斯科：科學出版社，1979 年版，第 233 頁。

〔註44〕 И. С. 李謝維奇：《古代與中世紀之交的中國文學思想》，莫斯科：科學出版社，1979 年版，第 233 頁。

〔註45〕 И. С. 李謝維奇：《古代與中世紀之交的中國文學思想》，莫斯科：科學出版社，1979 年版，第 235～236 頁。

〔註46〕 И. С. 李謝維奇：《古代與中世紀之交的中國文學思想》，莫斯科：科學出版社，1979 年版，第 236 頁。

一概念之中。我們說，《文心雕龍》「文體論」各篇之所以首先要「原始以表末，釋名以章義」，正體現了中國古代文論概念範疇的這種「歷史性」和「套版性」。

　　К. И. 戈雷金娜則把中國古代文學理論家們的個人見解稱爲「普遍見解」。她說：「可能正是因爲如此，在中國中世紀文學思想和美學中我們很少能找到合乎法則和清晰的單個思想家觀點的個人體系，而經常是學派的甚至更廣闊的哲學派別的系統。」〔註47〕與 И. С. 李謝維奇不同，她傾向於強調傳統中國語文學的動態性質，她在「對主要是通過對著名見解——這些見解首先被認爲儘管舊的解釋已經認爲它是不正確的，但仍不可動搖——的新解釋建立起來的主題傳統的獨特克服」中，看到了它的「運動」。К. И. 戈雷金娜認爲，新解釋圍繞著前人見解而建立起「邏輯關聯的另一種環境」。〔註48〕「引文」或者「暗用」被她稱爲是「繼承傳統的另一種方法」。她指出，這一方法在詩學論文中得到特別的普及，它們不過是「用出自於它的疊加的一個替代物做中介的表述公式的改變」。〔註49〕也就是說，中國古代文學理論家們闡發的所謂個人意見，其實不過是以往權威學者，主要是古代聖人意見的翻版。即便有些見解已經過時，已經被認爲是不正確的，但後人也不能輕易推翻，甚至還要費盡心機地百般迴護，或者通過自己的重新解釋使其復活，最終達到託古自重的目的。我們在《文心雕龍》徵引古聖先賢的引文中，就經常看到這種「六經注我」的情況，可見戈雷金娜的分析是合乎實際的。

　　在 20 世紀 70～80 年代蘇聯漢學家介紹中國文學的一般性質的著作中，《文心雕龍》也得到了極高的讚譽和充分肯定的評價，如在《蘇聯大百科全書》、《世界文學史》等大型工具書、教科書中，《文心雕龍》被稱爲「中國文學的經典作品」、「無可置疑的權威」〔註50〕，「中世紀（文學）理論思想的最高峰」〔註51〕。除了這些籠統的概括性評價，這些論著也多少涉及了劉勰文

〔註47〕К. И. 戈雷金娜：《19～20 世紀初中國的美文學理論》，莫斯科：科學出版社，1971 年版，第 4 頁。

〔註48〕К. И. 戈雷金娜：《19～20 世紀初中國的美文學理論》，莫斯科：科學出版社，1971 年版，第 4～5 頁。

〔註49〕К. И. 戈雷金娜：《19～20 世紀初中國的美文學理論》，莫斯科：科學出版社，1971 年版，第 5 頁。

〔註50〕И. С. 李謝維奇：《蘇聯大百科全書》「劉勰」條，莫斯科，1975 年版，第 14 卷，第 56 頁。

〔註51〕А. Н. 熱洛霍夫采夫、И. С. 李謝維奇、Б. Л. 李福清等：《文學思想（3～8 世

學理論的一些具體問題。如《世界文學史》中由 A. H. 熱洛霍夫采夫、И. C. 李謝維奇、Б. Л. 李福清等學者集體撰寫的《文學思想（3～8 世紀中國文學）》一文指出，劉勰的著作乃是對為那個時代所固有的「全面醉心於創作的形式方面的……回應」〔註52〕。И. C. 李謝維奇在為《蘇聯大百科全書》撰寫的詞條「劉勰」中認為，「在情感與其語言表述的統一中劉勰強調了內容在形式之上的首要位置。」〔註53〕上述《世界文學史》的集體作者們則指出：「他的這本書全都旨在反對空洞的文字裝飾，而為了『有內容的』文學。」〔註54〕按照這些研究者們的觀點，劉勰的內容性被理解為內部的（情感的）和外部的（結構的）內容，而呈現給他的作品是「精神的飽滿、結構的整齊和語言的體現。」〔註55〕他們引用劉勰的話來證明劉勰對作者個性重要性的理解，即「作家是與自己的心相適應的（筆者按：即「心生而言立」）」〔註56〕。文學創作的過程本身建立在文學家「隨著事物和現象的變化而傳達精神、描繪形象（筆者按：即《物色篇》云：「寫氣圖貌，既隨物以宛轉」）」。〔註57〕

　　蘇聯時期寫過《文心雕龍》研究論文的還有歷史學家魯多里弗·伏謝瓦洛多維奇·維亞特金（Рудольф Всеволодович Вяткин，1910～1995），他是歷史學副博士，蘇聯軍事外語學院副教授，曾在 1974 年發表論文《劉勰的歷史編纂學觀點》，並為此完成了《文心雕龍·史傳篇》的俄譯全文。〔註58〕

　　　　紀中國文學）》，蘇聯科學院高爾基世界文學研究所編：《世界文學史》第 9 卷，莫斯科：科學出版社，1984 年版，第 2 卷，第 106 頁。

〔註52〕《世界文學史》第 9 卷，莫斯科：科學出版社，1984 年版，第 2 卷，第 106 頁。

〔註53〕И. C. 李謝維奇：《蘇聯大百科全書》「劉勰」條，莫斯科，1975 年版，第 14 卷，第 56 頁。

〔註54〕《世界文學史》第 9 卷，莫斯科：科學出版社，1984 年版，第 2 卷，第 106 頁。

〔註55〕《世界文學史》第 9 卷，莫斯科：科學出版社，1984 年版，第 2 卷，第 106 頁。

〔註56〕《世界文學史》第 9 卷，莫斯科：科學出版社，1984 年版，第 2 卷，第 106 頁。

〔註57〕《世界文學史》第 9 卷，莫斯科：科學出版社，1984 年版，第 2 卷，第 106 頁。

〔註58〕Вяткин Р. В. Историографические взгляды Лю Се // История и культура Китая. (Сб. памяти акад. В. П. Васильева). М., 1974. с.217~235. Перевод главы 16 《Ши чжуань》 (История и их толкования) на с.221~228.
　　　　Р. В. 維亞特金：《劉勰的歷史編纂學觀點》，《中國的歷史與文化》（В. П. 瓦西里耶夫院士紀念文集），莫斯科，1974 年版，第 217～235 頁。第 16 章《史

　　1991年底蘇聯解體以後，社會主流意識形態發生了很大變化，作爲文藝學研究前沿的文藝理論首先出現明顯的「路標轉換」。理論的開放與多元化促使漢學研究在研究思路與方法上也出現了許多創新之作。К. И. 戈雷金娜於1995年推出的新著《「太極」：1～13世紀中國文學與文化中的世界模式》，就是這一學術新潮的代表作。

　　《「太極」：1～13世紀中國文學與文化中的世界模式》一書是用神話原型學的觀點和方法，研究中國古代神話、詩歌以及後世的小說與遠古時代的宗教祭祀儀式和占星術的聯繫，但在該書第三章第三節《世界本體觀念與文學理論》中，對《文心雕龍》作了較深入的研究和論述。戈雷金娜通過對3～6世紀散文的考察，看到了在包括《文心雕龍》在內的文學理論中「對現實和藝術認識有一些共同點」，即古代中國的「本體論觀念造成了一致的、包羅萬象的、使世上的一切全都聯繫起來的系統。與這個系統相協調的首先是藝術活動和實踐活動。而「表現爲語言藝術與宇宙聯繫的包羅萬象的著作就是劉勰的《文心雕龍》」〔註59〕她在這裡把「文」譯作「符號組合」，認爲「文心雕龍」這一書名「按照字面來翻譯就是『包含在符號組合中的心，雕刻出龍』」。「文學作品，就是『被文字的心雕刻出來的龍』。」〔註60〕她說：「在劉勰論著的標題中實際上有兩個隱喻的結合：『文心』——『包含在符號組合中的心』，也就是由天顯現在人面前的思想；而『雕龍』——『雕刻的龍』——是這些思想在文章中的實現。」〔註61〕關於戈雷金娜從中國古代宇宙本體論出發對《文心雕龍》文學觀念所作的解讀，筆者曾於2003年發表論文《戈雷金娜對〈文心雕龍〉的宇宙本體論解讀》（載北京師範大學《俄羅斯文藝》2003年第4期）予以評述，請讀者自行參閱。

　　我們認爲，戈雷金娜通過解讀《文心雕龍》而得出的對中國文化、尤其

　　　　傳》譯文（歷史及其闡釋），第221～228頁。
〔註59〕Голыгина К. И. Великий предел-Китайская модель мира в литературе и культтре（Ⅰ-ⅩⅢ вв.）. Москва: Издательсьсво фирма《Восточная литература》РАН, 1995. с.147.
　　　　К. И. 戈雷金娜：《「太極」：1～13世紀中國文學與文化中的世界模式》，莫斯科：俄羅斯科學院東方文學出版公司，1995年版，第147頁。
〔註60〕К. И. 戈雷金娜：《「太極」：1～13世紀中國文學與文化中的世界模式》，莫斯科：俄羅斯科學院東方文學出版公司，1995年版，第147頁。
〔註61〕К. И. 戈雷金娜：《「太極」：1～13世紀中國文學與文化中的世界模式》，莫斯科：俄羅斯科學院東方文學出版公司，1995年版，第148頁。

是 3～6 世紀中國文化特點的論斷，起碼有兩點對我們有所啓發：一是由於將中國的「文」與「宇宙之道」相聯繫，而對中國藝術所普遍具有的先驗象徵意蘊性質的發現。對此，俄羅斯當代另一位女漢學家、時任俄羅斯科學院東方學研究所聖彼得堡分所研究員的 M. E. 克拉芙佐娃（Марина Евгеньевна Кравцова，1953～）在她的《古代中國詩歌：文化邏輯學分析的嘗試》一書中曾有過這樣的論述：「在歐洲文學中每一個作者從其獨特性出發作出自我評價。而中國文學家們的詩常常被認定爲源出於唯一的早就在標準的文本中定型了的主題的變異的感想。」〔註 62〕兩位俄羅斯女學者的解釋如出一轍，反映了當代俄羅斯漢學——文學研究工作者打破傳統語文學闡釋的局限，將文學研究與中國哲學、歷史文化、民族心理聯繫起來的新思路。

其二，戈雷金娜對《文心雕龍》文學觀念的分析，有助於我們理解在玄學成爲社會主流思潮的條件下，對文學形式因素的研究何以成爲劉勰前後、包括劉勰本人在內的文論家們關注的熱點。正因爲一切形式的「花紋」都與「道」相聯繫，都是宇宙之道的體現，所以這些「花紋」本身就具有了獨立的意義，有了被認眞探討的資格。故《文心雕龍》要用那麼多的篇幅討論各種文體的起源，討論聲律、駢偶、修辭、造句等形式問題。以往我們從文學研究的社會歷史視角出發，總把魏晉南朝形式主義文風的出現歸咎於士族地主階級的腐朽沒落。或者從文學和語言發展的角度，認爲是人們對文學語言特徵認識發展的必經階段。現在加上哲學本體論視角的切入，可以說對這一現象又多了一層合理的解釋。

蘇聯解體後在《文心雕龍》研究領域繼續工作的還有莫斯科大學亞非學院教授 В. В. 馬利亞溫（Владимир Вячеславович Малявин，1950～）和後來調任聖彼得堡大學哲學系教授的 M. E. 克拉芙佐娃等年輕一代的漢學工作者。馬利亞溫於 1994 年在《道家哲學選集》中發表了一篇題爲《爲創作培養生命力》〔註 63〕的《文心雕龍》譯文（筆者按：即《養氣》篇）；M. E. 克拉

〔註 62〕Кравцова М. Е. Поэзия Древнего Китая: Опыт культурологического анализа. СПб: Центр 《Петербургское Востоковедение》, 1994. c10.

M. E. 克拉芙佐娃：《古代中國詩歌：文化邏輯學分析的嘗試》，聖彼得堡：彼得堡東方學中心，1994 年版，第 10 頁。

〔註 63〕Лю Се. Взращивание жизненной силы брагодаря творчеству. / Пер. В. В. Малявина // Антология даосской философии / Сост. В. В. Малявин, Б. Б. Виногродский. М., 1994. c.390~392.

劉勰：《爲創作培養生命力》（疑爲《養氣篇》），В. В. 馬利亞溫譯：《道家哲

芙佐娃則為《中國精神文化大典》第三卷《文學、語言與文字》撰寫了「劉勰」和「《文心雕龍》」〔註64〕詞條，介紹了《文心雕龍》一書概況，劉勰的生平事蹟，以及那個時代文學和文學理論的基本情況。

　　近年來在《文心雕龍》研究方面發表過言論的俄羅斯籍學者還有現任英國倫敦大學亞非學院教授的東方學和古馬來文學專家弗拉基米爾·約瑟夫維奇·博拉京斯基〔註65〕（Владимир Иосифович Брагинский，1945～）。他於1991年在莫斯科出版俄文專著《東方中世紀文學的類型問題》〔註66〕，其中有從英文轉譯的《文心雕龍·原道篇》俄譯。博拉京斯基俄譯參考的是美籍中國學者施友忠（1902～2001）〔註67〕的譯文，同時以另一位美籍中國學者劉若愚（1926～1986）〔註68〕的中國文學理論專著中的片斷譯文為補充。〔註69〕2004年，這部書經過補充修訂並改名《傳統亞洲文學的比較研究：從

　　　　學選集》，В. В. 馬利亞溫、Б. Б. 維納格拉多斯基編輯，莫斯科，1994年版，第390～392頁。

〔註64〕 Кравцова М. Е. Лю Се // Духовная культура Китая: Энциклопедия. М.: Изд. Фирма《Вост. лит. РАН》[Т.3：] Литература. Язык и письменность. 2008. с.348. она же《Вэнь синь дяо лун》// Там же. с.250～254.

　　　　М. Е. 克拉芙佐娃：「劉勰」詞條，見《中國精神文化大典》第三卷《文學、語言與文字》，莫斯科：俄羅斯科學院東方文學出版公司，2008年版，第348頁。她還撰有「文心雕龍」詞條，見該書250～254頁。

〔註65〕 弗拉基米爾·約瑟夫維奇·博拉京斯基（1945～），俄羅斯和英國東方學家、語文學家，世界古馬來文學傑出專家之一。語文學博士，倫敦大學亞非學院教授。

〔註66〕 Брагинский В. И. Проблемы типология средневековых литератур Востока. М., 1991.

　　　　В. И. 博拉京斯基：《東方中世紀文學的類型問題》，莫斯科：科學出版社東方文學總編室，1991年版。

〔註67〕 施友忠，福建福州人。1926年入北平燕京大學哲學系研究院，1939年獲美國洛杉磯南加州哲學博士，曾分別任教於國內外各大學，1945年起任美國西雅圖華盛頓大學教授直至1973年退休。其英譯《文心雕龍》於1959年由哥倫比亞大學出版。1971年，臺北中華書局出版《文心雕龍》中英對照本，1983年，又在香港中文大學出版了《文心雕龍》中英修訂本。

〔註68〕 劉若愚，原籍北京，華裔美國中國文學研究家，專治中國文學與比較詩學。1948年畢業於北京輔仁大學西語系，1952年在英國布里斯多大學獲碩士學位。曾在英美及香港多所大學任教，1967年起任美國斯坦福大學教授，1969年至1975年任該校亞洲語言學系主任，1977年任中國文學和比較文學教授。

〔註69〕 The Literary Mind and Carving of Dragons. A Study of Thought and Pattern in Chinese Literature [by Liu Hsieh] / Trans .and annotated by Vineent Yu-chuns Shih, Hong Kong, 1983.

　　　　《文心雕龍：中國文學思想與模式研究（劉勰)》，翻譯和注釋，施友忠，香

反思傳統到新傳統主義》，出版了英文版。〔註70〕從中可以考察俄羅斯海外學者《文心雕龍》研究的特點。

　　B. И. 博拉京斯基認為中國中世紀文學是具有「中國－遠東文學區域共同性的地區性文學」，它的產生實際上是為中國文學「詩人學」〔註71〕提供自我意識的結果。博拉京斯基指出，劉勰的《文心雕龍》通過一系列類型學比較，努力充當阿拉伯、印度和中國區域性文學的「標準」，因此在他的著作中「僅只是在總稱的樣式中得出文學理論的進化。」〔註72〕聯繫到劉勰的《文心雕龍》文體論各篇所歸納出的「大體」「體要」，正是力圖為文學劃定一個宏觀的統一標準，我們認為，博拉京斯基的論斷是有道理的。博拉京斯基同時又指出，劉勰《文心雕龍》研究的是中國中世紀的詩人學，其中「集合了整理好的一整套中國詩人學的大多數概念。」〔註73〕B. И. 博拉京斯基對《文心雕龍》文學理論範疇的研究還有一個突出特點，就是他拿劉勰的理論術語與阿拉伯、印度詩學中的相近範疇作比較，從而發揮了他作為一個馬來語東方學家的學術優勢。

　　進入 21 世紀，我們欣喜地看到，俄羅斯的《文心雕龍》研究開始有了年輕學術新秀的加入，呈現出後繼有人、方興未艾的態勢。如上文提到過的莫斯科大學亞非學院莉吉婭·弗拉基米洛夫娜·斯捷任斯卡婭於 2014 年答辯通過的副博士學位論文《劉勰文學思想的範疇》。該文除導言和結束語外，正文共分 3 章：第一章「《文心雕龍》：時代、作者、篇章結構」，內分三節：第一節「劉勰和他的時代，傳記研究中的問題」；第二節「篇章結構」；第三節「劉勰的論著與公元 5 世紀末的儒家經典」，其中介紹了 5 世紀禮儀的三部經典和

　　　　港，1983 年版。(B. И. 博拉京斯基引用的係 1959 年哥倫比亞大學版) Liu J. J. Chines Theories of Literature. Chicago; London, 1975. (劉若愚：《中國文學理論》，芝加哥－倫敦：1975 年版)。

〔註70〕Braginskiy V. I. The Comparative Study of Traditional Asian Literatures: From Reflective Tranditionalism to Neo-Traditionalism, L, N. Y., 2004.
　　　　B. И. 博拉京斯基：《傳統亞洲文學的比較研究：從反思傳統到新傳統主義》，倫敦－紐約，2004 年出版。

〔註71〕詩人學或叫作家學，是文藝學的一個分支，專門研究作者的個性和他的創作觀念。

〔註72〕B. И. 博拉京斯基：《東方中世紀文學的類型學問題》，莫斯科：科學出版社東方文學總編室，1991 年版，第 54 頁。

〔註73〕B. И. 博拉京斯基：《東方中世紀文學的類型學問題》，莫斯科：科學出版社東方文學總編室，1991 年版，第 54 頁。

5世紀末的《尚書》。第二章「《文心雕龍》書中文學——哲學思想的核心範疇」，內分三節：第一節「著作標題的分析和藝術構思問題」，分別闡釋了「文心」和「雕龍」的含義；第二節「在古代與早期中世紀和傳統知識範疇的中國傳統思想中的『文』的一般理論」，分別闡釋了作為《文心雕龍》「樞紐論」的《原道》《徵聖》《宗經》《正緯》和《辨騷》；第三節「論著中『文』的範疇：從哲學到文學理論」，重點討論了「作為一般哲學範疇的『文』」和「文學範疇『文』與『筆』」。第三章「藝術方法的範疇」，內分兩節，分別論述了「對仗」和「比喻」。對這部俄羅斯《文心雕龍》研究新著，我們擬在今後另撰專文加以評述。中國「龍學」工作者有理由滿懷信心地期待，新世紀俄羅斯的《文心雕龍》研究將會取得更加豐碩的成果，為世界範圍內「龍學」的繁榮發展做出自己的新貢獻。

第四章　跨越百年的俄蘇《金瓶梅》研究

　　明代四大奇書之一、在中國爭議頗多毀譽參半的《金瓶梅》，很早即進入了俄羅斯漢學研究的視野。在 1880 年問世的 В. П. 瓦西里耶夫（王西里）著《中國文學史綱要》的最後一章「民間文學——戲劇，中篇和長篇小說」〔註1〕裏，作者用 53 行文字專門介紹了《金瓶梅》的故事梗概，這也可以說是《金瓶梅》最早的俄文意譯本。瓦西里耶夫寫道：「中國人認爲《金瓶梅》是最傷風敗俗的小說。此書書名由小說中三個女人（潘金蓮、李瓶兒和春梅）名字中的一個字組成。提起這部小說，腐儒們都會搖頭，但是，可能沒有哪位會放過一睹爲快的機會。對於我們而言，《金瓶梅》揭示了中國人的內心生活，暴露了肉欲橫流和下流齷齪的一面。這種劣性激發他們編製了所謂的春宮畫。」〔註2〕瓦西里耶夫對《金瓶梅》情節的簡略介紹有的地方又很詳細，且不失幽默。如說：「有一個場景著實有趣，當和尚們念經超度死者之時，悲痛至極的寡婦令那些拋卻了紅塵的修行者心馳神搖，眞可謂念佛號不知顛倒，沙彌情蕩，磬槌敲破老僧頭。」〔註3〕一看便知是說《金瓶梅》第八回《盼情郎佳人占鬼卦　燒夫靈和尚聽淫聲》中的場面。在講到李瓶兒嫁給西門慶之後，瓦西里耶夫停止了往下敘述，只是特意強調：「還想提及一處描

〔註1〕　該章在《中國文學史綱要》，1880 年版中爲第 15 章，2013 年再版爲第 14 章。
〔註2〕　Васильев В. П.: Очерк истории китайской литературы. СПб Институт Конфуция в СПбГУ. 2013. с.323.
　　　　瓦西里耶夫 В. П.：《中國文學史綱要》（閻國棟譯），聖彼得堡：聖彼得堡國立大學孔子學院，2013 年版，第 323 頁。
〔註3〕　瓦西里耶夫 В. П.：《中國文學史綱要》（閻國棟譯），聖彼得堡：聖彼得堡國立大學孔子學院，2013 年版，第 325 頁。

寫著名燈節的場景。」〔註4〕以及「西門慶死於精盡力竭，因爲他把和尚給他的丹藥都吃完了〔註5〕。這樣也好，這就是神職人員幹的事情！」〔註6〕這一方面向俄國讀者介紹了中國民俗和《金瓶梅》的語言藝術，另一方面也令讀者聯想到西方自《十日談》以來文學作品中常見的揭露神職人員醜行的內容，有助於俄國讀者對作品的理解，引發他們的共鳴。

瓦西里耶夫指出，在中國「還有比《金瓶梅》更淫穢的小說，比如說《品花寶鑒》。其故事屬於我們知道的亞洲風俗一類，而這些風俗在我國的經典著作中已有介紹。」他說：「此書的情節可不能講給我國的年輕人聽，但其中還是反映了中國人生活的許多更有意思的方面。我們既能看到富麗的宮殿，也能看到極其貧困的茅舍和骯髒的小店鋪，還能認識其中居民的習俗、情感和追求。」他寫道：「總之，我們認爲，僅憑自己的觀察還不能認識中國人的現實生活及其生活觀，我們還遠不具備這樣的能力，這是因爲歐洲人無法得窺其生活的方方面面，也不能依靠將人生的每時每刻都規定好了的儒家文獻來實現這一目標。只有長篇小說能使我們完全認識這種生活，甚至戲劇也不行，因爲它無法向我們提供那些細節。從中國人所鄙視的這種文學當中，我們可以大膽地摘錄內容並將其編入（當然是將來的）漢學教科書。」〔註7〕這就道出了向歐洲和俄國讀者譯介《金瓶梅》的意義和價值。

在俄羅斯聖彼得堡大學孔子學院2012年編印的《王西里院士中國書籍目錄》〔註8〕中，記載有目前館藏中仍存世的《金瓶梅》刻本1函，11冊，共

〔註4〕 《金瓶梅》中有三回詳細描寫了中國元宵節（燈節）的盛況，如第十五回《佳人笑賞玩燈樓　狎客幫嫖麗春院》，第二十四回《敬濟元夜戲嬌姿　惠祥怒詈來旺婦》，第四十二回《逞豪華門前放煙火　賞元宵樓上醉花燈》描寫節日燃放煙花爆竹、吃看燈酒、吃元宵等節令食品的繁華景象。其中對節日煙花的描寫，足令外國人大開眼界。

〔註5〕 事見《金瓶梅・第七十九回　西門慶貪欲喪命　吳月娘失偶生兒》。但書中說西門慶因服胡僧藥過量導致精盡氣絕，不是因「把和尚給他的丹藥都吃完了」而不治。

〔註6〕 瓦西里耶夫 В. П.：《中國文學史綱要》（閻國棟譯），聖彼得堡：聖彼得堡國立大學孔子學院，2013年版，第327頁。

〔註7〕 瓦西里耶夫 В. П.：《中國文學史綱要》（閻國棟譯），聖彼得堡：聖彼得堡國立大學孔子學院，2013年版，第327頁。

〔註8〕 Описание собрания китайсих книг академика В. П. Васильева в фондах Восточного отдела научной библиотеки Санкт-Петербургского государственного университета СПб: 2012.
《聖彼得堡大學東方系圖書館收藏王西里院士中國書籍目錄》，聖彼得堡，

23 卷，每卷兩回。這是一個殘本，缺少第 1 卷、第 5～24 卷、第 27～48 卷。
〔註 9〕根據瓦西里耶夫自己寫的回憶，當年由於俄國政府撥給他的經費不足，他在中國不得不精打細算，費盡心機與中國書商周旋，最終用較低價格買到所需要的好書。他不無得意地寫道，漢文和滿文的《金瓶梅》在巴黎書商那裡「售價是 600 法郎」，「而當時我們買這本書卻付了不到 7 個銀盧布。」〔註 10〕估計這套《金瓶梅》就是他從中國帶回來的，只不過當時就是殘本，還是在一百多年的歲月消磨中被散佚或丟失，這就無從可知了。

　　根據莫斯科大學教授、哲學博士阿爾覺姆・伊戈列維奇・科博傑夫〔註 11〕提供的材料〔註 12〕，在俄國最早對《金瓶梅》作出全面深入評論的是 20 世紀初由 C. H. 尤札科夫主編的《大百科全書》。該書把《金瓶梅》譯作《一個富有的好色之徒的故事》，寫道：「長篇小說《一個富有的好色之徒的故事》，可能比長篇小說更應稱之為虛構出來的傳記，如果能夠這樣來翻譯它，它展示了中國百科全書式的生活。它的作者可能是個卓越的天才：性格描寫的細緻性與邏輯性，對不同社會群體和事件的準確描寫，令人吃驚和無窮無盡的俏皮話，有時在廣義意義上是引人入勝的詩並扣人心扉；而在這部文集（很難把這部作品翻譯成歐洲語言）中，這個特點又是同許多冗長的、精確得可怕的、在不加粉飾的形式中毫無節制和隱晦地描寫一切污穢並列在一起的。」〔註 13〕此

2012 年出版。

〔註 9〕　《聖彼得堡大學東方系圖書館收藏王西里院士中國書籍目錄》，聖彼得堡，2012 年版，第 40 頁。

〔註 10〕Под редакцией В. Л. Успенского: Рукописи и ксилографы на восточных языках в научной библиотеке им. М. Горького СПбГУ. Филологический факультет СПбГУ. Санкт-Петербург, 2014. с.79.
　　　　В. Л. 烏斯賓斯基主編：《聖彼得堡國立大學高爾基科學圖書館裏的東方語言手抄本和刻本》，聖彼得堡大學語文系，聖彼得堡，2014 年版，第 79 頁。

〔註 11〕阿爾覺姆・伊戈列維奇・科博傑夫（Артем Игоревич Кобзев，漢名科雅瓊，1953～），出生於莫斯科一個詩人家庭。1975 年畢業於莫斯科大學哲學系。自1978 年起任當時的蘇聯科學院（現俄羅斯科學院）東方學研究所研究員、高級研究員。1998 年起任莫斯科物理科學與技術學院人文科學系主任，歷史學教研室主任（1998～1999）和文化學教研室主任（1999 年）。2004 年起任俄羅斯科學院東方學研究所中國意識形態與文化部主任，2011 年起主持俄羅斯科學院東方學研究所中國部工作。

〔註 12〕Цзинь пин мэй | Синология. Ру
　　　　(http://www.synologia.ru/a/%D0%A6%D0%B7%D0%B8%D0%BD%D1%8C_%D0%BF%D0%B8%D0%BD_%D0%BC%D1%8D%D0%B9)

〔註 13〕Большая энциклопедия: Словарь общедоступных сведений по всем отраслям

外，B. 戈魯別（1855～1908）在《中國的精神文化》一書中稱《金瓶梅》是「中國的拉伯雷」寫的書，他說：「自然主義的和道德教訓的小說，作為歷史文化文獻而引起極大的注意。在大師的描寫中，以充分的機智、幽默和輕佻，達到最極端的厚顏無恥。這本書準確直率地描寫了被敗壞到骨髓的社會。」〔註14〕

蘇聯時期由於官方對譯介情色文學有嚴格的管控，《金瓶梅》翻譯和研究工作進行得比較緩慢。根據 A. И. 科博傑夫在俄羅斯科學院遠東研究所編纂的《中國精神文化大典》「金瓶梅」條提供的信息，早在 1950 年就有 Г. О. 蒙澤列爾（1900～1959）著手翻譯這部小說，但他過早去世了。接替他工作的莫斯科大學東方語言研究所副教授維克多・謝爾蓋耶維奇・馬努辛（Виктор Сергеевич Манухин，1926～1974）在 1969 年 11 月 7 日完成了規模為 100 印張的《金瓶梅詞話》全譯本，這在當時差點成為西方第一部全譯本。但經過蘇共中央文學總局和中國學部的審查之後，這個譯本被縮減了三分之二，並且縮編節譯本直到譯者去世三年之後的 1977 年才得以問世。這樣就把《金瓶梅》西文全譯本首出的光榮讓給了西方。〔註15〕

1977 年由莫斯科國家藝術文學出版社出版的馬努辛譯《金瓶梅》兩卷集，其詩詞為根納季・鮑里索維奇・雅羅斯拉夫采夫（Геннадий Борисович Ярославцев，1930～2004）譯，李福清作注，並撰寫了題為《蘭陵笑笑生和他的長篇小說〈金瓶梅〉》的長篇序言。根據浙江師範大學高玉海教授的統計，「B. C. 馬努辛翻譯的《金瓶梅》俄譯本從 1977 年初版至 1993 年已經重印了三次，總印數達十七萬五千套，而 1998 年和 2007 年重印數量至少也有一萬套，這在俄羅斯翻譯出版的中國古典文學作品中的數量僅次於《聊齋誌

знания под редакцией С. Н. Южакова. т.10, СПб: книгоиздательское товарищество Просвещение, 1903, с.790.

《大百科全書：С. Н. 尤札科夫主編所有知識分支的通俗知識詞典》第 10 卷，聖彼得堡：啟蒙圖書出版公司，1903 年版，第 790 頁

〔註14〕B. Грубе：《Духовная культура Китая》, Санкт-Петербург: Издание Брокгауз-Ефрон. 1912. с.76.
B. 戈魯別：《中國的精神文化》，聖彼得堡：勃洛克高斯－葉弗隆出版社，1912 年版，第 76 頁。

〔註15〕Духовная культура Китая, Энциклопедия. т. 3. Москва: Издательская фирма 《Восточная литература》 РАН. 2008. с.505~506.
《中國精神文化大典》第 3 卷，莫斯科：俄羅斯科學院東方文學出版公司，2008 年版，第 505～506 頁。

異》。」〔註16〕筆者在本書第一編第三章第一節中，曾對馬努辛這個譯本和李福清的序言做過介紹和點評，這裡不再贅述。

　　1991年蘇聯解體，政治上的改旗易幟使包括漢學在內的人文社會科學研究無論是在管理體制、運作模式還是思想觀念、評價標準上都發生了巨大變化。在這樣的社會背景下，莫斯科正方出版聯合體於1993年推出一部名爲《中國色情》（Китайский эрос）的文集，其中選錄了馬努辛譯《金瓶梅》中的第五十一回《月娘聽演金剛科　桂姐躲在西門宅》和第五十二回《應伯爵山洞戲春嬌　潘金蓮花園調愛婿》。兩回前附錄了時任俄羅斯科學院東方學研究所高級研究員的安德烈·德米特里耶維奇·季卡列夫（Андрей Дмитриевич Дикарев，1958～）〔註17〕撰寫的導言——《小說〈金瓶梅〉中的色情》（Эротика в романе《Цинь Пин Мэй》），反映了當代俄羅斯漢學——文學研究在學術立場和思想觀念上的變化。

　　А. Д. 季卡列夫的文章首先對《金瓶梅》作了高度肯定的評價，甚至對《金瓶梅》中的色情描寫，也爲之作了正面的辯護。他寫道：「隱藏在化名『蘭陵笑笑生』名下的作者的同時代人，認爲他的作品是『非官方的經典』，著名作家、文學史家鄭振鐸（1898～1958）斷言，幾乎沒有任何其他作品可以充分反映中國現實最多元化的方面；現代日本研究者小野忍將這部小說稱爲『劃時代』，還有荷蘭人古利克（高羅佩）稱其爲『偉大的』。」〔註18〕他說：「讀者已經明白，我們正在談論的作品絕對優異的成就。這方面的證據，就是這部16、17世紀著名小說《金瓶梅》或者『金色花瓶中的梅花』的俄文譯本的命運，無論它的第一版還是第二版都很快成爲稀缺書目。」〔註19〕

　　季卡列夫文章沒有走一般外國學者介紹《金瓶梅》的套路，即先從《金

〔註16〕高玉海：《中國古典小說在俄羅斯的翻譯和研究》，長春：吉林大學出版社，2015年出版，第80頁。

〔註17〕安德烈·德米特里耶維奇·季卡列夫（Андрей Дмитриевич Дикарев，1958～）1958年出生於莫斯科。東亞和上海合作組織研究中心主任研究員，歷史學副博士。1975～1980年在莫斯科大學亞非學院學習，1980～1983在蘇聯科學院東方學研究所讀研究生，1984年獲歷史學副博士學位。1984～1985年在中國北京中國人民大學進修，獲人口學專業結業證書。1985年至2007年任俄羅斯科學院東方學研究所中國組高級研究員，臺灣研究中心副主任。

〔註18〕Китайский эрос. Москва: СП-Квадрат, 1993. c.438.
　　《中國色情》，莫斯科：正方出版聯合體，1993年版，第438頁。

〔註19〕《中國色情》，莫斯科：正方出版聯合體，1993年版，第438～439頁。

瓶梅》的作者及其創作緣由和版本談起，而是直接從它的「色情」特徵切入。他說：「讓我們把關於這部傑作的歷史和文學源頭的爭論留給文藝學家們。對於我們沒有什麼比它的主要特徵是什麼更重要。讓它成爲『道德寫作的新傳統』或者『開闢日常諷刺小說的類型』。」〔註20〕他表示並不反對老一代學者從傳統的社會歷史批評角度對《金瓶梅》的評價，如 Л. Д. 波茲德涅耶娃說，這是「一部充滿啓發性思想的作品」；李福清「將它描述爲『封建社會危機時代的一面鏡子』」；中國作家魯迅「在小說中看到『不是關於下層社會的貶義故事，而是譴責整個統治階級』〔註21〕」。〔註22〕但季卡列夫坦然聲明：「我們在這裡只關注它的一個特徵，但顯然，它非常重要，因爲小說從一誕生就週期性地獲得『不雅之書』的稱號。簡言之，《金瓶梅》是中世紀晚期中國色情文學的經典範例之一，可以肯定地說，我們的廣大讀者被小說所吸引，並不單純是由於它在卓越藝術形式中的總是時尚的『中國古董』。」也就是說，季卡列夫本人和《中國色情》一書編委們看重的恰恰是《金瓶梅》的「色情」，而這也正是蘇聯解體後俄羅斯社會思想空白時期讀者的審美趣味與閱讀需求。季卡列夫寫道：「由 B. C. 馬努辛卓越完成的對小說主人公情慾交鋒的委婉描寫和多義的刪節點足以激發東方情慾愛好者的想像力，他們想像在俄羅斯版的編寫中被刪除的『眾多重複』中隱藏著多少好奇的東西。」〔註23〕他說：「在當前性革命與加速公開性的形勢下，很難同意 Д. Н. 沃斯科列辛斯基關於俄譯縮寫本『完全滿足讀者要求』〔註24〕的斷言」，以及「一些中國文學評論家抱怨《金瓶梅》『包含了太多的性和淫穢描述，這可能會對讀者產生不利影響』」。〔註25〕他說：「『高尚道德』守護者的憂慮是可以理解的。」但「事實上，另外一種能通過閱讀激起過分激動的不只是《十日談》和莫泊桑，而且還有 7 年級的解剖學教科書。」

〔註20〕《中國色情》，莫斯科：正方出版聯合體，1993 年版，第 439 頁。

〔註21〕魯迅《中國小說史略》論《金瓶梅》曰：「作者之於世情，蓋誠極洞達⋯⋯至謂此書之作，專以寫市井間淫夫蕩婦，則與本文殊不符，緣西門慶故稱世家，爲搢紳，不惟交通權貴，即士類亦與周旋，著此一家，即罵盡諸色，蓋非獨描摹下流言行，加以筆伐而已。」《中國小說史略》，北京：人民文學出版社，1973 年版，第 152～153 頁。

〔註22〕《中國色情》，莫斯科：正方出版聯合體，1993 年版，第 439 頁。

〔註23〕《中國色情》，莫斯科：正方出版聯合體，1993 年版，第 439 頁。

〔註24〕引文見 Д. Н. 沃斯科列辛斯基：《中國中世紀的世界》，(蘇)《外國文學》，1978 年第 10 期，第 260 頁。

〔註25〕《中國色情》，莫斯科：正方出版聯合體，1993 年版，第 439 頁。

〔註 26〕也就是說，激起青年人性激動的不只是色情小說，還有生理教科書。
季卡列夫以此作為他為色情小說辯護的論據。

　　季卡列夫寫道：「這部小說的作者，以其無懈可擊趕快幫助了我們：『那
些陷入放蕩的人的日子已經屈指可數了。』他警告說：『油燈會熄滅，肉體會
疲憊不堪，人會死。』他嚴厲地譴責他的主角——富有的酒徒和淫棍，一家
大型藥房的老闆、有六位妻子和無數情婦的西門慶。」季卡列夫指出：「一般
來說，我們可以假設小說中的色情描寫『不是為了品味私密細節，而是為了
啟發和警告那些不瞭解感官享受限度的人』，儘管這種解釋還遠遠不是充分
的。」〔註27〕他說：「儘管所有作者說明和專家們的『意識形態考慮』解釋說：
『自然主義對於那個時代不是缺點』〔註 28〕，小說的色情觀點還是完全能夠
使我們相當老練的同時代人多少感到一點難堪。被選在一起的相應片段將構
成一部普遍認為的『中國色情小文集』〔註 29〕。當我們逼近簡短的提要，就
會想到，按照 A. 普拉東諾夫的說法，人類的激情『統治著時間、空間、氣候
和經濟』。」〔註30〕

　　季卡列夫這篇《導言》分為「尋求快感」「藥劑與機械刺激物」「偏差」
和「性愛、生殖、死亡」四節。從這些小標題就可以看出作者把注意力集中
在《金瓶梅》色情情節的意旨。他說，《金瓶梅》把「出場人物的親密關係以
精確生動的方式描繪出來。這真是一個關於中世紀中國城市居民性行為和交
流方式的信息庫。」「小說真的可以被認為是一面『風俗鏡子』」「16～18 世紀
的中國是原始性愛與社會行為的一個範例。它的風俗令許多研究者想到了古
羅馬。」〔註 31〕

　　季卡列夫指出，《金瓶梅》的敘述是「以散文和詩歌的形式進行。重要的
是要注意這些片段的術語是保存在當時的行話框架內的，並且不使用古代教
科書中關於愛的藝術的表達。」他說，小說「讓主人公與自己的妻子和別人
的妻子、寡婦、歌女、女僕等等發生性關係，但小說中沒有任何地方暗示這

〔註 26〕《中國色情》，莫斯科：正方出版聯合體，1993 年版，第 439 頁。
〔註 27〕《中國色情》，莫斯科：正方出版聯合體，1993 年版，第 439 頁。
〔註 28〕Литература востока в средние века. Часть 1. М.: 1970, c.233.
　　　　《中世紀東方文學》，第一部分，莫斯科，1970 年版，第 233 頁。
〔註 29〕The Cloids and the Rain. The Art of Love in China. Frib & L. 1969. p.83.
　　　　《雲雨：中國的愛情藝術》，弗里堡－倫敦，1969 年版，第 83 頁。
〔註 30〕《中國色情》，莫斯科：正方出版聯合體，1993 年版，第 440 頁。
〔註 31〕《中國色情》，莫斯科：正方出版聯合體，1993 年版，第 440～441 頁。

些無數的關係增強了他的生命能量或延長了他的生命。一切都恰恰相反，情節是基於帶有致命結果的『對抗性愛情』的原則。」季卡列夫指出：「從書中可以看出，『古代道教情色方法被從魔法或玄學的語境中釋放出來，而他們的目標——不朽的成就——卻被遺忘了』〔註32〕。現在它們僅被用作愉悅的手段。」〔註33〕也就是說，中國道家所講的那套「房中術」，本來是爲了養生、長生，而《金瓶梅》的主人公卻丟棄了這個根本，把這套方法變成單純尋求肉欲快感的手段。季卡列夫認爲，《金瓶梅》之所以描寫這些赤裸裸的動物性肉欲，是因爲「它的所有主人公都是沒有文化的，對任何智力活動都不感興趣的人。因此作者用相對沉默的、純粹肉體之愛的畫面來描寫他們之間的性關係，並不是偶然的。」〔註34〕他引用荷蘭漢學家高羅佩〔註35〕在其《中國古代的性生活》一書中所說：「雖然西門慶經歷某種類似於依戀自己女人的快樂，但是深度激情的場面，更不用說伴隨著崇高感的激情，在小說中卻是另類的」〔註36〕，說明他對西門慶的縱慾行爲還是有所批判的。

但是接下來季卡列夫對《金瓶梅》的色情描寫採取了客觀介紹的態度，從而沖淡了他對小說中色情成分的批判。他寫道：「（《金瓶梅》的）作者眞誠、簡單、藝術地描寫了性快樂。因此，我們對通常所謂『愛的藝術』有了很好的例證，其中沒有瑣事。」他說：「這裡的一切都很重要：增加精力的美味食物和燃燒的香；女人的會挑選衣服和她的令人想起「烏雲」的華麗髮型，更不用說「金蓮」——已經成爲中國情色象徵的小腳。」他說：「儘管一切都具有教諭性，小說一定程度上提升了習慣於傳統東方文化的親密接觸的內在價值，但比當時西方所知道的要差得多，在那裡與現實性行爲有關的事經常是理論的。而東方首先尋求性愉悅的精緻與深度。」〔註37〕我們認爲，季卡列夫把中國性學歸結於單純追求感性快感的看法，如果對照中國古代《素女經》

〔註32〕《雲雨：中國的愛情藝術》，弗里堡—倫敦，1969年版，第83頁。

〔註33〕《中國色情》，莫斯科：正方出版聯合體，1993年版，第440～441頁。

〔註34〕《中國色情》，莫斯科：正方出版聯合體，1993年版，第441頁。

〔註35〕高羅佩（1910～1967），字芝臺，本名羅伯特‧漢斯‧古利克，荷蘭漢學家、東方學家、外交家、翻譯家、小說家。他作爲荷蘭職業外交官，通曉15種語言，曾派駐泗水、巴達維亞、東京、重慶、華盛頓、新德里、貝魯特、大馬士革、吉隆坡等地，職務從秘書、參事、公使到大使，但造成其世界性聲名的是他的業餘漢學研究成就。

〔註36〕van Gulik R. H. Sexual Life in Ancient China-Leiden: 1961. p.291.
古利克R. H.：《中國古代的性生活》，萊頓，1961年版，第291頁。

〔註37〕《中國色情》，莫斯科：正方出版聯合體，1993年版，第442頁。

之類性學著作所主張的「節欲固精」等說法，明顯是一種誤解。

從這種對《金瓶梅》的基本理解與價值判斷出發，季卡列夫在接下來的兩小節「藥劑與機械刺激物」「偏差」裏，對小說描寫的種種性愛活動中的變態行爲，諸如使用各種淫具、服春藥，性交器官錯位（即所謂「偏差」）——「口交（品簫）」「肛交（後庭花）」，多人「群交」，以及西門慶在性對象身上點香、向其口中撒尿等施虐行爲，做了貌似客觀、但缺乏起碼的譴責與批判的介紹。我們說，《金瓶梅》中所描寫的種種變態行爲，是中國封建社會發展到沒落時期社會風氣走向墮落的表現，即使在當時也是被統治者禁止和懲治的。這方面的許多「知識」之所以失傳，也因爲它們本來就是糟粕。這些所謂的「性愛藝術」，實際是性心理扭曲的病態發洩，甚至連動物性本能都算不上。現在某些俄羅斯漢學研究工作者將這些陳谷爛麻挖掘出來，當作中國「性學」「性文化」的奧秘寶典向本國讀者介紹，實在是對中國古代性文化的敗壞，也是對世界人民認識中國文化的一種誤導。

季卡列夫在導言第四小節「性愛，生殖，死亡」中，總算回到了對作品內容的分析和評論。他說，《金瓶梅》描述的許多性愛活動場景，都是「沒有受孕目地的性關係」〔註38〕，但「幾乎所有小說的主人公都夢想著要有孩子」，這樣他們花樣翻新的「性愛藝術」就與他們想要孩子的目標不兼容了。因爲「追求快樂和生殖是兩個不相關的概念」，「小說中最放蕩的女性，一般來說都無法生育孩子。放蕩會阻礙生殖。」〔註39〕季卡列夫指出：「一旦快樂和生殖被分開，尋求快樂就不可避免地與死亡相關聯。」他寫道：「正如許多研究者所說，《金瓶梅》可以同時被視爲關於性快樂的小說和關於死亡的小說。」「這是一個人類想通過尋求感性快樂來挑戰死亡的不斷鬥爭的故事。」他說：「小說中所有人物都死了，其原因就是愛欲過渡。只有西門慶的第一個配偶，賢惠的、克除了淫欲的月娘，做到了避免過早地死亡。」〔註40〕就此，季卡列夫總結說：「《金瓶梅》是一個滿足欲望的故事，但又像灰燼中的鳳凰不斷復活。」他引用《雲雨：中國的愛情藝術》一書中的話說：「佛教的理想毀滅了一切否定生命本身的欲望，只有過渡的死亡才能結束親密關係中反覆出現的場景，賦予色情主題一種慣例元素。」〔註41〕而這「慣例元素」，「就是小

〔註38〕《中國色情》，莫斯科：正方出版聯合體，1993 年版，第 446 頁。
〔註39〕《中國色情》，莫斯科：正方出版聯合體，1993 年版，第 447 頁。
〔註40〕《中國色情》，莫斯科：正方出版聯合體，1993 年版，第 447 頁。
〔註41〕《雲雨：中國的愛情藝術》，弗里堡－倫敦，1969 年版，第 84 頁。

說第七十九回所說的：『人力有限，只是肉體不知足』〔註42〕。」〔註43〕

季卡列夫對《金瓶梅》所作的上述分析和評論，雖然總的來說沒有脫離認爲《金瓶梅》主題具有勸諭、警世意義的傳統看法，但他對其色情內容的肯定性評價，對其中涉及變態性行爲的種種所謂中國古代性文化「知識」的過於熱衷的介紹，體現了蘇聯解體前後俄羅斯漢學——文學研究的視角變化與路標轉換，有可取之處，也有誤導與偏頗。其最大問題是把中國古代文化中的一些糟粕當作精華來介紹和研究，這是我們中國學者必須注意和及時發聲糾正的傾向。

2006年，俄羅斯科學院東方文學出版公司出版了早在上世紀60年代即已成名的老一代漢學家 Д. Н. 沃斯克列辛斯基（Дмитрий Николаевич Воскресенский，漢名華克生，1926～2017）〔註44〕的論文集《中世紀中國的文學世界（中國古典白話小說）》。該書收錄了華克生寫的三篇短文，即《蘭陵笑笑生和他的長篇小說〈金瓶梅〉》、《長篇小說與同時代人》和《長篇小說與注釋家》。後兩篇文章曾分別附錄在伊爾庫茨克烏里斯出版社 1994 年出版的三卷本《金瓶梅》的第一和第二卷上。在被作者自稱爲「隨筆草稿（эскиз-эссе）」的《蘭陵笑笑生和他的長篇小說〈金瓶梅〉》中，華克生首先從《金瓶梅》是中世紀中國文學中「偉大的中國風俗小說」這一定位，對《金瓶梅》做出高度肯定的評價。他寫道：「在世界文學史上很難找到類似於中世紀長篇小說《金瓶梅》（在俄文翻譯中它還叫《金色花瓶中的梅花》）這樣以如此精密的坦誠（自然主義的揭露）描寫人們私生活，他們的日常生活與娛樂、家庭與社會的複雜關係的作品。」〔註45〕他列舉了西方文學中描寫市井

〔註42〕《金瓶梅》第七十九回《西門慶貪欲喪命　吳月娘失偶生兒》，吳神仙詩云：「當時只恨歡娛少，今日翻爲疾病多。玉山自倒非人力，總是盧醫怎奈何！」

〔註43〕《中國色情》，莫斯科：正方出版聯合體，1993 年版，第 447 頁。

〔註44〕德米特里‧尼古拉耶維奇‧沃斯克列辛斯基（1926～2017），1926 年生於莫斯科，1945 年畢業於航空儀表製造中等技術學校，同年進入軍事外語學院學習漢語。軍事外語學院畢業後到部隊教漢語。1956 年在莫斯科大學語文系研究生班畢業，隨後被派往中國，1959 年畢業於北京大學中文系研究生班。自 1958 年起在莫斯科大學任教，同時在蘇聯外交部外交學院、科學院遠東研究所、俄羅斯國立人文大學文學院等單位兼職。逝世前爲莫斯科大學亞非學院功勳教師和高爾基世界文學研究所教授。

〔註45〕Воскресенский Д. Н.: Литературный мир средневекого китая (китайская классическя проза на Байхуа). М.: изд. Восточная литература РАН. 2006. с.433.

生活、人間瑣事的如勒薩日、菲爾丁、狄更斯等人的長篇小說，認爲「他們屬於更晚一些的時代，並且面對的是另外的讀者」。他說，西方讀者「在『床笫秘事』〔註46〕舞臺劇公演之前，他們能羨慕的只有《危險關係》〔註47〕的作者，可能還有《瑞斯丁娜》〔註48〕的始作俑者〔註49〕。不過，所有這些都是比較有條件的，總的來說，遠離現實的情景。」而《金瓶梅》則是「完全處於中國中世紀文學懷抱裏的偉大的中國風俗小說」。它的偉大「不僅是因爲它是在16世紀寫的，還因爲它的全部詩學都是建立在舊古典小說的軌道之上的。」他寫道：「手抄本的問世表明，小說爲巨大數量的中國讀者所熟知，但在這種形式中的它也招來了同時代人的許多閒話和議論，並產生了不少問題。」〔註50〕

　　華克生說：「小說《金瓶梅》屬於在中國十分著名的『時代風俗小說』體裁。確定它的價值的引人注目的一點是，它是中國文學中第一部以最細緻的形象描寫明代中國社會風俗的巨著。誠然，小說的故事情節屬於北宋的混亂時代（公元10～13世紀），但對於同時代人來說很清楚，其情節景觀被限定在後來很久的時代，明顯地可以看出現代生活的輪廓，而主人公實際上是當今活生生人物的復塑。」〔註51〕他寫道：「發生關於王世貞復仇的美麗傳說也

沃斯科列辛斯基 Д. Н.：《中世紀中國的文學世界（中國古典白話小說）》，莫斯科：俄羅斯科學院東方文學出版公司，2006年版，第433頁。

〔註46〕原文爲「за спальным пологом」，意爲「在臥室窗簾後面」，指男女色情之事，故譯作「床笫秘事」。

〔註47〕《危險關係》，作者拉克洛（Pierre Choderlos de Laclos），著名的法文書信體小說，最初發表於1782年。故事描述法國大革命前貴族階級糜爛墮落的生活。

〔註48〕《瑞斯丁娜，或喻美德的不幸》（法語：La Nouvelle Justine ou Les Malheurs de la vertu）是法國作家薩德的一部早期作品，講述兩姐妹瑞斯丁娜和於麗埃特在父母雙亡（前兩個版本說她們的父親逃亡英國）後獨立謀生的情況。姐妹分離14年後，於麗埃特作一個成功的妓女，有一天與其情夫一起遇到了一位被判死刑的少女（即瑞斯丁娜）。由於她對這不幸少女的同情，引出了這位少女（在其自述中使用泰雷絲的名字）對自己遭遇的敘述。

〔註49〕即薩德侯爵，全名唐納蒂安·阿爾豐斯·弗朗索瓦·德·薩德（Donatien Alphonse François Sade，Marquis de Sade，1740～1814），法國貴族和一系列色情和哲學書籍的作者，以描寫色情幻想並造成許多社會醜聞而出名。以他命名的薩德主義成爲性虐待的代名詞。

〔註50〕沃斯科列辛斯基 Д. Н.：《中世紀中國的文學世界（中國古典白話小說）》，莫斯科：俄羅斯科學院東方文學出版公司，2006年版，第433頁。

〔註51〕沃斯科列辛斯基 Д. Н.：《中世紀中國的文學世界（中國古典白話小說）》，莫

不是偶然的。首先，用提起舊事來『教唆』當代活著的人是中國文學家常用的方法。可是，爲什麼作者偏要轉向宋朝？因爲這個時代，更確切地說是它的終結時期，乃是中國歷史上處於巨變狀態且最具有戲劇性的時期之一，人的本性得到了最清晰的展現。中國文學家經常關注這一歷史時期的事件，是爲了強調自己時代的特點。」〔註52〕

華克生認爲：「轉向過去在小說中產生了重要的潛臺詞，它可以被同時代人理解爲批評的暗語、辛辣的諷刺或者明確的謾罵。」他引用署名「廿公」的《金瓶梅》跋中的話：「《金瓶梅傳》爲世廟時一鉅公寓言，蓋有所刺也……」，指出：「關於寓言性的說法（自身融入牢騷和刻薄話的批評）證明了小說對現實的指向性和它在這方面的特別尖銳性。」〔註53〕

華克生寫道：「小說開始於一個尖銳的衝突（《水滸傳》主人公武松試圖爲自己哥哥之死而懲罰西門慶），這一情節攫住了讀者的注意，但敘述很快地轉入對主人公生活與現實的詳細描寫：他的商業活動、謀劃仕途的陰謀、獵豔奇遇等。他的家庭生活組成了這部作品重要的內容部分。」他說：「西門慶是一個暴君，他憑一時之興或古怪念頭就能殘酷地處罰有過失的人（妻子或僕役），或者獎賞與自己親近的某個人。好色是他的第二天性，因此大量事件寫了他的家庭關係，它們是極不簡單的，妻子們和情人們之間的爭鬥以及她們試圖有權佔有丈夫並博取他的歡心就證明了這一點。家庭衝突經常以死亡來結束。」華克生指出：「作者令人信服地展示了家庭內部令人窒息的氛圍，其中充滿了人與人之間的恐懼、嫉妒和仇恨，它強調了主人公命運的無出路。使讀者感覺到，他們是命中注定的。」〔註54〕

華克生還指出：「西門慶不只是生活在家庭裏，要知道他還是精明的生意人和掌握幾家藥店的奸商，同時他還是有權勢的司法官。」他說：「主人公社會方面的活動構成了小說的另一個重要部分。這是風俗描寫或社會生活描寫作品的傑出模板。當然，對主人公社會領域活動的描寫可以看出作者對類似

斯科：俄羅斯科學院東方文學出版公司，2006年版，第436頁。
〔註52〕沃斯科列辛斯基 Д. Н.：《中世紀中國的文學世界（中國古典白話小說)》，莫斯科：俄羅斯科學院東方文學出版公司，2006年版，第436頁。
〔註53〕沃斯科列辛斯基 Д. Н.：《中世紀中國的文學世界（中國古典白話小說)》，莫斯科：俄羅斯科學院東方文學出版公司，2006年版，第436頁。
〔註54〕沃斯科列辛斯基 Д. Н.：《中世紀中國的文學世界（中國古典白話小說)》，莫斯科：俄羅斯科學院東方文學出版公司，2006年版，第436頁。

於西門慶這樣的個別人物的否定態度，因此在許多情節片斷中讀者清楚看到的不只是作者的諷刺，還有達到荒誕程度的辛辣嘲諷。」他寫道：「如果蘭陵笑笑生真的想要使同時代人的某一個（例如嚴家）〔註55〕煩惱，那麼他完全達到了自己的目的。西門慶的一生就是由大大小小的卑鄙無恥和罪惡行為組成的鏈條。他的無所不能建立在會耍花招、設置詭計和編造陰謀上。而他的主要力量就是金錢。他賄賂地方官成為法庭執行官，他給宮廷顯貴送禮以鞏固他在官場中的地位並使他不被觸動。周圍的諂媚者——寄生食客的典型應伯爵百般支持地方上的暴君，因為他們靠他的供養生活。」〔註56〕華克生說：「主人公和他身邊人生活形象的醜陋畫面無疑是針對具體人物和整個社會罪惡的猛烈抨擊。」〔註57〕

華克生還注意到，「匿名文學家廿公指出，在書中『埋伏因果』。在這個佛學預設中包含著報應的思想：所有的人都必須經歷它，因為天下萬物都服從於最初和最後結果的法則。這就是為什麼小說的所有主人公幾乎全都死掉了，並且全都不得善終。」〔註58〕這就說明《金瓶梅》的寫作動機不只有社會批判的意義，還有以佛教因果觀念勸世的目的。我們認為，這一評價是符合古代作者思想認識的實際情況的。

華克生對《金瓶梅》的上述點評，依然體現了蘇聯時代文學批評的主導思路和評論標準，可以看出一位老漢學家的思維定勢。但他對《金瓶梅》思想價值的總體肯定，還是有助於域外讀者正確理解《金瓶梅》，有助於《金瓶梅》的海外傳播的。

《中世紀中國的文學世界》中收錄的華克生另外兩篇關於《金瓶梅》的學術筆記《長篇小說與同時代人》和《長篇小說與注釋家》，分別談對小說作者的考證和注釋者情況的介紹，與《金瓶梅》本身關係不大，這裡就不做介紹了。

2008年，俄羅斯科學院遠東研究所出版了6卷本《中國精神文化大典》

〔註55〕關於《金瓶梅》的作者及其寫作動機，有報復嚴世蕃一說。
〔註56〕沃斯科列辛斯基 Д. Н.：《中世紀中國的文學世界（中國古典白話小說）》，莫斯科：俄羅斯科學院東方文學出版公司，2006年版，第436頁。
〔註57〕沃斯科列辛斯基 Д. Н.：《中世紀中國的文學世界（中國古典白話小說）》，莫斯科：俄羅斯科學院東方文學出版公司，2006年版，第437頁。
〔註58〕沃斯科列辛斯基 Д. Н.：《中世紀中國的文學世界（中國古典白話小說）》，莫斯科：俄羅斯科學院東方文學出版公司，2006年版，第437頁。

－305－

中的第 3 卷「文學、語言與文字卷」，其中的「金瓶梅」詞條由《中國色情》一書主編 A. И. 科博傑夫撰寫。該詞條除了對《金瓶梅》的故事梗概和思想內容做了一定的介紹和點評分析之外，還介紹了該書的作者權、版本、外國譯本以至後來的續作等等情況。因此這個詞條與其說是對《金瓶梅》一書的說明，毋寧說是對「《金瓶梅》學」即「金學」的介紹，可以說是對以往俄蘇《金瓶梅》研究成果的一個總結。爲節省篇幅、突出重點，我們這裡略去其考據性的論述，僅就科博傑夫對《金瓶梅》思想內容的評論做一簡要點評。

　　科博傑夫指出：「《金瓶梅》是最高級的世界精品，這本書可以與荷馬史詩、《神曲》、《卡剛都亞和龐大固埃》（巨人傳）、莎士比亞戲劇、《堂‧吉訶德》、《戰爭與和平》、《卡拉馬佐夫兄弟》等並列。」〔註 59〕他認爲：「嚴格來說，《金瓶梅》作爲長篇小說的體裁資格是有條件的。這是一種複雜程度最高的綜合形式，它通過最簡單的區分，是大量詩歌文本（數量超過一千種，按類別和規律程度形成自己的等級，在韻律散文中達到極限）、戲劇對話（規定單個章節的結構，並附有必要的評論）和散文（最大幅度地從日常生活描述到復述佛教經典和科學論文）的嚴格組織地組合。」他說：「從一方面說，（《金瓶梅》）缺少西方經典長篇小說的心理學。但另一方面──則是東方長篇小說的道德純粹主義。《金瓶梅》客觀描寫的『行爲主義』〔註 60〕風格創造了一種自相矛盾的現代主義意識。用現代詞語來說，可以稱《金瓶梅》是第一部百章『肥皂劇』，章就是『回』，完整對譯『回』這個詞就是『重複的行動』。」他寫道：「《金瓶梅》中的大部分詩歌都是用音樂表達的，伴隨著與旋律對應的引文。此外，對詩歌體裁的引用包含在《金瓶梅詞話》這一書名本身之中。這個多層面的文本同時獨特地起著宋、明時代，也就是整個公元第一個千年和第二個千年上半期〔註 61〕，在社會經濟和文化各個方面的中國社會生活實際情況的科學指南作用。」〔註 62〕他指出：「以自己關於『美好時代終結』的

〔註 59〕《中國精神文化大典》第 3 卷，莫斯科，2008 年版，第 506 頁。

〔註 60〕行爲主義（Behaviorism）是美國現代心理學的主要流派之一，也是對西方心理學影響最大的流派之一，形成於 20 世紀初期。行爲主義強調運用自然科學的實證方法，對社會政治生活的過程作系統的、經驗的和因果的解釋。

〔註 61〕宋朝（公元 960 年～1279 年）、明朝（公元 1368 年～1644 年）關於《金瓶梅》反映的年代，學術界眾說紛紜，大致無外乎嘉靖朝、隆慶朝、萬曆朝三說，其中吳晗先生提出的萬曆朝之說，幾乎爲大多數學者所承認。此外還有學者認爲是在正德（1505～1521）年間。

〔註 62〕《中國精神文化大典》第 3 卷，莫斯科，2008 年版，第 506 頁。

展示來警告明朝，《金瓶梅》是中國第一部作者自著的小說，也就成為第一部文學創作高級形式的完全是原創的形象，神秘形象的問世在時間上與莎士比亞、塞萬提斯等那些新歐洲文學使徒的作品相一致。」〔註63〕

科博傑夫就《金瓶梅》的書名由「三個女主角的名字──金蓮、瓶兒和春梅的縮寫」組成，提出了一個問題：「充斥在《金瓶梅》頁面上的全是指令性的體現者，在它的主人公們中間有西門慶和他的女婿陳敬濟」，可「為什麼卻特別直接給女性授予頭銜？」他從中國古代哲學的「陰陽」觀念角度，提出自己的解釋，即：「需要認識，劃分出比名字最初所具有的簡單主格語義更多的意義，把女性起源「陰」……概括為普遍的破壞之源。」他說：「我們應該假設由構成它們的象形字的特殊含義所賦予的金蓮、瓶兒和春梅名字的頂級意義，揭示了相同的三個類別──『惡習』『罪惡』和『放蕩』。」〔註64〕

科博傑夫寫道：「潘金蓮的名字貫穿著一個關於女性纏足習俗起源的歷史軼事。齊朝的統治者東昏侯（公元498～501年）命令在地上鋪滿用黃金製作的蓮花瓣，以便他的寵妃潘妃在它們上面跳舞。此時他興奮地喊道：『步步生蓮花。』〔註65〕因此，就出現了把被捆綁的女人的腳稱為『金蓮』的說法，它在傳統中國被認為是最誘人的性對象之一。瓶兒這個名字的直接含義是『瓶子』，非常明顯地與女陰象徵和這個通往地獄之洞的罪惡容器的不可避免的淫欲有聯繫。最後，在雙音節詞『春梅』中，象形字『春』（春天）是決定所有猥褻的情色領域的主要術語之一。而『梅』（李子、杏子、烏梅）──是浪漫的產生感情的象徵──春天梅花盛開，因此敞開了性欲、賣淫，連同其可恥的結局──『開花』的梅毒硬下疳。」〔註66〕

科博傑夫總結說：「因此，三個完整的女性名字能夠象徵性地傳達極端性濫交的概念，這成為一種致命的罪。但是，似乎是象形字金、瓶、梅的三位一體意味著不是指同一惡習的三個品種或兩面，而是三個不同的缺陷，即貪婪、醉酒和好色。明確證實這一點可以用一個詩意的關於癡迷的四個羅曼斯（詞）的《金瓶梅》題詞來說：『酒』『色』『財』『氣』〔註67〕。」〔註68〕

〔註63〕《中國精神文化大典》第3卷，莫斯科，2008年版，第506頁。
〔註64〕《中國精神文化大典》第3卷，莫斯科，2008年版，第506頁。
〔註65〕《南史‧齊紀下‧廢帝東昏侯》：「（東昏侯）又鑿金為蓮華（花）以貼地，令潘妃行其上，曰：『此步步生蓮華（花）也。』」
〔註66〕《中國精神文化大典》第3卷，莫斯科，2008年版，第507頁。
〔註67〕《金瓶梅詞話》開篇有《四貪詞》：「酒：酒損精神破喪家，語言無狀鬧喧嘩。

　　科博傑夫指出:「這裡出現了首先是四言詩結構造成的正式結果的第四個元素。但是,用具有實質內容的觀點來看,與『傲慢是萬惡之母』這一論點類比的最後的『羅曼斯』可被視爲更高層級的結構要素,即一種獨特的概括,特別是它被加上具有最普遍身心醫學、甚至宇宙論意義的象形字『氣』。」〔註69〕他說:「『氣』(此處俄譯爲 пневма,源自古希臘醫學和哲學術語『普紐瑪』,指『氣』、『精氣』——譯者)的意思,在這裡表達的不只是個別的傲慢或憤怒的惡習,按照道家經典作家莊子的說法,『滑心』也是一種普遍的精神道德缺陷。〔註70〕這也就是明代最偉大的哲學家、《金瓶梅》得以出現的智力前提的創造者王陽明(1472～1529)的意思,他曾斷言:『傲者眾惡之魁』〔註71〕。」〔註72〕這裡,科博傑夫表現出了一個哲學博士對中國古代哲學的深入瞭解,並把它運用到對《金瓶梅》深層思想意蘊的分析,對我們是有啓發的。

　　科博傑夫寫道:「《金瓶梅》的所有內容都是愛神與塔納托斯〔註73〕之間不可分割的聯繫的完備例證。關於作爲血親復仇武器的小說起源的象徵性的傳說。〔註74〕這個傳說順便以自己的方式解釋了到目前爲止原始手稿的缺失。與這個悲劇象徵性的死亡相一致,鄭振鐸的手稿和直到今天沒有完整公開出版的 B. C. 馬努辛的著作在 1974 年就預言:『在《金瓶梅》之上幾個世紀

疏親慢友多由你,背義忘恩亦是他。切須戒,飲流霞。若能依此實無差。失卻萬事皆因此,今後逢賓只待茶。色:休愛綠鬢美朱顏,少貪紅粉翠花鈿。損身害命多嬌態,傾國傾城色更鮮。莫戀此,養丹田。人能寡欲壽長年。從今罷卻閑風月,紙帳梅花獨自眠。財:錢帛金珠籠內收,若非公道少貪求。親朋道義因財失,父子懷情爲利休。急縮手,且抽頭。免使身心晝夜愁。兒孫自有兒孫福,莫與兒孫作遠憂。氣:莫使強梁逞技能,揮拳捰袖弄精神。一時恣發無明穴,到後憂煎禍及身。莫太過,免災迍,勸君凡事放寬情。合撒手時須撒手,得饒人處且饒人。」又《金瓶梅》第一回曰:「單道世上人,營營逐逐,急急巴巴,跳不出七情六欲關頭,打不破酒色財氣圈子。」

〔註68〕《中國精神文化大典》第 3 卷,莫斯科,2008 年版,第 507 頁。
〔註69〕《中國精神文化大典》第 3 卷,莫斯科,2008 年版,第 508 頁。
〔註70〕《莊子·天地》:「趣舍滑心,使性飛揚。」唐成玄英疏:「趣,取也。滑,亂也。」滑心也就是亂心。
〔註71〕語出王陽明《傳習錄·下》:「謙者眾善之基,傲者眾惡之魁。」
〔註72〕《中國精神文化大典》第 3 卷,莫斯科,2008 年版,第 508 頁。
〔註73〕塔納托斯,希臘神話中死亡的擬人化神。
〔註74〕即王世貞爲報殺父之仇,在《金瓶梅》書頁上沾有砒霜,令嚴世蕃在閱讀時舔指翻頁中毒致死的傳說、

以來一直懸著一個詛咒』。」〔註75〕這裡他用中國長期流傳的關於《金瓶梅》寫作緣起的「苦孝說」來解釋找不到該書原始書稿的原因，並且暗示《金瓶梅》本身就是一部暗喻死亡的魔咒之書，應該說不失爲一個有趣的一家之言吧。

　　從沙皇時代俄羅斯到蘇聯，再到蘇聯解體後的當代俄羅斯，幾代俄蘇漢學家跨越百多年對《金瓶梅》的探討與研究，爲我們提供了來自域外北方的異文化視角的新鮮見解，對於中國本國的「金學」研究，無疑具有寶貴的啓發和借鑒意義。當然，這中間也有哲學觀念、社會背景和文化差異造成的曲解與誤讀。通過我們上述簡要的介紹與點評，可以看出中國文學工作者掌握海外漢學研究信息，及時在國際學術舞臺發出中國聲音，張揚卓見、匡正謬誤的必要。筆者眞誠希望，這篇小文能對中國和俄羅斯的「金學」研究，起到一點補益的作用。

〔註75〕《中國精神文化大典》第 3 卷，莫斯科，2008 年版，第 508 頁。

第五章 《紅樓夢》在俄蘇的傳播與研究

　　中國古典小說藝術的明珠——《紅樓夢》遠播俄羅斯最早是在 19 世紀上半葉。據俄羅斯聖彼得堡國立大學東方系 E. A. 札維多夫斯卡婭（E. A. Завидовская，1978～，漢名葉可嘉）、Д. И. 馬亞茨基（Д. И. Маяцкий，1982～，漢名馬懿德）兩位青年學者編撰的《聖彼得堡大學東方系圖書館收藏王西里（瓦西里耶夫）院士中國書籍目錄》（聖彼得堡國立大學孔子學院，2012年版），該館收藏的由聖彼得堡大學教授 В. П. 瓦西里耶夫（1818～1900）在中國搜羅的《紅樓夢》線裝刻本有 3 種（編號為 ВУ19、20、21），其中 ВУ19 為 1 函，5 冊，共 25 回（第 26～30 回、36～40 回、46～60 回）；ВУ20 為 3 函（2～4），共 18 冊（第 31～120 回）；ВУ21 號下為 2 函，其中第 1 函 17 冊（第 17～19、37～46、53～120 回），第 2 函 6 冊（第 61～90 回）。還有被書商改名為《增評補像全圖金玉緣》的光緒己丑年（1889 年）滬上石印本（編號 ВУ137）一種，2 函 16 冊，120 回。光緒二十六年（1900 年）石印或鉛印本《增評補圖石頭記》兩種（編號 ВУ239、ВУ240），扉頁上題有「悼紅軒原本」字樣，120 回。〔註1〕瓦西里耶夫本人在他的《關於聖彼得堡大學東方書籍的筆記》中寫道：「長篇小說的代表通常被認為是《金瓶梅》，但早就被認

〔註1〕 Е. А. Завидовская、Д. И. Маяцкий: Описание собрания китайских книг академика В. П. Васильева в фондах Восточного отдела научной библиотеки Санкт-Петербургского государственного университета. СПбГУ. г.2012, с.42~47, 198~199, 354~355.

葉可嘉、馬懿德：《聖彼得堡大學東方系圖書館收藏王西里院士中國書籍目錄》，聖彼得堡國立大學孔子學院，2012 年出版，第 42～47、198～199、354～355 頁。

爲高於它的無疑是《紅樓夢》，它表現爲在散文形式的迷人故事中的有趣的情節——準確地說，我們很難在歐洲找到這種類型的作品。據說這部書是在一個貴族家庭裏寫的，當時它只是手稿，而它的印刷本售價很貴。」〔註2〕在這裡我們看到了他後來在《中國文學史綱要》一書中對《紅樓夢》評論的雛形，同時也可以看到當年《紅樓夢》在中國圖書市場上受歡迎的程度。

　　В. П. 瓦西里耶夫在他 1880 年出版的《中國文學史綱要》一書的最後一章「民間文學——戲劇、中篇小說、長篇小說」〔註3〕裏，分別以 25 行和 53 行文字的篇幅，概略介紹了長篇小說《紅樓夢》和《金瓶梅》的故事梗概。這與他在該章中對一般中國俗文學作品僅用隻言片語帶過相比，顯得十分突出。個中原因，用他自己的話來說就是：「總之在我們看來，憑個人觀察不能瞭解中國人的眞實生活和他們對這種生活的眞正想法，達到這一點還很遙遠，因爲對歐洲人來說，不可能窺視到它的所有角落，也不能靠按時按日來分派人的生活的儒家書籍。只有長篇小說，使我們全面地認識這種生活，甚至也不是戲劇，因爲它也不能提供那些詳情細節。」〔註4〕正因爲長篇小說是對一段相對完整的社會生活過程的藝術反映，它再現生活的豐富性和全息性，塑造人物形象和展現內心世界的生動性和深刻性，是任何概括性的學術著作和程式化的戲劇表演所無法傳達和表現的。此外，瓦西里耶夫還指出：「從這些爲中國人所鄙視的作品中，我們可以努力把一些片斷帶入（當然是將來）自己關於中國的教科書。」〔註5〕民間通俗小說所使用的大量人民群眾活生生的口語，對於外國人學習語言確實是很好的教材，這也是俄羅斯漢學家重視《紅樓夢》《金瓶梅》這類市井人情小說的一個原因。

　　瓦西里耶夫書中對《紅樓夢》的介紹少於《金瓶梅》，這並不意味著他對《紅樓夢》所知不多或評價不高，相反，他認爲「最好的長篇小說是《紅樓

〔註2〕 Под редакцией В. Л. Успенского: Рукописи и ксилографы на восточных языках в научной библиотеке им. М. Горького СПбГУ. Филологический факультет СПбГУ. Санкт-Петербург, 2014. c.89.
В. Л. 烏斯賓斯基主編：《聖彼得堡國立大學高爾基科學圖書館的東方語言手抄本和刻本》，聖彼得堡大學語文系，聖彼得堡，2014 年版，第 89 頁。

〔註3〕 該章在《中國文學史綱要》1880 年版中爲第 15 章，2013 年再版爲第 14 章。

〔註4〕 В. П. Васильев Очерк истории китайской литературы, СПбГУ. г.2013, c.328.
В. П. 瓦西里耶夫：《中國文學史綱要》，聖彼得堡：聖彼得堡國立大學孔子學院，2013 年版，第 328 頁。

〔註5〕 В. П. 瓦西里耶夫：《中國文學史綱要》，聖彼得堡：聖彼得堡國立大學孔子學院，2013 年版，第 328 頁。

夢》」。〔註6〕他說，通過《紅樓夢》可以瞭解「至今不爲我們所知的中國上流社會的生活」，這裡有平時寧靜的日常生活，也有諸如寶玉挨打、皇妃省親這樣「令人難以從記憶中磨滅的場面」。〔註7〕此外，瓦西里耶夫還指出：「《紅樓夢》的語言抑或不如《聊齋》語言那麼典雅，但也像其他長篇小說一樣，是獨具一格的：這是一種純淨到極爲文雅的口語。」〔註8〕我們認爲，瓦西里耶夫書中之所以對《紅樓夢》介紹較少，恐怕還與當時俄國知識界對《紅樓夢》已有較多瞭解，毋須他花費太多筆墨來介紹有關。

　　蘇聯時代漢學家中第一個寫出專門的學術性的《紅樓夢》研究論文的是莫斯科大學東方語言學院漢語教研室主任 Л. Д. 波茲德涅耶娃（Позднеева，1908～1974）。1954 年，波茲德涅耶娃爲王力《漢語文法》的俄譯本寫了一篇題爲《論小說〈紅樓夢〉》〔註9〕的前言。因爲王力書中很多例句都引自《紅樓夢》，所以她要用談《紅樓夢》的論文爲這部語法書作序。波茲德涅耶娃在文章中指出，儘管「《紅樓夢》這部小說的開始和它的結局……貫穿著佛教思想，並且摻雜著道教思想：再生、宿命論、報應說。儘管有這樣的序幕和結局，並且儘管有寶玉做夢那樣幾章，小說本身卻是一部現實主義的作品，這跟它的作者所具有的宗教觀點幾乎是沒有關係的。」波茲德涅耶娃認爲：「小說的內容上跟它的形式上的矛盾。正是它的作者的意圖跟和完成這意圖的手段──現實主義方向之間的矛盾的結果。」〔註10〕波茲德涅耶娃指出：「當曹雪芹把自己的人物從九霄雲裏引到大地上的時候，這些人物就成爲有血有肉的、活生生的、其有豐富的大地色彩的形象了；而那些大大小小的事件也都是由於那個時代生活的進程所自然引起的；快樂與痛苦並不是被什麼超自然的力量制約著，而是被各種情況的總合制約著。這些情況就是家庭或社會的利益、各個人之間的傾軋衝突，他們之間的鬥爭，而主要的是書中人物的意向跟那個時代的人們行爲必須遵守的道德準則和社會法規之間的矛

〔註6〕 В. П. 瓦西里耶夫：《中國文學史綱要》，聖彼得堡：聖彼得堡國立大學孔子學院，2013 年版，第 322 頁。

〔註7〕 В. П. 瓦西里耶夫：《中國文學史綱要》，聖彼得堡：聖彼得堡國立大學孔子學院，2013 年版，第 324 頁。

〔註8〕 В. П. 瓦西里耶夫：《中國文學史綱要》，聖彼得堡：聖彼得堡國立大學孔子學院，2013 年版，第 324 頁。

〔註9〕 該文中譯文曾發表於《人民文學》雜誌，1955 年第 6 期，邢公畹譯。

〔註10〕 Л. Д. 波茲德涅耶娃：《論〈紅樓夢〉》，《人民文學》，1955 年第 6 期，第 112～113 頁。

盾。」〔註11〕

波茲德涅耶娃的文章體現了蘇聯 20 世紀 30 年代以來社會主義現實主義文學批評方法的基本特點，在當時歐美學者的《紅樓夢》評論中顯得獨樹一幟。如她在細緻介紹和分析了《紅樓夢》中的一些重要情節和人物形象之後，指出：「作者所表現的是，跟其他的市民階層和農民一起，構成當時無權利的第三等級的觀點。」〔註12〕她說：「最偉大的藝術家——中國的文學家曹雪芹創造了一部偉大的現實主義的作品。眞實地再現了他的時代的現實生活情況。」雖然作者在作品中表現出的觀念「與他所展開的那些畫面比照之下顯得多麼蒼白無力」，「但這並不能降低他的小說給讀者所帶來的知識的及藝術的價值，因爲在他的小說裏現實地反映了當時充滿了矛盾的現實生活」。此外，波茲德涅耶娃認爲，作者「民主主義的立場還表現在作品的語言裏，因爲他的作品是面對人民，使用人民的語言的。從而這部作品成爲一座中國古典文學語言最優秀的紀念碑」〔註13〕。這些論斷，與我國上世紀 50～60 年代的文學評論和文學史研究著作中的觀點，是如出一轍、彼此呼應的。

1958 年，由漢語文學翻譯家 B. A. 帕納秀克（Панасюк，1924～1990）翻譯的《紅樓夢》俄文全譯本出版，這是歐美人翻譯的第一部《紅樓夢》西文全譯本，因而引起國際紅學界的普遍重視。蘇聯時期著名漢學家費德林（Н. Т. Федоренко，1912～2000）爲這個譯本寫了一篇題爲《中國長篇小說與〈紅樓夢〉》的序言。序文在概括介紹和評論了《三國演義》、《水滸傳》、《西遊記》，以及吳敬梓的《儒林外史》等中國古代長篇小說代表作之後，比較詳細地介紹了《紅樓夢》作者曹雪芹的生平事蹟和這部書的創作與續寫傳播過程，以及圍繞這部作品的研究和爭論情況。費德林指出，儘管曹雪芹本人沒有全部完成自己的小說，但它可以「列入過去時代中國文學傑作的行列。它的作者在 18 世紀中國社會生活的背景下，建立起以心理分析的細緻和性格描寫的深刻精準而與衆不同的卓越的形象」〔註14〕。他說：「小說《紅樓夢》雖

〔註11〕Л. Д. 波茲德涅耶娃：《論〈紅樓夢〉》，《人民文學》，1955 年第 6 期，第 113 頁。

〔註12〕Л. Д. 波茲德涅耶娃：《論〈紅樓夢〉》，《人民文學》，1955 年第 6 期，第 117 頁。

〔註13〕Л. Д. 波茲德涅耶娃：《論〈紅樓夢〉》，《人民文學》，1955 年第 6 期，第 117 頁。

〔註14〕Н. Т. Федоренко: Китайский роман и "Сон в красном тереме". "Сон в красном тереме" т.1. Москва: гос. Изд. Художественной литературы 1958. с.12.

然極其豐富多彩地寫了一個家族的編年史，但它不只是『日常生活』的，而是如《儒林外史》一樣，某種程度上也是『社會的』。」〔註15〕費德林寫道；「小說《紅樓夢》是中國人民最喜愛的作品之一。它的主人公如同果戈里、托爾斯泰、薩爾蒂科夫·謝德林的主人公進入我們的生活一樣，進入了中國的生活。」〔註16〕

1964 年，蘇聯《亞非民族》雜誌第五期發表了 Л. Н. 緬尼什科夫（Меньшиков，1926～2005，漢名孟列夫）和李福清（Рифтин，1932～2012）合寫的一篇文章，題爲《新發現的〈石頭記〉手抄本》。文中簡要介紹了在列寧格勒新發現的《紅樓夢》手抄本（以下簡稱「列藏本」）的一些情況。這方面的研究後來由列寧格勒大學的華僑教師龐英（1928～2009）繼續進行。1974年，龐英發表論文《關於列寧格勒收藏的手抄本〈紅樓夢〉》（載《遠東文學研究的理論問題》，莫斯科，1974 年版，第 58～60 頁）。以後在 1977 年又發表了題爲《論蘇聯科學院東方學研究所列寧格勒分所收藏的〈紅樓夢〉手抄本》（載《遠東文學研究的理論問題》，莫斯科 1977 年版，第 133～138 頁）的論文。在這兩篇論文裏，龐英對「列藏本」《紅樓夢》作了比較詳細的介紹，同時糾正了孟列夫和李福清的一些說法。

上世紀 70 年代以來，由於種種原因，俄蘇學者和漢學家對《紅樓夢》的研究逐漸趨向於考證。除上面提到的龐英論「列藏本」之外，還有 Л. П. 思切夫（Сычев，1911～1989）在 1970 年發表的《曹雪芹小說〈紅樓夢〉中物名與人名的傳統象徵意義》（載文集《世界文學中的啓蒙運動問題》，莫斯科，1970 年版，第 261～266 頁）、Т. Б. 阿拉波娃（Татьяна Борисовна Арапова，1938～）在 1974 年發表的《作爲研究 18 世紀中國日用瓷器史料的曹雪芹的小說〈紅樓夢〉》（載《第五次中國「社會與國家」學術討論會。紀要與報告》，第 2 卷，莫斯科，1974 年版，第 179～187 頁）等文章，更是把《紅樓夢》當做歷史文化資料來讀。1975 年，蘇聯科學院東方學研究所出版《中國服裝》一書，書中刊載了 Л. П. 思切夫和 В. Л. 思切夫父子合寫的一篇長文，題爲

Н. Т. 費德林：《中國長篇小說與〈紅樓夢〉》，《紅樓夢》俄譯本第一卷，В. А. 帕納秀克譯，莫斯科：國立藝術文學出版社，1958 年版，第 12 頁。

〔註15〕Н. Т. 費德林：《中國長篇小說與〈紅樓夢〉》，《紅樓夢》俄譯本第一卷，В. А. 帕納秀克譯，莫斯科：國立藝術文學出版社，1958 年版，第 14 頁。

〔註16〕Н. Т. 費德林：《中國長篇小說與〈紅樓夢〉》，《紅樓夢》俄譯本第一卷，В. А. 帕納秀克譯，莫斯科：國立藝術文學出版社，1958 年版，第 15 頁。

《曹雪芹小說〈紅樓夢〉中的服裝》。文中指出，《紅樓夢》中對服裝的描寫，是曹雪芹重要的藝術手段之一。作者認爲，曹雪芹之所以重視對服裝的描寫，有兩個原因：一是他出身於江寧織造家庭，從小受環境薰陶，對服裝面料頗有研究；第二則是因爲服裝最能清楚地體現隱藏著人的本質的物質外殼，最能象徵人生的變化無常和豐富多彩。〔註17〕思切夫父子認爲，《紅樓夢》中對服裝的描寫在展示人物性格、交待人物關係方面有著重要的作用。他們對賈寶玉第一次出場時的裝束作了詳細分析，認爲曹雪芹的服裝描寫具有哲學上的概括意義，決不是客觀主義的生活描寫。作者指出，寶玉和寶釵過的都是塵世生活，他們的戀愛也是塵世戀愛，因此，曹雪芹著重描寫了他們的物質外殼——服飾。而林黛玉「這個不死草化成的姑娘」，其實質不過是「珍貴玉石的憂愁」「變成的生命肉體」，「因此她不能成爲寶玉在現實世界中的妻子」，而「也正因爲如此，曹雪芹沒有去注意她的外在服飾。」〔註18〕兩位思切夫對《紅樓夢》中服裝描寫的考證與分析，儘管有些結論還有待商榷，但他們畢竟爲《紅樓夢》研究另闢了一條蹊徑，有些意見也是值得我們重視的。

1991年蘇聯解體，社會動盪，政治、經濟的巨大危機使包括《紅樓夢》研究在內的中俄文化交流重新陷入冷寂。直到2006～2010年，俄羅斯科學院東方文學出版社出版了由 M. Л. 季塔連科主編，俄羅斯科學院遠東研究所集體編著的六卷本《中國精神文化大典》（Духовная культура Китая），其中由老漢學家 Д. Н. 沃斯克列辛斯基和青年漢學工作者 С. В. 尼科里斯卡婭（Светлана Викторовна Никольская）分別撰寫的「紅樓夢」詞條，使我們得以窺見俄羅斯「紅學」研究的最新水平。

德米特里·尼古拉耶維奇·沃斯克列辛斯基是一位長期致力於中國古典小說研究的資深漢學家，他爲《中國精神文化大典》撰寫的《紅樓夢》詞條，

〔註17〕Л. П. Сычёв, В. Л. Сычёв. Костюм в романе Цао Сюэ-циня 〈Сон в красном тереме〉/ Китайский костюм. Символика. История. Трактовка в литературе и искусстве. // М.: ИВ АН СССР. 1975. с.81.
Л. П. 思切夫、В. Л. 思切夫：《曹雪芹小說〈紅樓夢〉中的服裝》，《中國服裝：象徵意義、歷史、在文學與藝術中的闡釋》，莫斯科：蘇聯科學院東方學研究所，1975年版，第81頁。
〔註18〕Л. П. 思切夫、В. Л. 思切夫：《曹雪芹小說〈紅樓夢〉中的服裝》，《中國服裝：象徵意義、歷史、在文學與藝術中的闡釋》，莫斯科：蘇聯科學院東方學研究所，1975年版，第88頁。

體現出一位老漢學家淵博的學識和深厚的學術功力。沃斯克列辛斯基在「紅樓夢」詞條中首先指出了曹雪芹小說巨大的思想和藝術價值，他寫道：「在小說中宏大的規模和包羅萬象的描寫彙集了作者提出的深刻問題（哲學的、宗教的、道德的和社會的），其帶有心理學準確性的藝術形象，準確地揭示了人的性格。」他說：「這部小說與巴爾扎克和托爾斯泰的小說相比，不只是作品道德性的強大，還有作者成功刻畫中國社會生活和人物心理，表現民族精神的藝術技巧。」〔註19〕

接下來，沃斯克列辛斯基介紹了《紅樓夢》的不同書名及其意義，如《石頭記》《情僧錄》《風月寶鑒》《金陵十二釵》《金玉緣》等等。作者寫道：「其中提到的『風月』，也就是關於主人公相互之間的愛情關係，他們的激情反映在預言性的『寶鑒』裏。」在這裡，沃斯克列辛斯基展示了他淵博的中國古典文學知識，他說：「『十二釵』的形象來自古代，在許多詩人那裡都可以遇到（例如在白居易那裡），都是作為女人世界的形象。」〔註20〕他還特別分析了「紅樓夢」這個書名，指出：「『紅樓夢』這個名字在文本中也可以遇到（第五回）〔註21〕，那是主人公在夢中聽到的歌曲的名字，當時他進入夢幻的多義性神奇國度。」沃斯克列辛斯基指出：「『紅』『樓』和『夢』這幾個多義字組合在一起，可以理解為『在高高宮殿裏錯綜複雜的夢』和『在隱秘的女人住所中醒來的夢幻』，並且『夢』暗示著某種神奇的漫長的夢的形象，它降臨到所敘述的居住於其中的主人公中間，但他們同時又繼續著自己在現實生活中的實際活動。」〔註22〕

在介紹了《紅樓夢》人物關係和基本情節構成，以及對其評點者脂硯齋

〔註19〕 Духовная культура Китая: энциклопедия в 6т. [т.3:] Литература. Язык и письменность. ред. М. Л. Титаренко и др. М.: Вост лит., 2008. с.471.
《中國精神文化大典》6卷本第3卷《文學、語言與文字》，М. Л. 季塔連科等主編，莫斯科：俄羅斯科學院東方文學出版社，2008年版，第471頁。

〔註20〕 《中國精神文化大典》第3卷《文學、語言與文字》，М. Л. 季塔連科等主編，莫斯科：俄羅斯科學院東方文學出版社，2008年版，第471頁。筆者按：「十二釵」的說法最早見於梁武帝的《河中之水歌》：「頭上金釵十二行，足下絲履五文章」。到唐宋詩中，用以借代指婦女眾多。如白居易《酬思黯戲贈》云：「鍾乳三千兩，金釵十二行」，宋黃庭堅《夢中和觴字韻》詩：「何處胡椒八百斛，誰家金釵十二行」。

〔註21〕 即《紅樓夢》第五回《賈寶玉神遊太虛境　警幻仙曲演紅樓夢》。

〔註22〕 《中國精神文化大典》第3卷《文學、語言與文字》，М. Л. 季塔連科等主編，莫斯科：俄羅斯科學院東方文學出版社，2008年版，第471頁。

身份的猜測之後，沃斯克列辛斯基指出《紅樓夢》情節結構的特點是：「在小說的基本部分沒有發生任何導致激烈的情節轉折的例外事件。如大河流水，從容不迫、有條不紊，僅只是單個的波浪說明在某個地方，在水面下隱藏著石頭和險灘。」但他又指出：「在小說的這個部分已經聯結上了情節結點，敘述材料運動特殊的加速度，顯示出以後矛盾衝突的輪廓，並預示著還要有看得出的變壞。」他認為具有這樣引發下一步情節展開作用的「情節結」有：「女主人公表妹來到賈府，然後是表姐薛寶釵（後來差不多成了他的妻子）的到來。與他（筆者按：指賈寶玉）能夠聯繫上的還有『皇妃』元春的省親，以及其他一些事件（例如非常重要的儀式：秦可卿的葬禮等等），都具有重大的象徵意義。」此外在小說原稿中還有幾個意義重大的「情節結」：「賈府裏的夜宴，它是在預感到迫近的災難的氣氛中進行的〔註23〕；與丟失香袋相聯繫的闔府搜查〔註24〕；寧國府裏的吵鬧〔註25〕」等等，而其中「一個最重要的情節結是寶玉與父親的衝突」。作者指出：「所有這些糾結的事件應該規定了以後情節的發展，但作家停止在半路上，好像懷疑，他下一步該怎麼做。」〔註26〕

　　沃斯克列辛斯基指出：「小說未完成的事實早就引起了中國讀者和文藝學家的注意。」他說：「40回續書的主要作者是文學家程偉元（1745～1820）和高鶚（1738～1815）。」「在收集了大量小說手抄本之後，他們『截長補短，抄成全部』，按照曹雪芹當時的草稿獨立完成了敘述。」〔註27〕

　　沃斯克列辛斯基寫道：「程（偉元）和高（鶚）決定按照自己的意思來猜謎。他們建立起圍繞寶玉的衝突。年輕人的親屬秘密地為他與寶釵訂婚（主人公當時在生病並且幾乎處於神志不清的狀態），按照他們的意見，進一步發展到成為夫妻。病中的黛玉沒能經受住打擊，死去了。被親戚欺騙了的寶玉應當屈從於父母的意志。他甚至去參加了科舉考試並得到了在他面前開闢仕途的舉人頭銜。可是沒想到少年改變了計劃，隨流浪僧人一起走了。主人公

〔註23〕《紅樓夢》第七十五回「開夜宴異兆發悲音　賞中秋新詞得佳讖」。
〔註24〕《紅樓夢》第七十四回「惑奸讒抄檢大觀園　避嫌隙杜絕寧國府」。
〔註25〕《紅樓夢》第六十八回「苦尤娘賺入大觀園　酸鳳姐大鬧寧國府」。
〔註26〕《中國精神文化大典》第3卷《文學、語言與文字》，M. Л. 季塔連科等主編，莫斯科：俄羅斯科學院東方文學出版社，2008年版，第472頁。
〔註27〕《中國精神文化大典》第3卷《文學、語言與文字》，M. Л. 季塔連科等主編，莫斯科：俄羅斯科學院東方文學出版社，2008年版，第472頁。

下一步的命運就無從知道了：情節線在這裡中斷了。」沃斯克列辛斯基對程
高本《紅樓夢》的評價是：他們「遵守了事件發展的邏輯，儘管是自己編造
的結局」〔註28〕。這可以說是對程高續書基本肯定的評價。

　　沃斯克列辛斯基指出，自《紅樓夢》問世近兩個世紀以來，圍繞小說的
思想和主題有過種種爭論。他認為：「小說的內容和它的藝術描寫特點為那些
不同的解釋提供了根據。它不僅在思想意義上還是藝術關係上都是多種多樣
的。作者生動地描寫了他同時代社會的風俗，展示了時代的精神氛圍和他所
看到的圍繞自己身邊的生活。因此《紅樓夢》可以被稱為是風俗描寫作品」，
或者用魯迅的話來說就是「人情小說」。〔註29〕

　　這裡，沃斯克列辛斯基憑藉自己多年研究中國古典小說的深厚知識底
蘊，指出了作為風俗描寫小說的《紅樓夢》產生的歷史淵源。他說：「曹雪芹
的長篇小說作為風俗描寫小說的典範不是憑空產生的。」現實生活的卓越畫
面在英雄冒險小說《水滸傳》甚至神怪小說《西遊記》中已經有所反映。但
是，英雄神怪小說的「體裁法則限制了它們的作者們廣泛全面地描寫時代風
俗」。只是到了16～17世紀，「中國小說轉向描寫人們的日常生活。風俗描寫
敘事走上了文學的一個中心位置。例如出現了馮夢龍、凌濛初以及其他作者
的優秀的中篇小說，其中詳細再現了時代現實生活」。這時還產生了如《金瓶
梅》這樣的篇幅巨大的長篇小說，「其中極為詳盡地描寫了城市居民的生活，
他們的每日生活和衝突」〔註30〕。

　　沃斯克列辛斯基認為：「風俗描寫構成了《紅樓夢》作者敘述中外部的、
可見的部分。對於理解更為複雜的是它的內部層面——那種水平，在其中形
成了深刻的哲學潛臺詞。它不脫離小說複雜的象徵，它的隱喻性，這種隱喻
性表現在不同種類的諷喻和象徵中。」他寫道：「沒有這個內部層面，曹雪芹
的小說就僅只是一部普通的風俗描寫敘述。正是這個層面使其充滿了哲理
性，以真正的文學巨著而聞名於世。」〔註31〕

〔註28〕《中國精神文化大典》第3卷《文學、語言與文字》，M. Л. 季塔連科等主編，
　　　　莫斯科：俄羅斯科學院東方文學出版社，2008年版，第473頁。

〔註29〕《中國精神文化大典》第3卷《文學、語言與文字》，M. Л. 季塔連科等主編，
　　　　莫斯科：俄羅斯科學院東方文學出版社，2008年版，第473頁。

〔註30〕《中國精神文化大典》第3卷《文學、語言與文字》，M. Л. 季塔連科等主編，
　　　　莫斯科：俄羅斯科學院東方文學出版社，2008年版，第473頁。

〔註31〕《中國精神文化大典》第3卷《文學、語言與文字》，M. Л. 季塔連科等主編，
　　　　莫斯科：俄羅斯科學院東方文學出版社，2008年版，第473頁。

　　沃斯克列辛斯基指出；「象徵意義，複雜形象的飽和性決定了（紅樓夢）這部作品藝術結構的特點。」他說：「從第一回到最後一回都可以使讀者從字裏行間感覺到象徵和諷喻的巨大作用。產生於作家的想像，為那個時代的社會思想以及藝術形象所特有的，由傳統宗教哲學概念編織成的小說的細微寓意，產生了小說藝術結構的複雜性。」〔註32〕沃斯克列辛斯基寫道：「例如在第一回裏讀者就遇到獨特的『宇宙』象徵，它一下子就建立起自己的哲學情緒。」〔註33〕他指出：「石頭的形象起了巨大的象徵作用（小說起初就叫《石頭記》），它在中國文化史上有著極為多樣的意義。」〔註34〕沃斯科列辛斯基列舉了《左傳》中記載的「石頭說話」故事〔註35〕，小說集《石點頭》的書名，以及李漁小說《肉蒲團》中主人公自號「頑石」〔註36〕等等，都是「我們在曹雪芹小說中遇到的那個形象」的標記。他說：「寶玉也就是『頑石』的體現。」〔註37〕沃斯克列辛斯基指出：「遇見神奇的石頭和受它保護（在寶玉那裡這石頭就是玉）──這是神秘現象的標誌。」「與大自然有關的石頭，導致它獨特的感覺、情感與思維──這是作者對關於生命與無生命的大自然的聯繫、生與死相互聯繫的道家思想的貢獻。石頭（和寶玉）是在生命道路上胡思亂想、試圖理解其意義的行路人。」〔註38〕

　　沃斯克列辛斯基指出：「作為天的作品的石頭是不尋常的象徵，因此它的命運也令人驚奇，而作為其具體化的人，他也不是來自此岸世界。作者不止一次地強調寶玉不尋常的特點，談到他古怪的性格，他行為的矛盾，以及他不可預測的舉動。他毀於自己的天賦，但同時也是自己的無知（並不奇怪，石頭被作為「無才之物」而提到），善良與狠毒，恐懼與不受拘束的勇敢。但是看來他最大的失敗是出其不意地表達自己的情感。」沃斯科列辛斯基寫道：

〔註32〕《中國精神文化大典》第 3 卷《文學、語言與文字》，М. Л. 季塔連科等主編，
　　　　莫斯科：俄羅斯科學院東方文學出版公司，2008 年版，第 473 頁。

〔註33〕《中國精神文化大典》5 卷本第 3 卷《文學、語言與文字》，М. Л. 季塔連科
　　　　等主編，莫斯科：俄羅斯科學院東方文學出版公司，2008 年版，第 473 頁。

〔註34〕《中國精神文化大典》第 3 卷《文學、語言與文字》，М. Л. 季塔連科等主編，
　　　　莫斯科：俄羅斯科學院東方文學出版社，2008 年版，第 473 頁。

〔註35〕《左傳・昭公八年》：「八年春，石言於晉魏榆。」

〔註36〕《肉蒲團》第二十回：「未央生告過孤峰，自取法名叫做『頑石』。」

〔註37〕《中國精神文化大典》第 3 卷《文學、語言與文字》，М. Л. 季塔連科等主編，
　　　　莫斯科：俄羅斯科學院東方文學出版社，2008 年版，第 474 頁。

〔註38〕《中國精神文化大典》第 3 卷《文學、語言與文字》，М. Л. 季塔連科等主編，
　　　　莫斯科：俄羅斯科學院東方文學出版社，2008 年版，第 474 頁。

「作家讚美了『靈石』──『人』的形象，但同時又賦予他明顯的嘲諷和不小的懷疑。在這裡可看出作者對人的態度的矛盾性，他來到世上已經被賦予激情，在激情洋溢中生活並向著生命的終點運動，同時體驗著生活的一切痛苦與歡樂。」〔註39〕

　　沃斯科列辛斯基還著重分析了作為《紅樓夢》哲學意蘊和象徵載體的「太虛幻境」和「夢」的意象。他指出：「在小說裏佔據重要位置的是太虛幻境（虛空──偉大的虛無）──無人世界、錯覺世界的形象。『頑石』最終在自己的宇宙與人生的漫遊中落入這個世界，在那裡，在夢境中，出現了主人公。這個形象在小說結尾產生了『虛空』（空虛性）的形象。」他說：「這個形象極為複雜，既與道家又與佛家觀念相聯繫。」沃斯科列辛斯基寫道：「『太虛幻境』的概念中包含著兩個意思：它既是塵世之上快樂的所在，又是悲傷之地。人與夢境接觸繼續在他那裡感覺到現實的不穩定性和虛幻性。」他指出：「值得注意的是在小說中經常遇到這樣一些詞組：『不定的』『不清的』『幻影的』『模糊的』──浮世的獨特形容詞。」沃斯克列辛斯基說：「人憑幻想進入其中的虛幻世界的形象，這是許多中國中世紀作品都貫穿的道家和佛家的重要概念。」〔註40〕比如《西遊記》中孫悟空的名字，「悟空」就是道家的「領悟空虛」。〔註41〕沃斯科列辛斯基指出：「實際上，《紅樓夢》主人公也是這樣領悟的，但這種醒悟不是立刻發生的。太虛幻境的形象與在小說中起了重要作用的『夢』的隱喻緊密聯繫（它甚至可以在標題中找到反映）。」他說：「夢（想像的虛幻）──是當他『活著又像沒活著』的時候，也就是處在某種『半現實』狀態下、獨特的『對應世界』裏的人的特殊情況，在其中一切都是真實的，但同時又一切都是相反的。」〔註42〕

　　沃斯克列辛斯基指出：「夢──這是一切奸詐的幻想：甜蜜的，但又是危險的。夢的隱喻是相當普遍的藝術方法，並且以前的注釋家們有時直接把曹的小說與莊子關於蝴蝶的哲學寓言聯繫起來。」他引用清代著名《紅樓夢》

〔註39〕《中國精神文化大典》第3卷《文學、語言與文字》，М. Л. 季塔連科等主編，莫斯科：俄羅斯科學院東方文學出版社，2008年版，第474頁。

〔註40〕《中國精神文化大典》第3卷《文學、語言與文字》，М. Л. 季塔連科等主編，莫斯科：俄羅斯科學院東方文學出版社，2008年版，第474頁。

〔註41〕《中國精神文化大典》第3卷《文學、語言與文字》，М. Л. 季塔連科等主編，莫斯科：俄羅斯科學院東方文學出版社，2008年版，第474頁。

〔註42〕《中國精神文化大典》第3卷《文學、語言與文字》，М. Л. 季塔連科等主編，莫斯科：俄羅斯科學院東方文學出版社，2008年版，第475頁。

評點家王希廉〔註43〕的說法，指出有「各種不同的文學之夢」，如王實甫《西廂記》中的「驚夢」、《水滸傳》中的「噩夢」等等。〔註44〕「而在曹的小說裏，也提到大量不同的夢」〔註45〕。「例如當花的精神感受到秋天的冷的時候，有『菊夢』〔註46〕。在小說中有一處講到『空無』的夢，它聯想到『霜的足跡』〔註47〕。」〔註48〕沃斯克列辛斯基指出：「多種多樣的夢詩看來不是偶然的。它再現了哀傷憂鬱的、不良預感的朦朧氣氛。但在夢中主人公們不只是生活著，還有『領悟』。」他寫道，小說主人公們「在夢中他們有時特別地看到和瞭解到，離開他們在現實生活中的視線，能夠思考現實和未來。」他說：「在小說的第一批注釋者中已經認識到其中『立意做法』的夢的隱喻作用。」如王希廉曾經感歎：「《石頭記》一書，已全是夢境。」接下來又說：「余又從而批之，眞是夢中說夢，更屬荒唐。」〔註49〕沃斯克列辛斯基認爲：「注釋者的誇大說法（夢中之夢）應當理解爲在小說中諷喻、引喻、言外之意等暗示的作用。夢實際上僅只是對不能直說的現實生活的獨特描寫。」〔註50〕

　　沃斯克列辛斯基對《紅樓夢》哲理意蘊的分析，體現了 20 世紀中後期以來俄蘇漢學－文學研究在理論基礎和研究方法上的突破與創新。蘇聯 20 世紀40～50 年代的漢學－文學研究，往往機械恪守傳統的社會歷史方法，注重研究作家生平和社會歷史狀況，研究作品與民間創作的關係，作品在文學史上

〔註43〕王希廉（1805～1877 年），清代著名《紅樓夢》三大評點家之一，原名希棟，平江府吳縣東山（今屬江蘇蘇州）。因評贊《紅樓夢》，自號洞庭護花主人。

〔註44〕王希廉《紅樓夢總評》曰：「從來傳奇、小說，多託言於夢。如《西廂》之草橋驚夢，《水滸》之英雄惡夢，……各有不同，各有妙處。」

〔註45〕《中國精神文化大典》第 3 卷《文學、語言與文字》，M. Л. 季塔連科等主編，莫斯科：俄羅斯科學院東方文學出版社，2008 年版，第 475 頁。

〔註46〕《紅樓夢》第三十八回《林瀟湘魁奪菊花詩　薛蘅蕪諷和螃蟹詠》，林黛玉作《菊夢》詩：「籬畔秋酣一覺清，和雲伴月不分明。登仙非慕莊生蝶，憶舊還尋陶令盟。睡去依依隨雁斷，驚回故故惱蛩鳴。醒時幽怨同誰訴，衰草寒煙無限情。」

〔註47〕疑即《紅樓夢》第五回《賈寶玉神遊太虛境　警幻仙曲演紅樓夢》中賈寶玉夢遊太虛幻境時所聽《紅樓夢曲》末句：「好一似食盡鳥投林，落了片白茫茫大地眞乾淨！」（《收尾·飛鳥各投林》）。

〔註48〕《中國精神文化大典》第 3 卷《文學、語言與文字》，M. Л. 季塔連科等主編，莫斯科：俄羅斯科學院東方文學出版社，2008 年版，第 475 頁。

〔註49〕見前引王希廉《紅樓夢總評》。

〔註50〕《中國精神文化大典》第 3 卷《文學、語言與文字》，M. Л. 季塔連科等主編，莫斯科：俄羅斯科學院東方文學出版社，2008 年版，第 475 頁。

的前後承傳關係，作品藝術形象的社會意義等等，偏重於文學批評的社會歷史層面。上世紀 60 年代中期巴赫金詩學在蘇聯文藝理論中的突起，至 70 年代諸如符號學派、文化闡釋學派、統計學派等新方法的陸續登臺，大大改進了俄蘇文藝學的整體面貌。在漢學－文學研究中，也有不少學者開始採用新的研究思路和方法。作爲老一代學者的沃斯克列辛斯基在對《紅樓夢》的評論中深入到哲理和象徵意蘊層面，表現了他永葆學術青春的思維活力。

「紅樓夢」詞條的另一位注釋者、莫斯科大學亞非學院中國語文教研室副教授 C. B. 尼科里斯卡婭是相對於沃斯克列辛斯基比較年輕一代的漢學工作者。她撰寫的《紅樓夢》注釋，體現了一位女性學者觀察視角的細膩和對女性形象的關注。

尼科里斯卡婭指出：「《紅樓夢》是一部關於生活在嚴格的儒家傳統中的賈氏家族的風俗描寫小說。作品名稱本身就部分地給了讀者理解它的鑰匙。在佛教哲學中『夢』是人的塵世生活，在遠東詩歌裏是在日常生活中實現不了的高尚愛情的形象。選擇『樓』（俄文 терем，古羅斯的樓、閣）這個詞是爲了表示婦女。作者強調指出，事件發生在富裕的家庭，它的居民時而娛樂時而做智力知識遊戲。」她認爲：「這個『樓』是紅色的也不是偶然的。『紅』這個漢字還具有『紅色』『女人』和『胭脂』的意義，也就是說小說的基本矛盾是這樣或那樣地與婦女聯繫的。」〔註51〕

尼科里斯卡婭指出《紅樓夢》的敘述結構和時間標記是：「小說的基本事件是在兩個首都家庭莊園裏展開的。故事由一個事件轉到另一個事件沒有準確的虛構時間。時間標記是通過季節、家庭節日或者明顯的事變表示出來的。細緻描寫了盛大的酒宴、家庭戲劇演出、賽詩、儀式和傳統，也就是一切都是與皇帝本人有姻親聯繫的一個富裕家庭的生活。主要的和二級主人公帶著自己以前的故事出場，建立起一個大家庭日常生活的廣闊畫面。」她說：「在曹雪芹之前沒有人建立起對『閨房生活的崇拜』。他不只是展示了婦女在家庭中的力量和軟弱，並且公開宣佈，她在許多方面優於男人。」〔註52〕

尼科里斯卡婭著重分析了《紅樓夢》的幾個關鍵人物，她說：「家庭的象徵、古老基礎的化身的祖母。一切重要問題的決定都等她說最後一句話。可

〔註51〕《中國精神文化大典》第 3 卷《文學、語言與文字》，M. Л. 季塔連科等主編，莫斯科：俄羅斯科學院東方文學出版社，2008 年版，第 476 頁。

〔註52〕《中國精神文化大典》第 3 卷《文學、語言與文字》，M. Л. 季塔連科等主編，莫斯科：俄羅斯科學院東方文學出版公司，2008 年版，第 476 頁。

是家族的首腦還有賈家的其他一代人——家族創始人的孫子：賈敬、賈赦和賈政。第一位沉醉於煉金術和尋找長命水。他把一切責任都交付給他那同樣除了享樂什麼也不做的兒子。寧國府就這樣逐漸走向衰落。賈赦是父親榮國公官職和爵位的繼承者，但也不務正業。他不僅不為家庭的繁榮去策劃，反而促成它的衰落。只有賈政努力扮演了稱職的家庭首腦的角色，繼承著家族創始人的事業，儘管按規則他不能繼承祖上的官職。賈政是家庭封閉的內部世界與廣闊的外部世界之間獨特的聯繫環節。但是在官方職務上他要比在家裏獨立自主和不依賴他人，在家裏他不能過問日常生活和經濟問題。全部的家庭事務都掌握在他的侄媳婦鳳姐的手中。這是小說中特別鮮活的形象之一。」尼科里斯卡婭寫道：「19 歲的鳳姐以其美貌和睿智令人吃驚。她能夠庇護她有好感的人，冷酷地嘲弄不幸的崇拜者，消滅競爭者，預先防範對自己變化不利的人。在處理別人的事情的時候，鳳姐很輕鬆地受取賄賂。在掌握經濟開支的同時，她扣除部分金錢讓其生利。最後她被毀於貪欲、貪婪和情慾。」〔註 53〕對於作為小說情節核心的賈寶玉、林黛玉和薛寶釵三者關係，尼科里斯卡婭指出：「在這個『三角關係』中集中了封建家庭裏自由選擇愛情與婚姻的問題，這在中國長篇小說中是第一次尖銳地提出來。」〔註 54〕

　　接下來尼科里斯卡婭逐個分析了賈寶玉、林黛玉和薛寶釵這三個形象。她說：「為祖母所喜愛的孫子賈寶玉準備了將來成為家庭首腦和為家族增光的使命。故事強調了關於主人公出生的不尋常，他是嘴裏含著玉來到世上的，這塊玉是從遙遠的古代女神那裡來到他這裡的。雖然寶玉被過分的關注和允許他任意胡為寵壞了，但他沒有成為冷酷無情的人。情感豐富的少年在大觀園裏的年輕姑娘群裏度日。他崇拜婦女，並認為她們是至高無上的、值得崇拜的人。」關於林黛玉，她說：「在心靈上最接近寶玉的人是林黛玉。早在姑娘來到榮國府第一次見面的時候，年輕人就意識到，他們是久別重逢，並且是命運互相預定的。聰明有教養，但健康欠佳的黛玉不允許人們居高臨下地、帶有偏見地對待她。在她身上有時表現出的固執和刻薄是一種自衛反應。作者一直把黛玉比作天仙，強調她拒絕塵世一切的冷漠。只有對寶玉的愛情給了她力量，而當婚姻的希望破滅的時候，世上再沒有什麼能支撐她的了。」

〔註53〕《中國精神文化大典》第 3 卷《文學、語言與文字》，M. Л. 季塔連科等主編，
　　　　莫斯科：俄羅斯科學院東方文學出版公司，2008 年版，第 476 頁。
〔註54〕《中國精神文化大典》第 3 卷《文學、語言與文字》，M. Л. 季塔連科等主編，
　　　　莫斯科：俄羅斯科學院東方文學出版公司，2008 年版，第 476～477 頁。

對於薛寶釵，尼科里斯卡婭寫道：「薛寶釵是寶玉母親一邊的表姐。她在別人家裏也不那麼舒服，但她選擇了隱藏自己的情感來適應環境。生活智慧與心靈乖巧的實際能力使不同的人們都喜歡她，祖母、母親和姨媽都把寶釵看作是聽話的姑娘，與未來的家庭掌門人是當之無愧的一對，而黛玉是最理解寶玉的知心女友。」〔註55〕她指出：「寶釵與黛玉是極大的互補。寶玉儘管只愛黛玉，但又不打算過沒有與寶釵長久交往的生活。在全部個性中他們三人組成了統一的整體。當按照老一代人的意志，這個聯盟瓦解了，其中一個姑娘的生命也終止了，另一位永遠處於孤獨之中，而青年男子成了僧人，斬斷了與塵世生活的聯繫。」尼科里斯卡婭分析《紅樓夢》主人公悲劇命運的根源和作者對這一悲劇的態度說：「《紅樓夢》主人公們不幸的人生，是儒家對青年人命運的格言極爲有害的影響的鮮明插圖。『兒女之孝』在作者那裡引起的僅只是同情。」她說：作者曹雪芹「他反對排斥自我的舊的人際關係原則，但又提不出什麼可替代的。作爲佛教哲學的信徒，作者試圖把一切事件與主人公的『業』（羯磨）〔註56〕聯繫起來，指出每一句話、想法、活動都不只在當前，而且在以後的生活中都決定他們的命運」〔註57〕。她對曹雪芹思想傾向的這種分析，我們認爲是符合實際的。

近年來俄羅斯的漢學－文學研究，尤其是青年學者的研究，普遍存在著選題趨於小型化，從宏觀整體描述轉向微觀個案研究，從注重對作品思想內容、社會意義的考察，轉向對藝術特色和形象體系的分析，更注重細節和單個意象，注重文學研究的「文學性」的特點。上述尼科里斯卡婭對《紅樓夢》的闡釋，也體現了這種研究傾向。

回顧《紅樓夢》流播俄羅斯近兩個世紀的歷史，我們深深感到，作爲中國古代文化優秀經典的《紅樓夢》確實起到了在世界各民族之林展現中華文化風采，樹立中國古典文學光輝形象的作用。這中間幾代俄蘇漢學家做出了他們的貢獻，俄譯《紅樓夢》與俄蘇學者對《紅樓夢》的評論和研究，大大

〔註55〕《中國精神文化大典》第 3 卷《文學、語言與文字》，M. Л. 季塔連科等主編，莫斯科：俄羅斯科學院東方文學出版公司，2008 年版，第 477 頁。

〔註56〕此處俄文爲 карма，漢語「羯磨」，梵文 karma 的音譯，意譯作「業」，即行動、命運。一個人生命中的自然與必然事件，由前世的作爲所決定。含有善惡、苦樂果報的意味，也就是與因果關係相結合的一種持續作用力。

〔註57〕《中國精神文化大典》第 3 卷《文學、語言與文字》，M. Л. 季塔連科等主編，莫斯科：俄羅斯科學院東方文學出版公司，2008 年版，第 477 頁。

豐富了「紅學」研究的寶庫，也爲包括中國本國學者在內的世界各國「紅學」家和「紅學」愛好者提供了有借鑒意義的參考。但是，我們應該看到，歷史發展到今天，不僅是俄羅斯，世界各國的漢學研究都更加關注現代中國的情況，古典文學研究相對滑坡是必然的現實，所以我們也不必爲近年來俄羅斯「紅學」研究降溫而嗟歎惆悵。今天海外漢學研究中「紅學」能否再度興起，更多取決於中國自己的努力。我們中國的「紅學」家們應該在世界「紅學」舞臺上積極唱響中國聲音，主動介入《紅樓夢》外譯本的修訂或重譯工作，主動向世界介紹我國「紅學」研究的最新成果。這就需要中國「紅學」家與海外漢學家、翻譯家攜手合作，把《紅樓夢》的海外傳播推進到一個新的階段。

後 記

　　這本文集裏的文章，大多是我自 2009 年以來，尤其是 2011 年從工作崗位正式退休之後，先後應學界友人之邀，參與幾個不同課題的國家或省部級重點社科研究項目，勉力筆耕，歷時將近十年拉拉雜雜寫成的。內容雖顯駁雜，但基本圍繞一個中心，即中國與俄羅斯（包括蘇聯時期）之間的文學交流。故書名定爲《中俄文學交流論稿》。內分「文化外播」「文論吸納」「個案分析」三編，分別介紹俄羅斯譯介中國民俗文學與文化、中國對俄蘇文論的引進吸納和本土化改造，以及俄羅斯著名漢學家宏觀論述中國文學或專題研究中國文學經典著作的情況。雖在系統性上稍嫌不足，但自問有舉一反三的功效，可藉以大致瞭解 20 世紀中俄文學交流的概況，並提供一些研究思路和方法。故不嫌粗陋，匆匆付梓，以爲自己十年心血做一個總結，並期望對後學與同道起一點拋磚引玉的作用。

　　反觀 20 世紀中國與俄羅斯之間的文學姻緣，可謂「剪不斷，理還亂」。俄羅斯對 20 世紀中國文學的影響，無疑是既深刻，又深遠；而中國在俄羅斯自彼得大帝向東發展戰略實施以來，也一直是其關注的重點。俄羅斯對中國文學的介紹與研究，也在不同時期有過幾段大小不一的高潮。雖然在當今世界大環境下，中俄兩國各自都有了更開闊的國際視野，都不再以對方爲唯一的關注對象，兩國文學在各自國家讀者心目中的權重以及文化市場的佔有量，也與上世紀 50 年代中蘇關係蜜月期的盛況不可同日而語。但兩國文學之間曾經有過的交融互動關係，又成爲深藏在今天文學發展背後的不可忽視的遺傳基因。因此，總結歸納俄蘇對中國文學與文化的研究、解讀與借鑒，中國文學對蘇聯及俄羅斯文學經驗的引進、吸納和本土化改造，從中尋繹出可

供後人遵循的規律和經驗教訓，應該說是一項很有現實意義的工作。至於我本人的工作是否起到了這樣的作用，達到了這樣的目的？那就只有懇請各位讀者在閱讀之後給予鑒定和評價了。

　　本書最後，想對近十多年來邀請我參與各種重大課題的研究工作和學術會議，在學術上給予我許多支持和幫助，並「迫使」我退休不退崗，繼續在科研工作中發揮餘熱，使我的退休生活不僅「充實」，而且有點「過度」的各位前輩和同輩學者，如北京大學李明濱、張冰教授，北京語言大學閻純德教授，四川大學劉亞丁教授，北京師範大學張冰教授，南開大學閻國棟教授，北京外國語大學王立業教授，天津師範大學王曉平教授，上海大學曾軍教授，廈門大學代迅教授，中國社會科學院外文所吳曉都研究員，浙江師範大學高玉海教授，山東大學李建剛教授，以及俄羅斯聖彼得堡國立大學斯塔爾茹克（索嘉威）、克拉夫佐娃（馬麗）教授、羅季奧諾夫（羅流沙）、羅季奧諾娃（羅玉蘭）副教授，致以衷心的感謝。

李逸津

公元 2018 年歲末，於天津華苑地華里文心書齋